“十二五”普通高等教育车辆工程专业规划教材

汽车液压控制系统

QICHE YEYA KONGZHI XITONG

王增才 主编

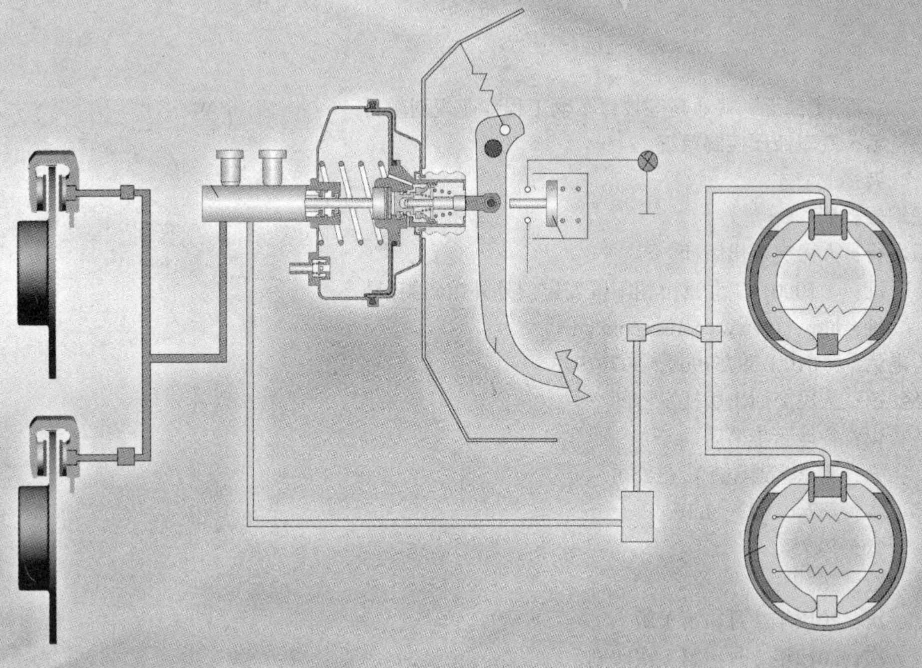

内 容 提 要

本书共分为八章，按照"系统简介－液压元件－机液控制－电液控制－系统分析－系统仿真"的体系结构进行阐述。本书贯彻理论联系实际、学以致用的原则，将车辆液压控制系统的经典理论和当前最新的知识、技术及工艺相结合，在突出基础内容的基础上，注意反映车辆液压控制系统应用、分析及设计方法上的新动向和新成就。

本书是车辆工程、工程机械等专业本科生和研究生教材，也可供从事机、电、液一体化的车辆液压控制系统的设计、制造和使用维护工程技术人员、现场工作人员参考。

图书在版编目（CIP）数据

汽车液压控制系统 / 王增才主编 . -- 北京 ：人民交通出版社，2012.2

ISBN 978-7-114-09554-2

Ⅰ. ①汽…　Ⅱ. ①王…　Ⅲ. ①汽车－液压控制－控制系统　Ⅳ. ① U463.22

中国版本图书馆 CIP 数据核字（2011）第 268825 号

"十二五"普通高等教育车辆工程专业规划教材

书　　名：汽车液压控制系统
著 作 者：王增才
责任编辑：夏　韡
出版发行：人民交通出版社
地　　址：（100011）北京市朝阳区安定门外外馆斜街3号
网　　址：http：//www.ccpress.com.cn
销售电话：（010）59757969，59757973
总 经 销：人民交通出版社发行部
经　　销：各地新华书店
印　　刷：北京交通印务实业公司
开　　本：787 × 1092　1/16
印　　张：10.75
字　　数：267千
版　　次：2012年 2 月　第 1 版
印　　次：2012年 2 月　第 1 次印刷
书　　号：ISBN 978-7-114-09554-2
印　　数：0001-3000册
定　　价：22.00元

"十二五"普通高等教育车辆工程专业规划教材

编委会名单

教材策划组成员名单

前　言

汽车液压控制系统在整车中的应用极为广泛,涉及车辆转向系统、制动系统、悬架系统等多个方面,其技术的发展体现了现代汽车技术发展的重要趋势,也是衡量车辆使用性能、设计以及制造水平的重要指标。经过多年的发展,汽车液压控制系统已由简单的机械液动控制逐渐向电子化、系统化、智能化、集成化方向发展,成为体现和制约汽车性能的重要标志。

通过对汽车液压控制系统基本内容的学习和掌握,学生可以获得有关汽车液压控制系统基本的以及最新的知识,对于培养复合型人才具有特殊的意义。为满足各院校车辆工程及其相关专业的教学要求,特编写了本教材。

本书编写的原则是:以液压系统的发展及其在车辆中的应用为主线,以系统组成及原理分析为主要内容,突出应用技术,系统地介绍有关汽车液压系统的基础知识。为解决当前各高校教学学时日益减少以及必修知识日益增多的矛盾,本教材选择介绍应用广泛的车辆液压系统,使用者可以从典型的、详细的系统中分析和论证相关主题,启发思维,举一反三。充分开发教师的主观能动性和提高学生的自学能力。

本书由山东大学王增才教授主编。研究生李云霞、孙岳、罗志刚等为本书相关资料的收集和整理做了大量工作,在此表示感谢。

主要包含八章内容,计划学时为32学时。为了方便初学者学习,编者对本书的结构进行了较为详细的分类。第一章绪论,主要介绍了液压控制系统的原理与组成及特点,并简介了几种液压控制系统在汽车中的应用。第二章,液压控制阀,重点介绍了几种典型的液压控制阀的结构特性及设计。第三章,液压动力元件,讲述了液压缸、液压马达的工作特性及匹配条件。第四章对机液控制系统的结构、设计进行了详细介绍,并有多个实例。第五章、第六章详细介绍了各类电液比例阀和电液伺服阀的特性及应用。第七章重点介绍了几种典型的汽车液压控制系统。第八章采用仿真软件技术对汽车液压系统进行了仿真建模,并给出了几种仿真实例。希望对读者了解车辆液压控制系统有所裨益。

尽管我们在教材编写中付出了很大努力,但由于水平有限,书中一定还存在很多不足之处,欢迎各位专家及使用本书的读者给予批评指正,以便再版修订时改正。

编　者

目　录

第一章 绪论

为了实现对某一机器或装置的工作要求，将若干液压元件连接或复合而成的总体，称为液压系统。液压系统种类繁多，按工作特性不同，液压系统可分为液压传动系统和液压控制系统两大类。

液压传动系统一般为不带反馈的开环系统，该系统以传递动力为主，以信息传递为辅，追求传动特性的完善，系统的工作特性由各组成液压元件的特性和它们的相互作用来确定，其工作质量受工作条件变化的影响较大。

液压控制系统多采用伺服阀等电液控制阀组成的带反馈的闭环系统，以传递信息为主，以传递动力为辅，追求控制特性的完善。由于加入了检测反馈，故系统可用一般元件组成精确的控制系统。其控制质量受工作条件变化的影响较小。

液压伺服控制是第二次世界大战期间及以后，由于武器和飞行器等军事装备对精度高、反应快的自动控制系统的需要而发展起来的，它与现代微电子和计算机技术相结合发展的电液比例控制和电液数字控制技术构成了现代液压控制技术的完整体系。与电动控制系统等其他控制系统相比，液压控制系统具有能容量大、响应速度快、系统刚度大和控制精度高等突出优点。因此，液压控制技术在各类机床、重型机械、起重机械、建材建筑机械、汽车、大型试验设备、航空航天、船舶和武器装备等领域获得了广泛应用。

本章在介绍液压控制系统的组成、分类、独特优势及其广阔应用领域的基础上，概要回顾了液压控制技术的历史进展，简要介绍当代液压控制技术的发展趋势和我国液压传动与控制技术的现状。

第一节 液压控制系统的原理与组成

液压控制系统能够根据机械装备的要求，对位置、速度、加速度、力等被控制量按一定的精度进行控制，并且能在有外部干扰的情况下，稳定、准确地工作，实现既定的工艺目的。

液压控制系统按不同的使用控制元件分类，可分为伺服控制系统、比例控制系统和数字控制系统三大类。本节以液压伺服控制系统（简称液压伺服系统）为例，说明液压控制系统的原理，最后归纳出液压控制系统的组成。

一、液压控制系统的原理

液压伺服系统（又称液压随动系统）是以液压动力元件作驱动装置所组成的反馈控制系统，其输出量（机械位移、速度、加速度或力）能以一定的精度自动按照输入信号的变化规律运动，与此同时，还起到功率放大作用，故又是一个功率放大装置。

图 1-1 所示是一个液压自动控制的举重系统原理图，系统由液压能源、四通滑阀（伺服阀）、液压缸等组成，杠杆上端 A 为操作者操纵端，下端 B 与重物支架相连。当操作者将杠杆压到某个位置时，四通滑阀的进油窗口被打开，液压能源的液压油液便经四通滑阀进入液压缸

下腔，产生一个向上的力，从而推动重物 G 上升，同时也带动杠杆 B 端上升，因而四通滑阀阀芯逐渐关小进油窗口。当进油窗口完全关闭时，重物 G 就停留在对应位置（此时，进油窗口被封死）。如果由于油液泄漏等原因重物有些下降，则杠杆又自动将进油窗口打开，于是重物又开始上升，直到恢复原位。这种液压自动控制的举重系统，是一个力的放大器，可以举起人所无法举起的重物，不仅操纵自如而且人可以离开，又因重物的举升高度与四通滑阀阀芯的位置一一对应，所以升降的高度相当准确。由于这种系统能够自动地完成人的某一工作，因此，该举重系统被称之为液压自动控制系统或者液压伺服系统。

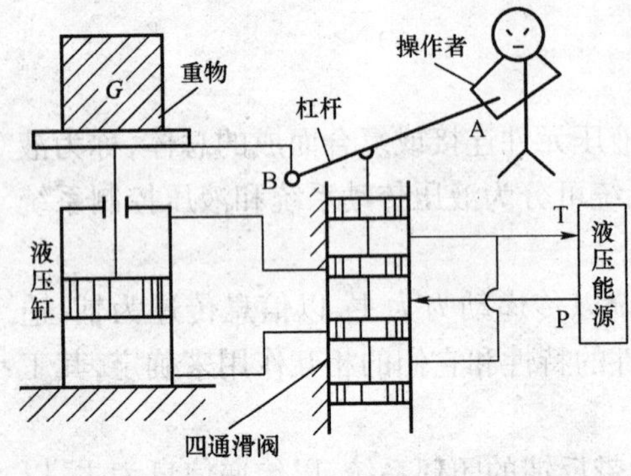

图 1-1　液压自动控制的举重系统

图 1-2 所示为一机床工作台液压伺服控制系统原理图，系统的能源为液压泵 1，它以恒定的压力（由溢流阀 2 设定）向系统供油。液压动力装置由伺服阀（四通控制滑阀）和液压缸组成。伺服阀是一个转换放大元件，它将电气-机械转换器（力马达或力矩马达）给出的机械信号转换成液压信号（流量、压力）输出并加以功率放大。液压缸为执行器，其输入的是压力油的流量，输出的是拖动负载（工作台）的运动速度或位移。与液压缸左端相连的传感器用于检测液压缸的位置，从而构成反馈控制。

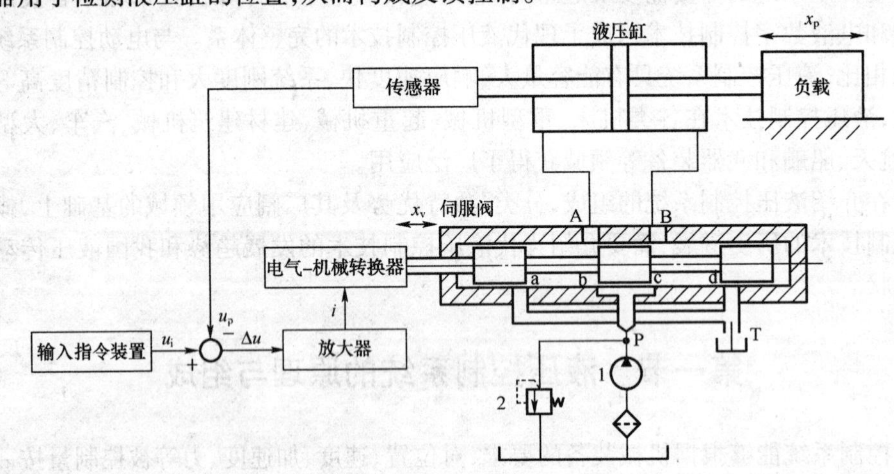

图 1-2　液压控制系统原理图

1-液压泵；2-溢流阀

当电气输入指令装置给出一指令信号 u_i 时，反馈信号 u_p 与指令信号进行比较得出误差信号 Δu，Δu 经放大器放大后得出的电信号（通常为电流 i）输给电气－机械转换器，从而使电气－机械转换器带动伺服阀的阀芯移动。不妨设阀芯向右移动一个距离 x_v，则节流窗口 b、d 便有一个相应的开口量，阀芯所移动的距离即节流窗口的开口量（通流面积）与上述误差信号 Δu（或电流 i）成比例。阀芯移动后，液压泵 1 的压力油由 P 口经节流窗口 b 进入液压缸左腔（右腔油液由 B 口经节流窗口 d 回油），液压缸的活塞杆推动负载右移 x_p，同时反馈传感器动作，使误差及阀的节流窗口开口量减小，直至反馈传感器的反馈信号与指令信号之间的差别（误差）$\Delta u = 0$ 时，电气-机械转换器又回到中间位置（零位），于是伺服阀也处于中间位置，其输出流量等于零，液压缸停止运动，此时负载就处于一个合适的平衡位置，从而完成了液压缸输出位移对指令输入的跟随运动。如果加入反向指令信号，则滑阀反向运动，液压缸也反向跟随运动。

上述系统采用了电气的输入指令装置和反馈装置,因而指令信号与反馈信号都为电信号。而实际上,除了电气的输入指令装置和反馈装置外,这些装置还可以是机械、液压、气动之一或它们的某种组合。

二、液压控制系统的组成

液压控制系统的类型和应用场合相当广泛,然而,一个实际的液压控制系统不论如何复杂,都是由一些基本元件构成的,并可用图 1-3 所示的框图表示。这些基本元件包括输入元件、检测反馈元件、比较元件及转换放大装置(含能源)、执行器和受控对象等部分,各组成部分的作用见表 1-1。

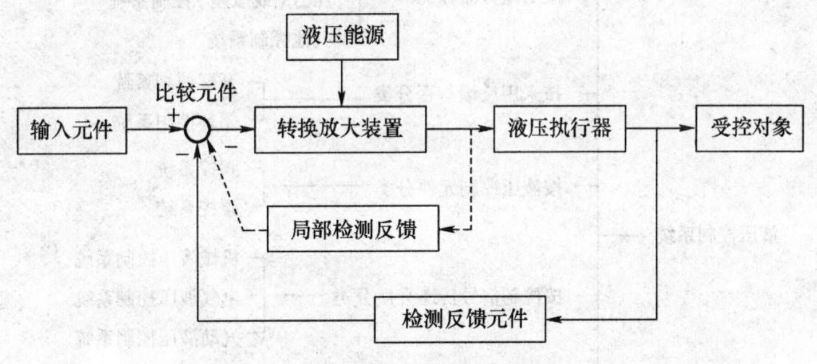

图 1-3　液压控制系统的典型组成

液压控制系统的组成及其作用　　表 1-1

序号	名　称	作　　用	说　　明
1	输入元件（指令元件）	根据系统动作要求,给出输入信号（又称指令信号）,加于系统的输入端	机械模板、电位器、信号发生器或程序控制器、计算机都是常见的输入元件。输入信号可以手动设定或程序设定
2	检测反馈元件	用于检测系统的输出量并转换成反馈信号,加于系统的输入端与输入信号进行比较,从而构成反馈控制	各类传感器为常见的反馈检测元件
3	比较元件	将反馈信号与输入信号进行比较,产生差信号,加于放大装置	比较元件经常不单独存在,而是与输入元件、反馈检测元件或放大装置一起,同时完成比较、反馈或放大
4	转换放大装置	将偏差信号的能量形式进行变换并加以放大,输入到执行机构	各类液压控制放大器、伺服阀、比例阀、数字阀等都是常用的转换放大装置
5	执行器	驱动受控对象动作,实现调节任务	可以是液压缸、液压马达或摆动液压马达
6	受控对象（负载）	和执行器的可动部分相连接并同时运动,在负载运动时所引起的输出量中,可根据需要选择其中某物理量作为系统的控制量	受控对象可以是被控制的主机设备或其中一个机构、装置
7	液压能源	为系统提供驱动负载所需的具有压力的液流,是系统的动力源	液压泵站或液压源即为常见的液压能源

第二节　控制系统的类型及适用场合

液压控制系统的类型繁杂，可按不同方式进行分类，见表 1-2。每一种分类方式均代表一定特点。各种类型液压控制系统的特点、实例及应用场合如下所述。

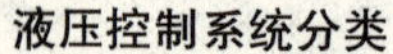
液压控制系统分类

表 1-2

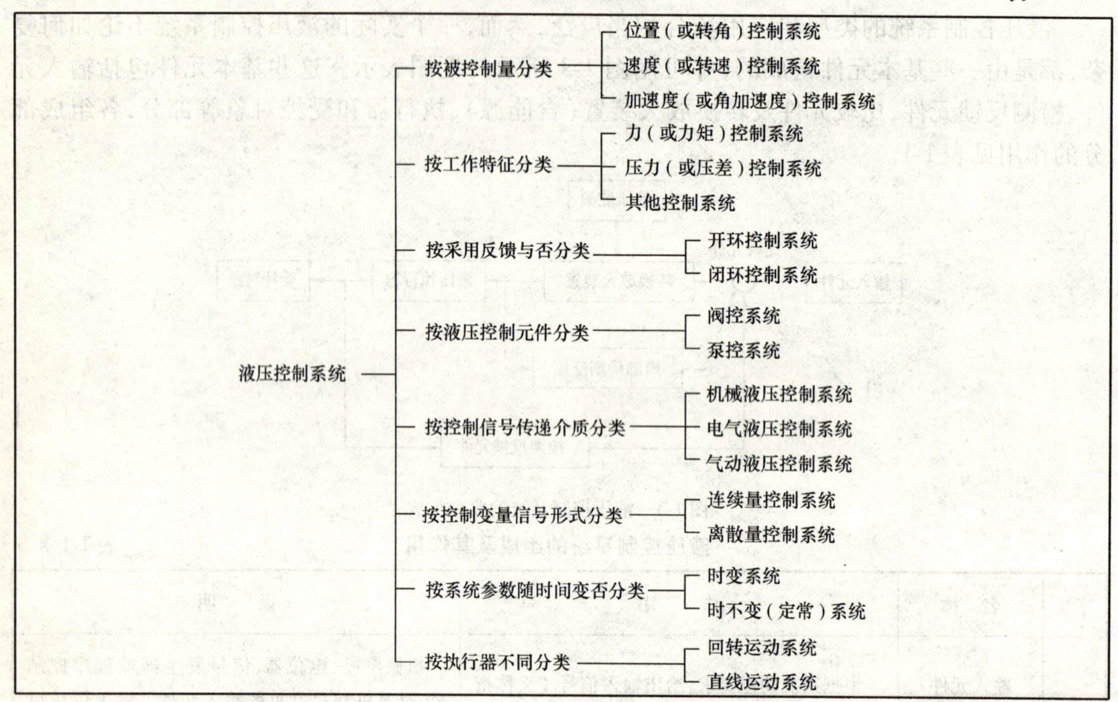

一、位置控制、速度控制及加速度控制和力及压力控制系统

液压控制系统的被控制量有位置（或转角）、速度（或转速）、加速度（或角加速度）、力（或力矩）、压力（或压差）及其他物理量。一个具体的液压控制系统，其被控物理量与控制对象及系统的用途和工艺要求有关，有的系统可能存在可切换的两个被控制量。例如，冶金设备中的轧机液压压下控制系统，大压下率轧制状态时采用位置闭环恒辊缝形式，而平整状态时则采用闭环恒轧制力。

二、闭环控制系统和开环控制系统

采用反馈的闭环控制系统（示例参见图 1-2），由于加入了检测反馈，具有抗干扰能力，对系统参数变化不太敏感，控制精度高，响应速度快，但要考虑稳定性问题，且成本较高，多用于系统性能要求较高的场合（如高精数控机床、冶金、航空、航天设备）。不采用反馈的开环控制系统（图 1-4），不存在稳定性问题，但不具有抗干扰能力，控制精度和响应速度由各组成元件

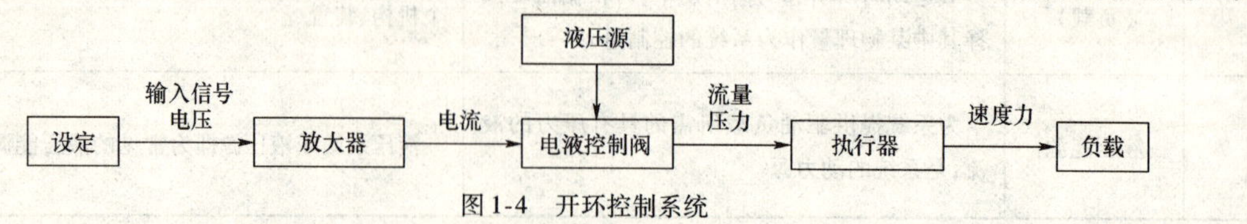

图 1-4　开环控制系统

的特性和它们的相互作用来确定，控制精度低，但成本较低，用于控制精度要求不高的场合。对于闭环稳定性难以解决、响应速度要求较快、控制精度要求不太高、外干扰较小、功率较大、要求成本低的场合，可以采用开环或局部闭环的控制系统。

三、阀控系统和泵控系统

阀控系统又称节流控制系统，其主要控制元件是液压控制阀，具有响应快、控制精度高的优点，缺点是效率低，特别适合中小功率、快速、高精度控制系统使用。按照使用的控制阀不同，液压控制系统可分为伺服控制系统（控制元件为伺服阀）、比例控制系统（控制元件为比例阀）和数字控制系统（控制元件为数字阀）三大类。图 1-2 所示为采用伺服阀的伺服控制系统；图 1-5 所示为电液比例控制系统的一般技术构成框图，其中液压转换及放大装置可以是比例阀，也可以是比例变量泵；图 1-6 所示为采用增量式数字阀的数字控制系统。

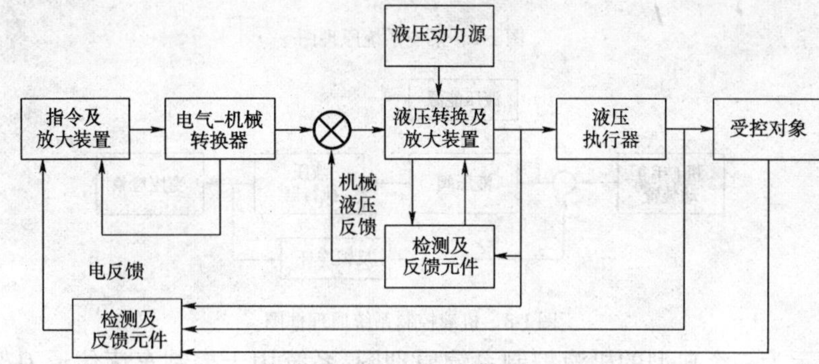

图 1-5 电液比例控制系统的一般技术构成框图

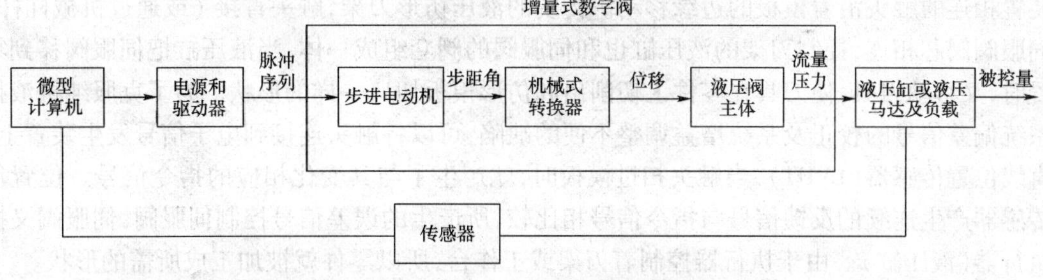

图 1-6 增量式数字阀控制系统构成框图

泵控系统又称容积控制系统，其实质是用控制阀去控制变量液压泵的变量机构，由于无节流和溢流损失，故效率较高，且刚性大，但响应速度慢、结构复杂，适用于小功率而响应速度要求不高的控制场合。

泵控系统示例如图 1-7 所示，它是一个位置控制系统。工作台由双向液压马达与滚珠丝杠来驱动，双向变量液压泵提供液压能源，泵的输出流量控制通过电液控制阀控制变量缸实现，工作台位置由位置传感器检测并与指令信号相比较，其偏差信号经控制放大器放大后送入电液控制阀，从而实现闭环控制。采用这种位置控制的设备有各种跟踪装置、数控机械和飞机等。

四、机械液压控制系统、电气液压控制系统和气动液压控制系统

机械液压控制系统简称机液控制系统，其原理框图如图 1-8 所示，它由液压和机械两部分

组成,系统中的给定、反馈和比较元件都是机械构件。其优点是简单可靠,价格低廉,环境适应性好;缺点是偏差信号的校正及系统增益的调整不如电液控制系统方便,难以实现远距离操作,此外反馈机构的摩擦和间隙都会对系统的性能产生不利影响。

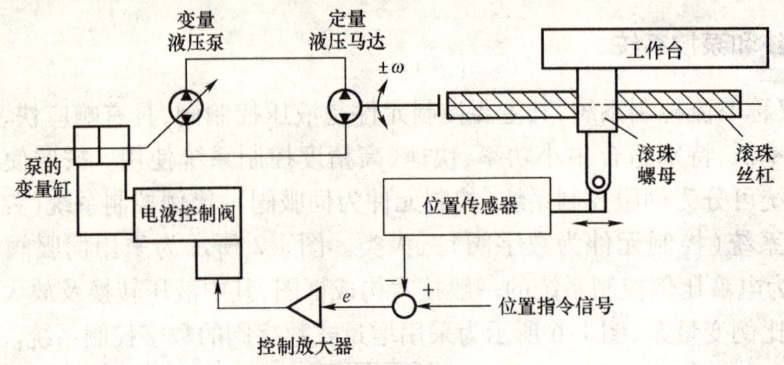

图 1-7 泵控系统原理图

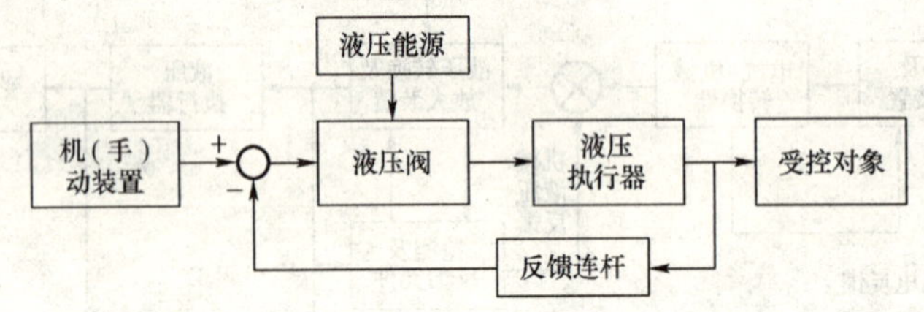

图 1-8 机液控制系统原理框图

图 1-9 所示为一个典型的机液控制系统原理图,系统用于控制车床仿形刀架。具有某种形状的模板(俗称靠模)作为系统的输入。模板用一边有预制切口的平板做成,与输入信号发生装置相连的触头沿着模板的边缘移动。传统的液压仿形刀架,触头直接(或通过机械杠杆)与伺服阀阀芯相连,控制刀架的液压缸也和伺服阀的阀套组成一体,当液压缸把伺服阀移到零位置时,又移动刀具,使刀具在零件上切削出和仿形模板切口一样的形状。为了克服纯机液控制系统偏差信号的校正及系统增益调整不便的缺陷,可以将触头连接到电子信号发生装置上,如直线位置传感器(LVDT),当触头扫过模板时,就产生了与其变化相应的指令信号。位置反馈传感器产生连续的反馈信号与指令信号相比较,所产生的误差信号控制伺服阀,伺服阀又操纵执行器(液压缸)。由于执行器控制着刀架或工作台,所以零件就被加工成所需的形状。

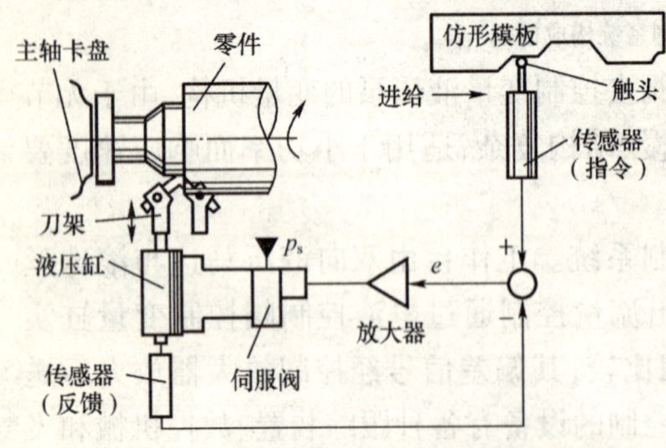

图 1-9 车床仿形刀架机液控制系统原理图

电气液压控制系统简称电液控制系统,如图 1-10 所示,它由电气及液压两部分组成,系统中偏差信号的检测、校正和初始放大都是采用电气、电子元件来实现;系统的心脏是电液控制阀,按系统所用电液控制阀的不同,电液控制系统可分为电液伺服系统(参见图 1-2)、电液比例系统(参见图 1-5)和电液数字系统(参见图 1-6)。它们的详细分类、构成及特点见表 1-3。电液控制系统的优点是信号的测量、校正和放大都较为方便,容易实现远距离操作,容易与响应速度快、抗负载刚性大的液压动力元件实现整合,组成以电子、电气为“神经”,以液压为“筋肉”的电液控制系统,具有很大的灵活性与广泛的适应性。由于机电一体化技术的发展和计算机技术的普及,电液控制系统在工程上普遍得到应用,成为液压控制中的主流系统。随着机械装备工作性能要求的提高，有些普通的液压传动系统将逐步改为电液控制系统。

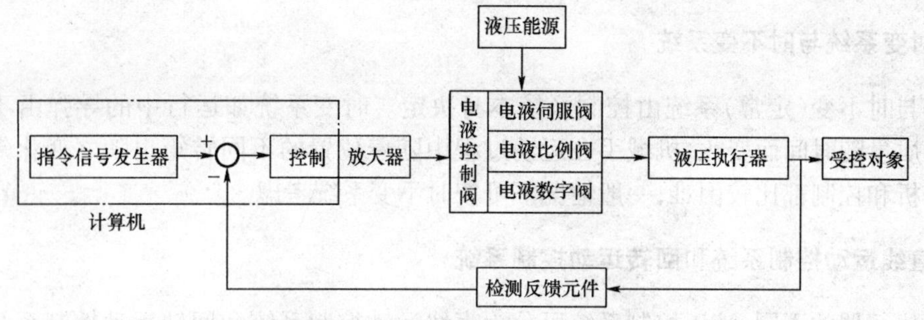

图 1-10 电液控制系统一般构成

电液控制系统的详细分类、构成及特点 表 1-3

<table>
<tr><th colspan="3">类 型</th><th>构 成</th><th>特 点</th></tr>
<tr><td rowspan="3">电液伺服系统</td><td colspan="2">位置系统</td><td rowspan="3">控制装置(伺服放大器和电液伺服阀)、执行器(液压缸、液压马达或摆动液压马达)、反馈检测装置(传感器)、能源装置(定量泵或变量泵)</td><td rowspan="3">响应快、精度高，但成本较高，抗干扰能力较差</td></tr>
<tr><td colspan="2">速度系统</td></tr>
<tr><td colspan="2">力(压力) 系统</td></tr>
<tr><td rowspan="2">电液比例系统</td><td colspan="2">开环</td><td>控制装置(比例放大器和比例阀)、执行器(液压缸、液压马达或摆动液压马达)、能量装置(定量泵、变量泵或比例变量泵)</td><td>可明显简化系统，实现复杂程序控制；利用电液结合提高机电一体化水平，但控制精度低</td></tr>
<tr><td colspan="2">闭环</td><td>除构成开环比例系统的装置外，还包括反馈检测装置</td><td>响应较快，精度较高，价格低廉</td></tr>
<tr><td rowspan="4">电液数字系统</td><td rowspan="2">增量式</td><td>开环</td><td>微机、增量式数字阀、步进电动机及其驱动电源、执行器(液压缸、液压马达、摆动液压马达)、能量装置</td><td>响应较快、精度高，不存在稳定性问题。性能与微机、驱动电源、数字阀的性能有关</td></tr>
<tr><td>闭环</td><td>除开环系统的组成装置外，还有反馈检测装置</td><td>响应较快，精度较高，系统校正可用软件实现，但成本高、控制复杂</td></tr>
<tr><td rowspan="2">脉宽调制式</td><td>开环</td><td>微机、脉宽调制数字阀、脉宽调制放大器、执行器、能源装置</td><td>响应较快，精度较高，不存在稳定性问题。性能与微机、放大器、数字阀的性能有关，成本较高，控制复杂，软件编制较困难，控制流最小(<20L/min)</td></tr>
<tr><td>闭环</td><td>除开环系统的组成装置外，还有反馈检测装置</td><td>响应较快，精度高，系统校正可用软件实现，但成本高，控制复杂，软件编制困难，控制流量小(<20L/min)</td></tr>
</table>

气动液压控制系统简称气液控制系统，它由气动和液压两部分组成，系统中信号的检测和初始放大均采用气动元件实现。气液控制系统具有结构简单，测量灵敏度高，工作可靠，可在高温、振动、易燃、易爆等恶劣环境下工作等优点，但需要压力气源等附属设备。

五、连续量控制系统和离散量控制系统

连续量控制系统中各变量均为时间的连续函数；离散量控制系统中某些变量是用脉冲调

制形式表达的。当采用电液数字阀时，必然是离散控制系统。用计算机控制电液伺服阀或电液比例阀的控制系统，实质上也是离散的控制系统，系采用脉幅调制形式进行控制。

六、时变系统与时不变系统

时变与时不变（定常）系统由控制系统本身决定。时变系统如运行中的导弹由于燃料消耗使自身质量随时间而变化、机械手在运动过程中随着位置的不同转矩也随之变化等。这种系统的分析和控制都比较困难，一般情况下可按时不变系统考虑。

七、直线运动控制系统和回转运动控制系统

按照执行器的不同，液压控制系统可分为直线运动控制系统和回转运动控制系统。前者以液压缸作为执行器，后者以液压马达或摆动液压马达作为执行器。

液压缸是一种实现直线运动的常用执行器，由于配置方便，不但用于一维控制（图 1-9），还经常用于二维、三维控制。如图 1-11 所示，采用二组伺服阀 2、液压缸 1 及传感器 3，在仿形铣床上，x 及 z 方向的液压缸运动就是工作台的纵向和横向进给，y 方向的液压缸运动即为升降台的升降运动，从而实现了立体形状的仿形加工。

但进行位置控制、速度控制并不一定都要采用液压缸作为执行器，为满足负载力矩和负载速度的要求，或减小负载惯量的影响以提高液压固有频率，或将旋转运动转变为直线运动，经常采用液压马达作为执行器。工程上许多极精密的系统是采用液压马达与滚珠丝杠来驱动的，如图 1-7 所示。液压马达的控制精度可达几分之一转，滚珠丝杠能使控制精度进一步提高。液压马达与滚珠丝杠结合在一起使用，可使直线位置的控制精度在 1/1000mm 以内或更小。

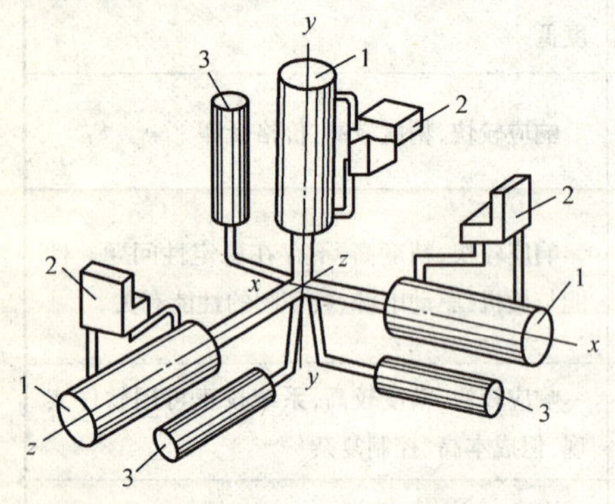

图 1-11　液压缸用于三维控制

1-液压缸；2-伺服阀；3-传感器

现代机械设备的运动日趋复杂化，例如计算机控制的数控机械加工设备，有的需要实现五维运动（x、y、z 再加两个平面运动），为此，采用五组电液控制阀控制的液压执行器（液压缸和液压马达），每一组为实现一个方向运动控制的完整的控制回路。这种多执行器控制系统多采用计算机进行控制，其指令信号通过计算机编程产生，但最终将以直流电压信号形式送至控制阀的电气-机械转换器上，阀芯移动，液压油液就通向执行器，使刀具或工件运动，完成复杂工件的加工。

第三节　液压控制系统的优缺点

一、液压控制系统的优点

液压控制系统除了具有本身的特点外，还具有液压传动系统所具备的一系列优点。这里仅从控制的角度，将液压控制系统的主要优点归纳如下：

（1）易于实现直线运动的速度、位移及力控制。采用结构简单的液压缸，液压控制系统便可很方便地直接实现位置控制、速度控制和力控制。与电气控制相比，液压力控制系统更是独树一帜；即使是转速控制，由于液压马达的低速性能比一般直流电动机好，因此液压控制系统

无须借助于机械减速器，也可实现低速或调速范围很宽的转速控制。

(2)驱动力、力矩和功率可很大。例如，大型四辊轧机要在30kN轧制力的条件下进行高响应、高精度的位置控制；大型挤压机要在50kN挤压力的情况下进行挤压速度控制；大型油压机要在50kN加载力的情况下实现多缸同步控制；在这些场合，只能求助于液压控制系统。

(3)尺寸小、质量轻、加速性能好。由于液压可高达32MPa，而且液压控制系统容易通过自然散热或采用冷却器散发油液热量，因此允许液压元件及液压装置的尺寸制造得小，从而使结构紧凑、质量轻、功率-质量比大、力-惯量比大、加速特性好。

电气元件中单位面积的电磁力仅0.3MPa左右，且散热不方便，受散热条件的限制，尺寸-功率比大。因此，缸的力-质量比比直流电动机约大100倍；中等功率液压马达的转矩-惯量比比同容量的一般直流电动机大10~20倍，功率-质量比则大10倍左右；整个液压装置的质量-功率比为1.5kg/kW，电气装置的质量-功率比为7kg/kW。

(4)响应速度高。

(5)控制精度高。现代轧机的液压压下系统，在工业控制中是很有代表性的：单侧压下力为$1\times10^4\sim1.5\times10^4$N，运动部件质量达$1\times10^5$kg，系统频宽可达15Hz，运动加速度为电动压下的100倍，板材的成品厚度差可控制在±5μm内，而电动压下只能控制在±(10~20)μm范围内。

(6)液压能的储存方便，从而可减少电气设备的装机容量。气动控制系统具备上述(1)的优点，但压力较低，驱动力较小；由于气体的压缩性大，“气压弹簧刚度”很小，因此气动执行元件——负载环节的谐振频率很小，约为液压谐振频率的1/50，且易发生低频振荡。目前气动控制系统的应用不广，只用于宇航或高温、防火防爆或怕油的控制场合。

二、液压控制系统的缺点及克服办法

液压控制系统以液体为工作介质，因而带来如下缺点：

(1)油液易受污染。油液污染是引起液压控制系统故障的主要原因，因此可以说，清洁的油液与可靠性是两个同义词。为了提高系统的可靠性，对于抗污染性能差的伺服阀，不得不采取多重过滤措施，但这将使装置复杂、成本提高；研制抗污染的伺服阀是解决这个问题的最好办法。

(2)伺服元件的加工精度高、制造成本高。为减小泄漏、死区、零漂，提高分辨率，要求伺服元件的公差与配合严格，加工精度很高，一般为微米(μm)级；为了达到线性的流量增量，需采用电火花加工阀套方孔；为减小滞环，需采用性能优良的铁磁性材料。这些都将使制造成本提高，加上伺服阀的设计、调试技术较高，因此伺服阀的售价为一般换向阀的20~30倍。研制结构简单、性能优良的廉价工业用伺服阀，应是研究人员及制造厂的目标。

(3)外漏将使油液散失，造成环境污染，并有引起火灾的危险。完善的设计、良好的维护是解决这些问题的根本。

(4)液压控制系统的分析、设计、调整和维护都要求较高的技术水平。即使在工业发达的国家，直至20世纪70年代中期，对液压工程师来说，液压控制也属“阳春白雪”。提高教育水平，是推广和用好液压控制系统的保证。

三、电液控制系统是最理想的控制系统

由液压控制的特点及优缺点分析可知，液压控制的吸引力主要在于其动力元件性能上具

有很大的优势，但在能源，信号的检测、变换与处理，增益的调整，系统的综合、校正，遥控诸方面则不如电气系统。电液控制系统最大限度地发挥了流体动力在大功率动力控制方面的特长和电气系统在信息处理方面的优势，从而构成了以电气为“神经”，以液压为“筋肉”的最理想的控制系统。

电液控制系统与电气控制系统在竞争中不断发展。随着高起动转矩、高调速比的高性能直流电动机的问世，目前在小功率的控制场合，电气控制系统已处于有利形势。而在大功率、高精度、高响应的控制场合，电液控制系统仍居主导地位。

第四节　汽车中的液压伺服控制系统

液压伺服控制系统在汽车上有广泛的应用，液压传动主要包括电控液力自动变速器、电控悬架装置、电控防抱死制动装置、气压式挂车制动装置、液压或气压式转向助力装置、自动倾卸车举升机构及发动机燃料供给、机械润滑系统等。液力传动主要采用液力变矩器或液力耦合器实现发动机与变速器的离合与变速。液力变矩器具有对外负载的自动适应性，使车辆起步平稳，加速迅速、均匀，其减振作用降低了传动系统的动载和扭振，延长了传动系统的使用寿命，提高了乘坐舒适性、行驶安全性、通过性以及车辆的平均速度。下面概述几个典型的汽车液压控制系统。

一、汽车防抱死制动系统（ABS）

ABS液压系统组成如图1-12所示，主要由ABS控制器（包括电子控制单元、液压元件、液压泵等）、四个车轮的转速传感器、ABS故障警示灯、制动警告灯等组成。

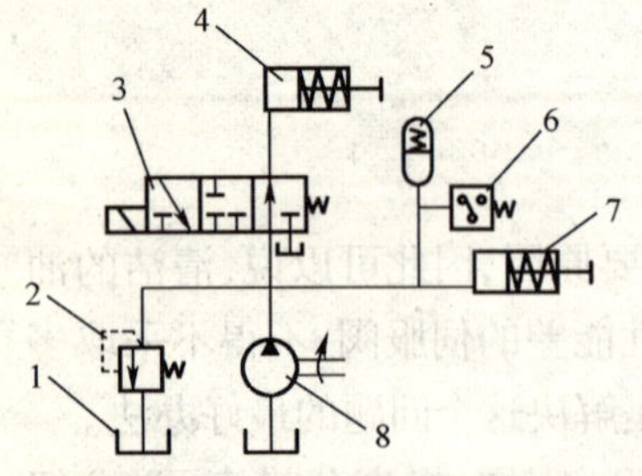

图1-12　ABS液压系统组成

1-储液器；2-安全阀；3-电磁阀；4-制动轮缸；5-储能器；6-压力报警开关；7-制动主缸；8-电动泵

ABS制动压力调节装置工作原理：制动压力调节装置（简称液压调节器）主要由8个2位2通调压电磁阀、1个双联式电动液压柱塞泵、2个储液室、2个低压储能室、1个电动液压泵和几个止回阀等组成，如图1-13所示。电动液压泵转速传感器产生的转速信号输入ECU，供ECU监测电动液压泵的运转情况，液压调节阀通过管路与制动主缸和各制动轮缸相连。

在制动过程中，如果电子控制单元（ECU）根据车轮轮速传感器输入的车轮转速信号判定是否有车轮趋于制动抱死倾向，需要调节制动轮缸的压力时，ECU就使该制动轮缸相对应的进液电磁阀或出液电磁阀换位，并自动按以下情况分别进行判断、处理：

（1）保压过程——当ECU通过转速传感器得到信号识别出车轮有抱死倾向时，ECU发出控制信号关闭相应车轮的进液电磁阀，并让出液电磁阀继续保持关闭状态，该制动轮缸中的制动液被封闭而使制动压力保持一定。

（2）减压过程——如果在保压阶段车轮仍有抱死倾向，则ABS进入降压阶段。此时ECU发出控制指令使该制动轮缸相应的进液电磁阀和出液电磁阀都通电换位（进液电磁阀处于断流，出液电磁阀处于导通）该制动轮缸中的部分制动液就会通过出液电磁阀流入低压储能室，使制动轮缸的制动压力随之减小。与此同时液压泵也开始工作，把低压储能室的制动液重新泵回制动主缸以补偿制动踏板行程损失，此时制动踏板出现抖动（有抬升或反弹感），车轮抱死程度降低，轮速上升。此过程结束液压泵随之断电停止工作。

(3)增压过程——为了达到最佳制动效果，当车轮轮速达到一定值后(与设定的门限值比较)，ECU 再次发出控制指令使该制动轮缸相应的进液电磁阀和出液电磁阀都断电，使进液电磁阀处于通流状态，出液电磁阀处于断流状态，制动主缸输出的制动液就会通过进液电磁阀进入制动轮缸，该制动轮缸的制动压力随之增大，车轮再次被制动，轮速下降。

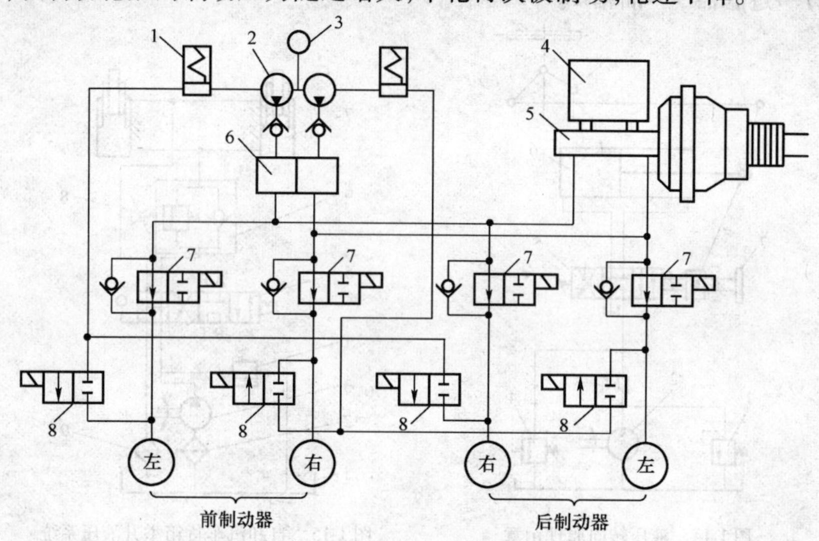

图 1-13 液压调节器工作原理图

1-低压储能器；2-液压柱塞泵；3-电动机；4-制动主缸储液室；5-制动主缸；6-储液室；7-进液电磁阀(常开)；8-出液电磁阀(常闭)

二、液压式动力转向系统

液压转向原理如图 1-14 所示。

在液压动力转向系统中，转向动力的大小取决于作用在转向动力缸活塞上的压力大小，如果转向操作力较大，液压就会较高。转向动力缸中液压的变化是由连接在主转轴上的转向控制阀来调节的。转向油泵将液压油输送至转向控制阀 5。如果转向控制阀 5 处于中间位置，所有的液压油便会流过转向控制阀，转入出油口，流回至转向油泵。由于这时几乎不能产生压力，转向动力缸活塞两端的压力又相等，活塞便不会朝任何一方运动，从而使车辆无法转向。当驾驶员控制方向朝左转动时，转向控制阀在左位，从而关闭，这时另一条油路开得大些，使液压油流量发生变化，同时产生压力。这样，便会在转向动力缸活塞两端产生压力差，动力缸活塞朝左(低压方)运动，从而将动力缸中的液压油通过转向控制阀压回转向油泵。

三、自卸汽车液压系统

自卸汽车货箱举升液压系统如图 1-15 所示。

(1)停止：

油液→粗过滤器 2→液压泵 3→换向阀 5 右一位→过滤器 9→油箱 1。

(2)上升：

油液→粗过滤器 2→液压泵 3→换向阀 5 左一位→平衡阀 6(止回阀)→液压缸 7 下腔→液压缸 7 上腔→过滤器 9→油箱 1。

(3)中停：

油液→粗过滤器2→液压泵3→换向阀5左二位→过滤器9→油箱1。

(4)下降：

油液→粗过滤器2→液压泵3→换向阀5右二位→液压缸7上腔→液压缸7下腔→平衡阀6(顺序阀)→过滤器9→油箱1。

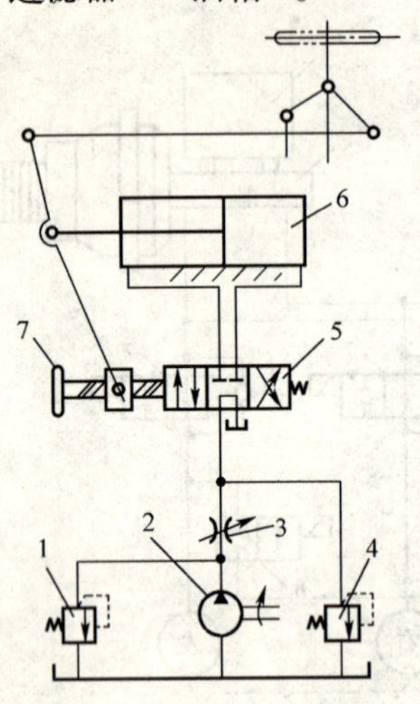

图1-14　液压转向原理示意

1-溢流阀；2-液压泵；3-节流阀；4-安全阀；5-转向控制阀；6-液压泵；7-方向阀

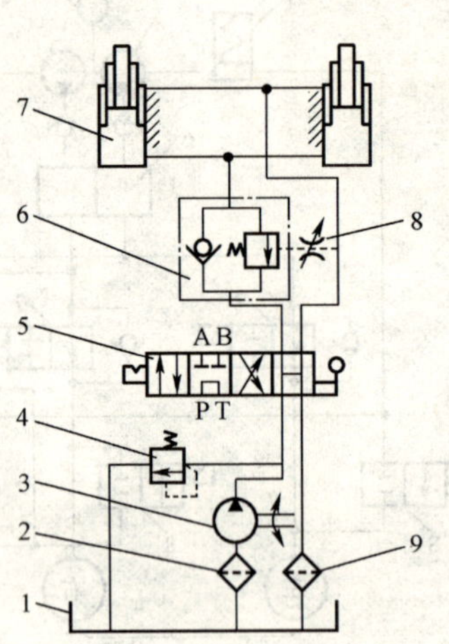

图1-15　自卸汽车货箱举升液压系统

1-油箱；2-粗过滤器；3-液压泵；4-限压阀；5-手动换向阀；6-平衡阀；7-伸缩式液压缸；8-节流阀；9-过滤器

四、液压悬架控制系统

液压悬架控制系统如图1-16所示。

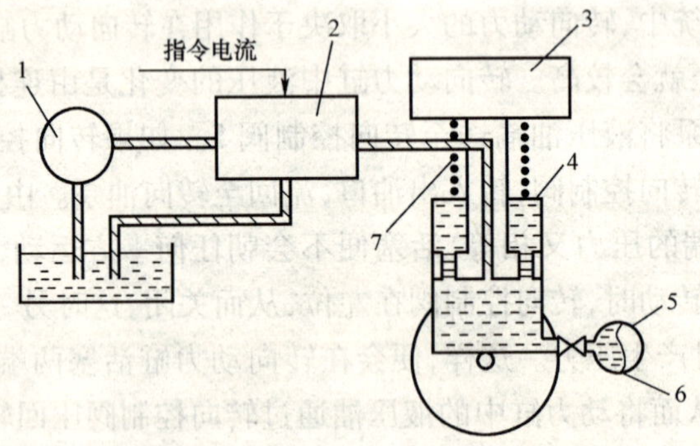

图1-16　液压悬架控制系统

1-油泵；2-调压阀组；3-车身；4-油缸；5-缓冲腔；6-衰减阀；7-弹簧

第二章　液压控制阀

液压控制阀是液压伺服系统中的一种主要控制元件。在节流式伺服系统中，它直接控制执行元件动作，在容积式伺服系统中，它直接控制泵的变量机构，改变泵的输出流量，间接对执行元件的动作进行控制。所以液压控制阀的性能直接影响系统的工作性能。液压伺服系统的故障也往往与阀不正常工作有关。

液压控制阀的作用是利用液流的节流原理，用输入位移（或转角）信号对通往执行元件的液体流量或压力进行控制。它是一个机械-液压转换装置，如图 2-1 所示。

液压控制阀的输出功率大，而输入功率很小，故液压控制阀也是一种功率放大装置。在电液伺服系统中这个放大系数十分大，用单级阀很难实现，故此时常将阀做成两级，甚至三级。某两级阀的工作原理图如图 2-2 所示。

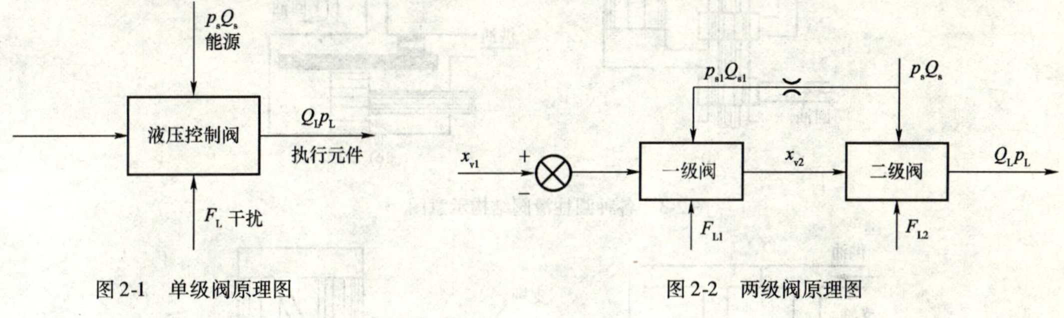

图 2-1　单级阀原理图　　　　图 2-2　两级阀原理图

第一节　液压控制阀的结构及分类

典型的控制阀是圆柱滑阀（图 2-3）、喷嘴挡板阀（图 2-4）和射流管阀（图 2-5）。有时还采用它们的组合，如最常见的喷嘴挡板阀和圆柱滑阀组成的两级阀（图 2-6）。

一、圆柱滑阀

圆柱滑阀具有最优良的控制特性，故在伺服系统中应用最广。随着使用场合的不同，工程上应用的圆柱滑阀具有以下各种结构形式：

(1) 按进出阀的通道数，圆柱滑阀分为二通阀、三通阀和四通阀等。常用的是四通阀，而二通阀和三通阀只有一个负载通道，故只能控制差动液压缸的往复运动，如图 2-3e)、d) 所示。

(2) 根据工作节流棱边数目，圆柱滑阀分为单边、双边和四边滑阀，如图 2-3e)、d)、c) 所示。为了保证节流边开口的准确性，对于双边滑阀必须保证一个轴向配合尺寸，而四边阀必须同时保证三个轴向尺寸的精度，这给加工带来许多困难。因此，从结构工艺性看，单边滑阀最简单，四边滑阀最复杂。但从以后的分析中可以知道，四边滑阀的性能最好，单边滑阀最差，故在要求高的伺服系统中，四边滑阀应用得最多，而在要求不高的机床仿形装置中常常采用单边或双边滑阀。

双边滑阀和四边滑阀都可以由两个阀芯台(图 2-3a)或两个以上阀芯台肩组。台肩数目越多,阀的轴向尺寸越大,加工难度往往也将增大。但三台肩(图 2-3b) 或四台肩阀(图 2-3c) 定心性较好,并可以将回油通道与阀端部分开,故可用于具有较高的回油压力处,并可减少外部泄漏。

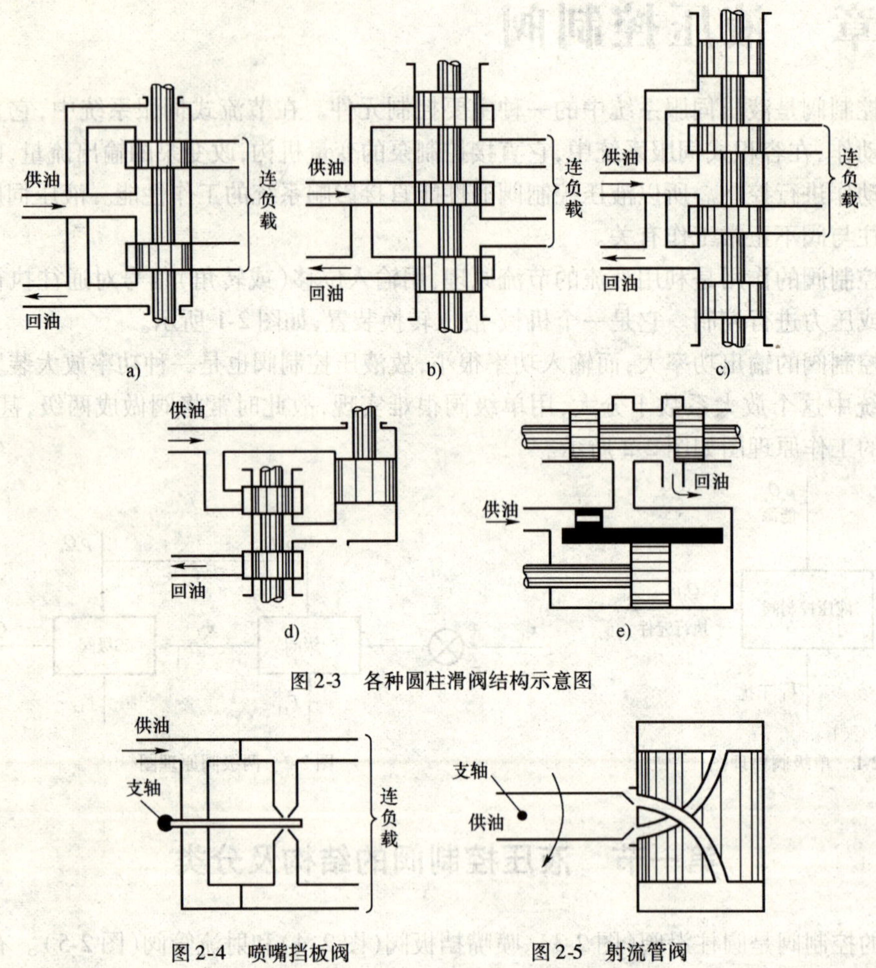

图 2-3 各种圆柱滑阀结构示意图

图 2-4 喷嘴挡板阀　　图 2-5 射流管阀

(3)根据阀芯台肩与阀套槽宽的不同组合,滑阀可以分为正开口(负重叠)阀,零开口(零重叠)阀和负开口(正重叠)阀,如图 2-7 所示。它们具有不同的流量增益特性,如图 2-8 所示。

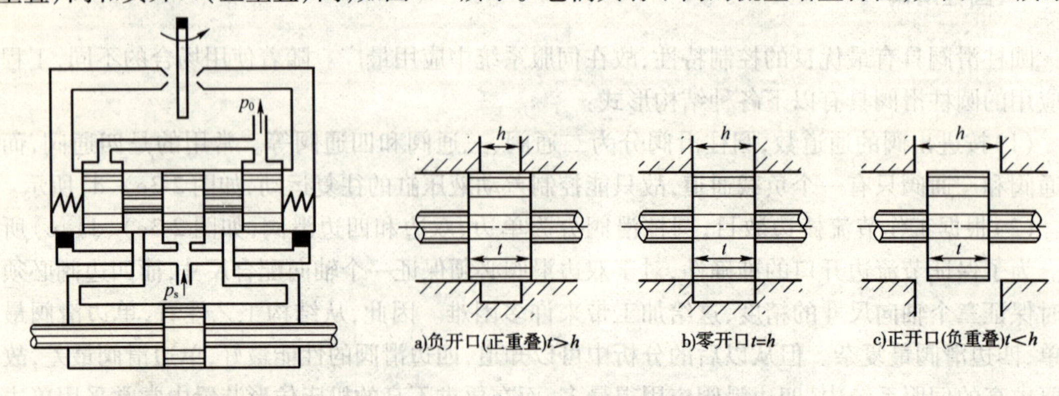

图 2-6 喷嘴挡板阀和圆柱滑阀组成的两级阀

图 2-7 滑阀的不同开口形式

事实上，从零位附近流量增益曲线的形状来确定阀的开口形式要比用上述几何关系进行划分更为合理，因为零开口阀实际上总具有一个微小的正重叠量（2～3），以补偿径向间隙，使阀的增益具有线性特性。

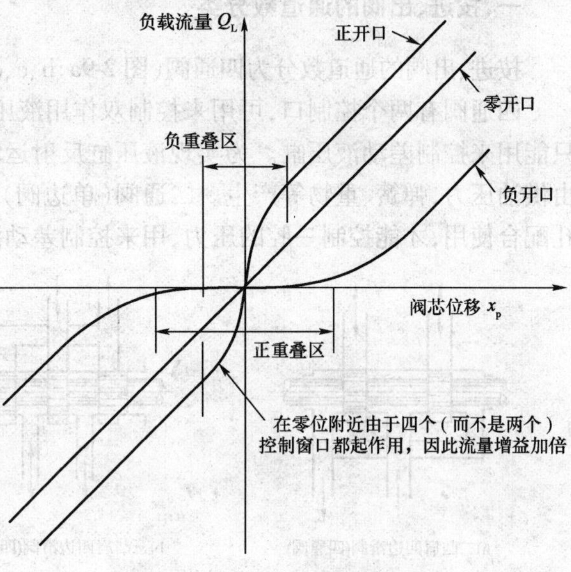

图 2-8　不同开口形式的流量增益

在一般情况下，伺服系统希望尽可能具有线性增益特性，故零开口阀得到最广泛的应用。负开口阀由于其流量增益特性具有死区，将导致稳态误差，并且有时还可能引起游隙，从而产生稳定性问题，因此很少采用。正开口阀用于要求有一个连续的液流以便使油液维持合适温度的场合，也用于要求采用恒流量能源的系统中。不过，它在零位时有较大的功率损耗，而且由于正开口以外区域增益降低和压力灵敏度低等缺点，使它只能于某些特殊场合。

二、喷嘴挡板阀

挡板阀可制造成单喷嘴和双喷嘴，如图 2-4 所示。双喷嘴挡板阀较常用，挡板阀的挡板可绕支点偏转，当挡板在中间位置时，挡板与两喷嘴的间隙相等，故该处的流体阻力相同，因而两个控制阀的压力相等，此时输出压力差和流量均为零。当输入一位移信号使挡板偏离中间位置时，挡板与两个喷嘴之间形成的流体阻力不再相等，故有压力差和负载流量输出。

挡板阀的优点是抗污染能力强，不像滑阀那样需要保证严格的制造公差，故成本较低，而且它的惯量小，响应速度高。它的主要缺点是零位泄漏量大，因此只能在小功率系统中使用。实际上挡板阀主要作两级电液伺服阀和机液伺服阀中的第一级。

三、射流管阀

当射流管在输入信号作用下偏离中间位置时，一个接收孔中的液体压力高于另一个接收孔中的液体压力，并使小活塞移动，即有负载压力和负载流量出，如图 2-5 所示。射流管阀由于零位泄漏量大、特性不易预测以及响应较慢等原因，使用范围没有挡板阀那样广泛。这种阀的主要优点是它对油液的污染不敏感。但是，特性容易预测的挡板阀也具有相似的性能，因而往往被优先来用。近年来，对射流管阀已做了不少的研究，因而它已在某些电液伺服阀中用作前置放大级。

第二节　圆柱滑阀的结构形式及分类

滑阀是靠节流原理工作的，借助于阀芯与阀套间的相对运动改变节流口面积的大小，对流体流量或压力进行控制。滑阀结构形式多，控制性能好，在液压伺服系统中应用最为广泛。滑阀的结构形式可分为：

一、按进、出阀的通道数分类

按进、出阀的通道数分为四通阀(图 2-9a、b、c、d)、三通阀(图 2-9e)和二通阀(图 2-9f)。

四通阀有两个控制口,可用来控制双作用液压缸或液压马达。三通阀只有一个控制口,故只能用来控制差动液压缸。为实现液压缸反射运动,须在液压缸有活塞杆侧设置固定偏压,可由供油压力、弹簧、重物等产生。二通阀(单边阀)只有一个可变节流口,必须和一个固定节流孔配合使用,才能控制一腔的压力,用来控制差动液压缸。

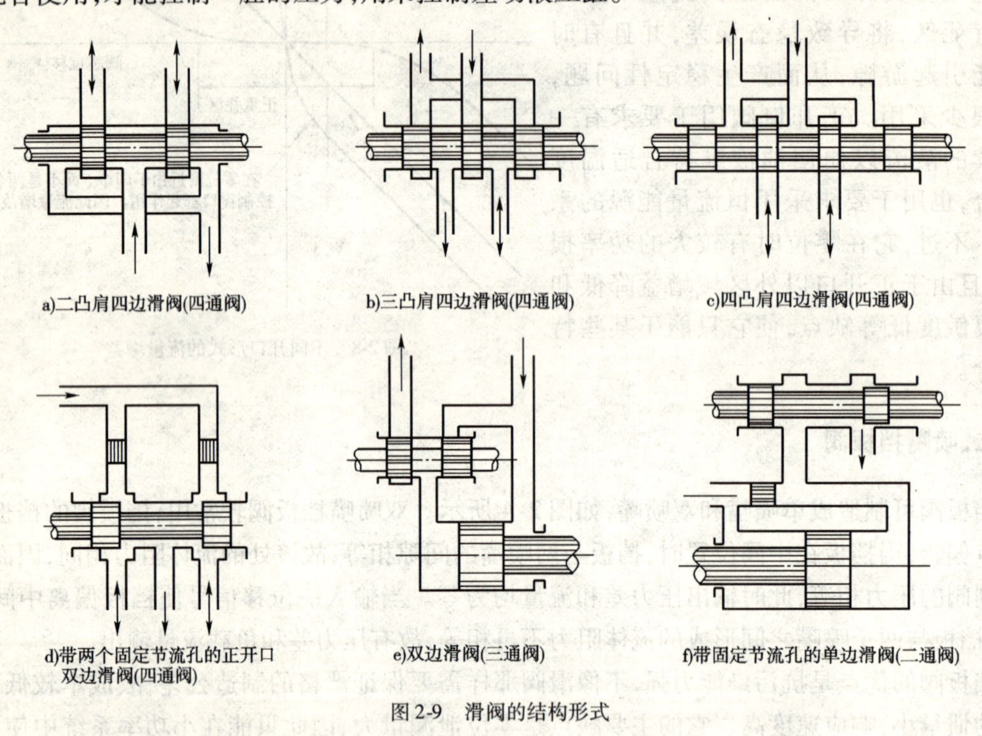

图 2-9　滑阀的结构形式

二、按滑阀的工作边数分类

按滑阀的工作边数分为四边滑阀(图 2-9a、b、c)、双边滑阀(图 2-9d、e)和单边滑阀(图 2-9f)。

四边滑阀有四个可控的节流口,控制性能是最好;双边滑阀有两个可控的节流口,控制性能次之;单边滑阀只有一个可控的节流口,控制性能最差。为了保证工作边开口的准确性,四边滑阀需保证三个轴向配合尺寸,双边滑阀需保证一个轴向配合尺寸,单边滑阀没有轴向配合尺寸。因此,四边滑阀结构工艺复杂、成本高,单边滑阀比较容易加工、成本低。

三、按滑阀的预开口形式分类

按滑阀的预开口形式分为正开口(负重叠)、零开口(零重叠)和负开口(正重叠)。

对于径向间隙为零、节流工作边锐利的理想滑阀,可根据阀芯凸肩与阀套槽宽的几何尺寸关系确定预开口形式。但实际上阀总存在径向间隙和工作边圆角的影响,因此根据阀的流量增益曲线来确定阀的预开口形式更为合理。

阀的预开口形式对其性能,特别是零位附近(零区)特性有很大的影响。零开口阀具有线性流量增益,性能比较好,应用最广泛,但加工困难。负开口阀由于流量增益具有死区,将引起稳态误差,因此很少采用。正开口阀在开口区内的流量增益变化大,压力灵敏度低,零位泄漏量大,一般适用于要求有一个连续的液流以使油液维持合适温度的场合,某些正开口阀也可用于恒流系统。

四、按阀套窗口的形状分类

按阀套窗口的形状分为矩形、圆形、三角形等多种。

矩形窗口又可分为全周开口和非全周开口两种。矩形开口的阀,其开口面积与阀芯位移成比例,可以获得线性的流量增益(零开口阀),用得最多。圆形窗口工艺性好,但流量增益是非线性的,只用在要求不高的场合。

五、按阀芯的凸肩数目分类

按阀芯的凸肩数目分为二凸肩、三凸肩和四凸肩滑阀,如图 2-9 所示。

二通阀一般采用两个凸肩,三通阀和四通阀可由两个或两个以上的阀芯凸肩组成。二凸肩四通阀(图 2-9a)结构简单、阀芯长度短,但阀芯轴向移动时导向性差;阀芯上的凸肩容易被阀套槽卡住,更不能做成全周开口的阀;由于阀芯两端回油通道中流动阻力不同,阀芯两端面所受液压力不等,使阀芯处于静不平衡状态;阀采用液压或气动操纵有困难。三凸肩和四凸肩的四通阀(图 2-9b、c)导向性和密封性好,是常用的结构形式。

第三节　滑阀静态特性的一般分析

滑阀的静态特性即压力-流量特性,是指稳态情况下,阀的负载流量 q_L、负载压力 p_L 和滑阀位移 x_V 三者之间的关系,即 $q_L = f(p_L, x_V)$。它表示滑阀的工作能力和性能,对液压伺服系统的静、动态特性计算具有重要意义。阀的静态特性可用方程、曲线或特性参数(阀的系数)表示。静态特性曲线和阀的系数可从实际的阀测出,对许多结构的阀也可以用解析法推导出压力-流量方程。

这一节虽然是以滑阀为例进行分析,但分析的方法和所得的一般关系式对以后几节所介绍的各种结构的控制阀也是适用的。

一、滑阀压力-流量方程的一般表达式

四边滑阀及其等效的液压桥路如图 2-10 所示。阀的四个可变节流口以四个可变的液阻表示,组成一个四臂可变的全桥。通过每一桥臂的流量为 $q_i(i=1、2、3、4)$;通过每一桥臂的压降为 $p_i(i=1、2、3、4)$;q_L 表示负载流量;p_L 表示负载压降;p_s 为供油压力;q_s 为供油流量;p_0 为回油压力。

在推导压力-流量方程时,作以下假设:

(1)液压能源是理想的恒压源,供油压力 p_s 为常数。另外,假设回油压力 p_0 为零,如果不为零,可把 p_s 看成是供油压力与回油压力之差。

(2)忽略管路和阀腔内的压力损失。因为管路和阀腔内的压力损失与阀口处的节流损失相比很小,所以可以忽略不计。

(3)假定液体是不可压缩的。因为考虑的是稳态情况,液体密度变化量很小,可以忽略不计。

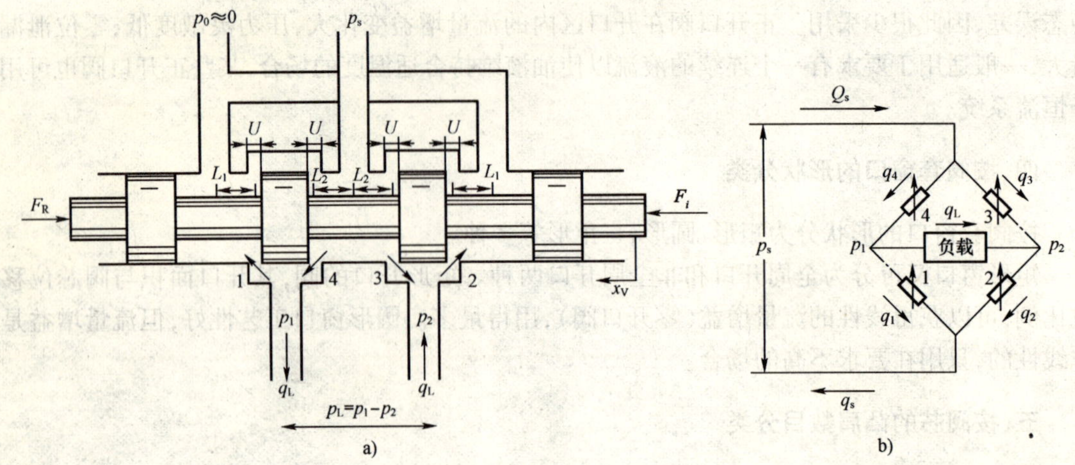

图 2-10　四边滑阀及等效桥路

(4)假定阀各节流口流量系数相等,即

$$C_{d1} = C_{d2} C = _{d3} C = _{d4} = C_d$$

根据桥路的压力平衡可得

$$p_1 + p_4 = p_s \tag{2-1}$$

$$p_2 + p_3 = p_s \tag{2-2}$$

$$p_1 - p_2 = p_L \tag{2-3}$$

$$p_3 - p_4 = p_L \tag{2-4}$$

根据桥路的流量平衡可得

$$q_1 + q_2 = q_s \tag{2-5}$$

$$q_3 + q_4 = q_s \tag{2-6}$$

$$q_4 - q_1 = q_L \tag{2-7}$$

$$q_2 - q_3 = q_L \tag{2-8}$$

各桥臂的流量方程为

$$q_1 = g_1 \sqrt{p_1} \tag{2-9}$$

$$q_2 = g_2 \sqrt{p_2} \tag{2-10}$$

$$q_3 = g_3 \sqrt{p_{31}} \tag{2-11}$$

$$q_4 = g_4 \sqrt{p_4} \tag{2-12}$$

式中

$$g_i = C_d A_i \sqrt{\frac{2}{\rho}} \tag{2-13}$$

g_i 称为节流口的液导。在流量系数 C_d 和液体密度 ρ 一定时,它随节流口开口面积 A_i 变化,即是阀芯位移的函数,其变化规律取决于节流口的几何形状。

对于一个具体的四边滑阀和已确定的使用条件,参数 g_i 和 p_s(或 q_s)是已知的。对恒压源的情况下推导压力-流量方程时,可略去式(2-5)和式(2-6),消去中间变量 p_i 和 q_i,可得负载流量 q_L、负载压力 p_L 和阀芯位移 x_V 之间的关系,即

$$q_L = f(x_V, p_L) \tag{2-14}$$

由于各桥臂的流量方程是非线性的,因此这些方程联立求解很麻烦,而且使一般公式无法

简化。我们可以利用一些特殊的条件使问题得到简化。在大多数情况下，阀的节流口都是匹配和对称的，即

$$g_1(x_V) = g_3(x_V) \tag{2-15}$$

$$g_2(x_V) = g_4(x_V) \tag{2-16}$$

$$g_2(x_V) = g_1(-x_V) \tag{2-17}$$

$$g_4(x_V) = g_3(-x_V) \tag{2-18}$$

式(2-15)和式(2-16)表示阀是匹配的，式(2-17)和式(2-18)表示阀是对称的。

对于匹配且对称的阀，通过桥路斜对角线上的两个桥臂的流量是相等的，即

$$q_1 = q_3 \tag{2-19}$$

$$q_2 = q_4 \tag{2-20}$$

这个结论可证明如下：如果 $q_4 \neq q_3$，假设 $q_4 > q_2$，则 $q_3 < q_1$，由式(2-15)、式(2-16)、式(2-9)～式(2-12)和式(2-3)、式(2-4)可得 $p_4 > p_2$ 及 $p_4 < p_2$，显然这两个结论是矛盾的，所以 q_4 不能大于 q_2。同样 q_4 也不能小于 q_2，只能是 $q_4 = q_2$，同理可以证明 $q_1 = q_3$。

将式(2-9)和式(2-11)代入式(2-19)，考虑到式(2-15)的关系，可得 $p_1 = p_3$。同样 $p_2 = p_4$。因此匹配且对称的阀，通过桥路斜对角线上的两个桥臂的压降也是相等的，将 $p_1 = p_3$ 代入式(2-2)得

$$p_s = p_1 + p_2 \tag{2-21}$$

将上式与式(2-3)联立解得

$$p_1 = \frac{p_s + p_L}{2} \tag{2-22}$$

$$p_2 = \frac{p_s - p_L}{2} \tag{2-23}$$

这说明，对于匹配且对称的阀，在空载($p_L = 0$)时，与负载相连的两个管路中的压力均为 $\frac{1}{2}p_s$。当加上负载后，一个管路中的压力升高值恰等于另一个管路中的压力降低值。

在恒压源的情况下，由式(2-7)、式(2-20)、式(2-9)、式(2-10)、式(2-22)、式(2-23)可得负载流量为

$$q_L = g_2\sqrt{\frac{p_s - p_L}{2}} - g_1\sqrt{\frac{p_s + p_L}{2}} \tag{2-24}$$

或

$$q_L = C_d A_2\sqrt{\frac{1}{\rho}(p_s - p_L)} - C_d A_1\sqrt{\frac{1}{\rho}(p_s + p_L)} \tag{2-25}$$

对式(2-5)或式(2-6)作类似的处理，可得供油流量为

$$q_s = g_2\sqrt{\frac{p_s - p_L}{2}} + g_1\sqrt{\frac{p_s + p_L}{2}} \tag{2-26}$$

或

$$q_s = C_d A_2\sqrt{\frac{1}{\rho}(p_s - p_L)} + C_d A_1\sqrt{\frac{1}{\rho}(p_s + p_L)} \tag{2-27}$$

二、滑阀的静态特性曲线

阀的静态特性也可以用静态特性曲线表示。通常由实验求得，对某理想滑阀也可以由解

析的方法求得。

1. 流量特性曲线

阀的流量特性是指负载压降等于常数时，负载流量与阀芯位移之间的关系，即 $q_L|_{p_L=常数}=f(x_V)$，其图形即为流量特性曲线。负载压降 $p_L=0$ 时的流量特性称为空载流量特性，相应的曲线为空载流量特性曲线，如图 2-11 所示。

2. 压力特性曲线

阀的压力特性是指负载流量等于常数时，负载压降与阀芯位移之间的关系，即 $p_L|_{q_L=常数}=f(x_V)$。其图形即为压力特性曲线。通常所指的压力特性是指负载流量 $q_L=0$ 时的压力特性，其曲线如图 2-12 所示。

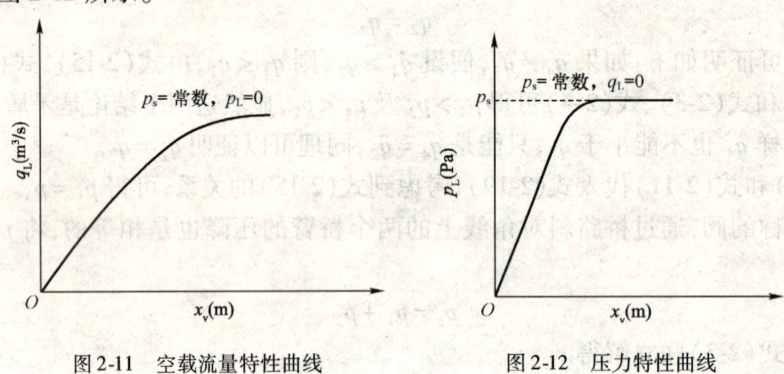

图 2-11 空载流量特性曲线　　图 2-12 压力特性曲线

3. 压力-流量特性曲线

阀的压力-流量特性曲线是指阀芯位移 x_V 一定时，负载流量 q_L 与负载压降 p_L 之间关系的图形描述。压力-流量特性曲线族（图 2-14 和图 2-18）则全面描述了阀的稳态特性。阀在最大位移下的压力-流量特性曲线可以表示阀的工作能力和规格，当负载所需要的压力和流量能够被阀在最大位移时的压力-流量曲线所包围时，阀就能满足负载的要求。由压力-流量特性曲线族可以获得阀的全部性能参数。

三、阀的线性化分析和阀的系数

阀的压力-流量特性曲线是非线性的。利用线性化理论对系统进行动态分析时，必须将方程线性化。式(2-14)是负载流量的一般表达式，可以把它在某一特定工作点 $q_{LA}=f(x_{VA},p_{LA})$ 附近展成台劳级数，即

$$q_L = q_{LA} + \left.\frac{\partial q_L}{\partial x_V}\right|_A \Delta x_V + \left.\frac{\partial q_L}{\partial p_L}\right|_A \Delta p_L + \cdots$$

如果把工作范围限制在工作点 A 附近，则高阶无穷小可以忽略，上式可写成

$$q_L - q_{LA} = \Delta q_L = \left.\frac{\partial q_L}{\partial x_V}\right|_A \Delta x_V + \left.\frac{\partial q_L}{\partial p_L}\right|_A \Delta p_L \tag{2-28}$$

式(2-28)为压力-流量方程以增量形式表示的线性化表达式。

下面定义阀的三个系数：

(1)流量增益定义为

$$K_q = \frac{\partial q_L}{\partial x_V} \tag{2-29}$$

它是流量特性曲线在某一点的切线斜率。流量增益表示负载压降一定时，阀单位输入位移所

引起的负载流量变化的大小。其值越大,阀对负载流量的控制就越灵敏。

(2)流量-压力系数定义为

$$K_c = -\frac{\partial q_L}{\partial p_L} \tag{2-30}$$

它是压力-流量曲线的切线斜率冠以负号。对任何结构形式的阀来说,$\partial q_L/\partial p_L$ 都是负的,冠以负号使流量-压力系数总为正值。流量-压力系数表示阀开度一定时,负载压降变化所引起的负载流量变化大小。K_c 值越小,阀抵抗负载变化的能力越大,即阀的刚度越大。从动态的观点看,K_c 是系统中的一种阻尼,因为系统振动加剧时,负载压力的增大使阀输给系统的流量减小,这有助于系统振动的衰减。

(3)压力增益(压力灵敏度)定义为

$$K_p = \frac{\partial p_L}{\partial x_V} \tag{2-31}$$

它是压力特性曲线的切线斜率。通常,压力增益是指 $q_L = 0$ 时阀单位输入位移所引起的负载压力变化的大小。此值越大,阀对负载压力的控制灵敏度越高。

因为$\frac{\partial p_L}{\partial x_V} = -\frac{\partial q_L/\partial x_V}{\partial q_L/\partial p_L}$,所以阀的三个系数间有以下关系

$$K_p = \frac{K_q}{K_c} \tag{2-32}$$

定义了阀的系数以后,压力-流量特性方程的线性化表达式可写为

$$\Delta q_L = K_q \Delta x_V - K_c \Delta p_L \tag{2-33}$$

阀的三个系数是表示阀静态特性的三个性能参数。这些系数在确定系统的稳定性、响应特性和稳态误差时是非常重要的。流量增益直接影响系统的开环增益,因而对系统的稳定性、响应特性、稳态误差有直接影响。流量-压力系数直接影响阀控执行元件(液压动力元件)的阻尼比和速度刚度。压力增益表示阀控执行元件组合起动大惯量或大摩擦力负载的能力。

阀的系数值随阀的工作点而变。最重要的工作点是压力-流量曲线的原点(即 $q_L = p_L = x_V = 0$),因为反馈控制系统经常在原点附近工作。而此处阀的流量增益最大(矩形阀口),因而系统的开环增益也最高;但阀的流量-压力系数最小,所以系统的阻尼比也最低。因此压力-流量特性的原点对系统稳定性来说是最关键的一点,一个系统在这一点能稳定工作,则在其他的工作点也能稳定工作。故通常在进行系统分析时是以原点处的静态放大系数作为阀的性能参数。在原点处的阀系数称为零位阀系数,分别以 K_{q0}、K_{c0}、K_{p0} 表示。

第四节　零开口四边滑阀的静态特性

首先讨论理想零开口四边滑阀的静态特性,然后讨论实际零开口四边滑阀的静态特性。

一、理想零开口四边滑阀的静态特性

理想滑阀是指径向间隙为零、工作边锐利的滑阀。讨论理想滑阀的静态特性可以不考虑径向间隙和工作边圆角的影响,因此阀的开口面积和阀芯位移的关系比较容易确定。理想滑阀的压力-流量方程可以用解析的方法求得。

1. 理想零开口四边滑阀的压力-流量方程

理想零开口四边滑阀及其等效的液压桥路如图 2-13 所示。图 2-13 中的液压桥路与图 2-10 中的液压桥路是一样的,假设理想零开口四边滑阀是匹配且对称的,因此可以直接利用第二节的分析结果得出理想零开口四边滑阀的压力-流量方程。

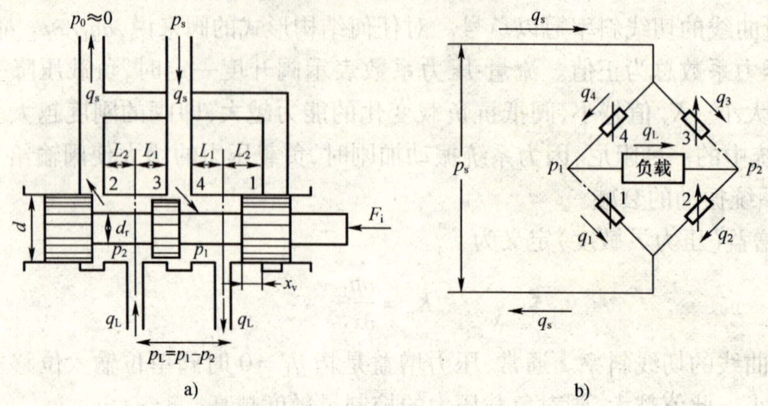

图 2-13 理想零开口四边滑阀

由于是理想零开口阀,所以当阀芯处于阀套的中间位置时,四个控制节流口全部关闭。当阀芯左移 x_V 时,$x_V>0$,此时 $A_1=A_3=0, g_1=g_3=0$,由式(2-24)和式(2-25)得

$$q_L = g_2\sqrt{\frac{p_s-p_L}{2}} = C_dA_2\sqrt{\frac{1}{\rho}(p_s-p_L)} \tag{2-34}$$

当阀芯右移时,$x_V<0, A_2=A_4=0, g_2=g_4=0$,由式(2-24)、式(2-25)得

$$q_L = -g_1\sqrt{\frac{p_s+p_L}{2}} = -C_dA_1\sqrt{\frac{1}{\rho}(p_s+p_L)} \tag{2-35}$$

式中负号表示负载流量反向。因为阀是匹配对称的,则 $A_2(x_V)=A_1(-x_V)$,可将式(2-34)和式(2-35)合并为

$$q_L = C_d|A_2|\frac{x_V}{|x_V|}\sqrt{\frac{1}{\rho}\left(p_s-\frac{x_V}{|x_V|}p_L\right)} \tag{2-36}$$

这就是具有匹配且对称的节流口的理想零开口四边滑阀的压力-流量特性方程。

若节流口为矩形,其面积梯度为 W,则

$$A_2 = Wx_V \tag{2-37}$$

代入式(2-36)得

$$q_L = C_dWx_V\sqrt{\frac{1}{\rho}\left(p_s-\frac{x_V}{|x_V|}p_L\right)} \tag{2-38}$$

为了使方程具有通用性,将它化成无因次形式,即

$$\bar{q}_L = \bar{x}_V\sqrt{1-\frac{x_V}{|x_V|}\bar{p}_L} \tag{2-39}$$

式中:$\bar{x}_V$——无因次阀芯位移,$\bar{x}_V=\dfrac{x_V}{x_{Vm}}$,$x_{vm}$ 为阀芯最大位移;

$\bar{p}_L$——无因次负载压力,$\bar{p}_L=\dfrac{p_L}{p_s}$;

$\bar{q}_L$——无因次负载流量，$\bar{q}_L=\dfrac{q_L}{q_{0m}}$，$q_{0m}=C_d W x_{vm}\sqrt{\dfrac{1}{\rho}p_s}$为阀芯最大位移时的空载流量。

无因次压力-流量曲线如图2-14所示。因为阀窗口是匹配且对称的，所以压力-流量曲线对称于原点。图中的Ⅰ、Ⅲ象限是马达工况区，Ⅱ、Ⅳ象限是泵工况区，只有在瞬态过程中才可能出现。例如x_V突然减小，液压缸对负载进行制动时，负载压力突然改变符号，但是由于液流和负载惯性的影响，在一定的时间内，负载和液流仍保持原来的运动方向。

2. 理想零开口四边滑阀的阀系数

理想零开口四边滑阀的阀系数可由式(2-38)求得。

流量增益为

$$K_q=\frac{\partial q_L}{\partial x_V}=C_d W\sqrt{\frac{1}{\rho}(p_s-p_L)} \tag{2-40}$$

流量-压力系数为

$$K_c=-\frac{\partial q_L}{\partial p_L}=\frac{C_d W x_V\sqrt{\dfrac{1}{\rho}(p_s-p_L)}}{2(p_s-p_L)} \tag{2-41}$$

压力增益为

$$K_p=\frac{\partial p_L}{\partial x_V}=\frac{2(p_s-p_L)}{x_V} \tag{2-42}$$

理想零开口四边滑阀的零位阀系数为

$$K_{q0}=C_d W\sqrt{\frac{p_s}{\rho}} \tag{2-43}$$

$$K_{c0}=0 \tag{2-44}$$

$$K_{p0}=\infty \tag{2-45}$$

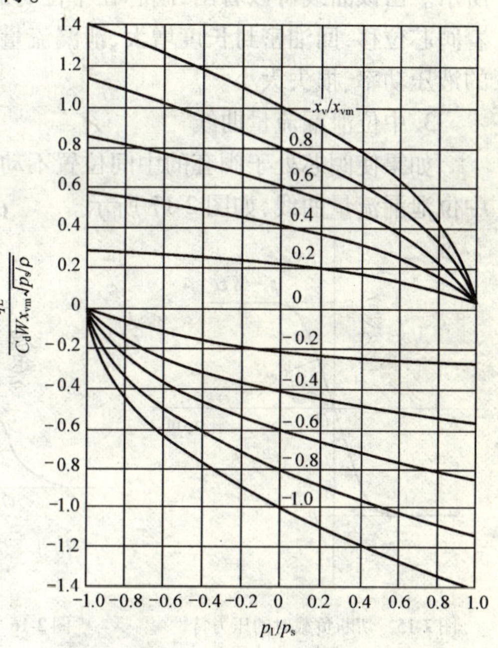

图2-14 理想零开口四边滑阀压力-流量曲线

由式(2-43)可以看出，理想零开口四边滑阀的零位流量增益决定于供油压力p_s和面积梯度W，当p_s一定时，唯一由面积梯度W所决定，因此W是这种阀的最重要的参数。由于p_s和W是很容易控制的量，因而零位流量增益也比较容易计算和控制。零位流量增益直接影响系统的稳定性，由于K_{q0}值容易计算和控制，因此可使液压伺服系统具有可靠的稳定性。按式(2-43)计算出的K_{q0}值与实际零开口四边滑阀的零位流量增益值比较一致。但由式(2-44)和式(2-45)计算出的K_{c0}和K_{p0}值与实际零开口阀的试验值相差很大，原因是没有考虑阀芯与阀套之间的径向间隙的影响，而实际零开口阀存在泄漏流量。

二、实际零开口四边滑阀的静态特性

实际零开口滑阀因有径向间隙，往往还有很小的正或负的重叠量，同时阀口工作边也不可避免地存在小圆角。因此在中位附近某个微小位移范围内(例如$|x_V|<0.025$mm)，阀的泄漏不可忽略，泄漏特性决定了阀的性能。而在此范围以外，由于径向间隙等影响可以忽略，理想和实际的零开口滑阀的特性才相吻合。

实际零开口滑阀中位附近的特性(零区特性)可以通过实验确定。参看图2-7，假设阀的节流口是匹配和对称的，将其负载通道关闭($q_L=0$)，在负载通道和供油口分别接上压力表，在回油口接流量计或量杯。通过实验可得三条特性曲线。

1. 压力特性曲线

在供油压力 p_s 一定时，改变阀的位移 x_V，测出相应的负载压力 p_L，根据测得的结果可作出压力特性曲线，如图 2-15 所示。该曲线在原点处的切线斜率就是阀的零位压力增益。由图 2-9看出，阀芯只要有一个很小的位移 x_V，负载压力 p_L 很快就增加到供油压力 p_s，说明这种阀的零位压力增益是很高的。

2. 泄漏流量曲线

在供油压力 p_s 一定时，改变阀芯位移 x_V，测出泄漏流量 q_1，可得泄漏流量曲线，如图 2-16 所示。由该曲线可以看出，阀芯在中位时的泄漏流量 q_c 最大，因为此时阀的密封长度最短，随着阀芯位移，回油密封长度增大，泄漏流量急剧减小。泄漏流量曲线可用来表示阀芯在中位时的液压功率、损失大小。

3. 中位泄漏流量曲线

如果使阀芯处于阀套的中间位置不动，改变供油压力 p_s，测量出相应的泄漏流量 q_c，可得中位泄漏流量曲线，如图 2-17 所示。

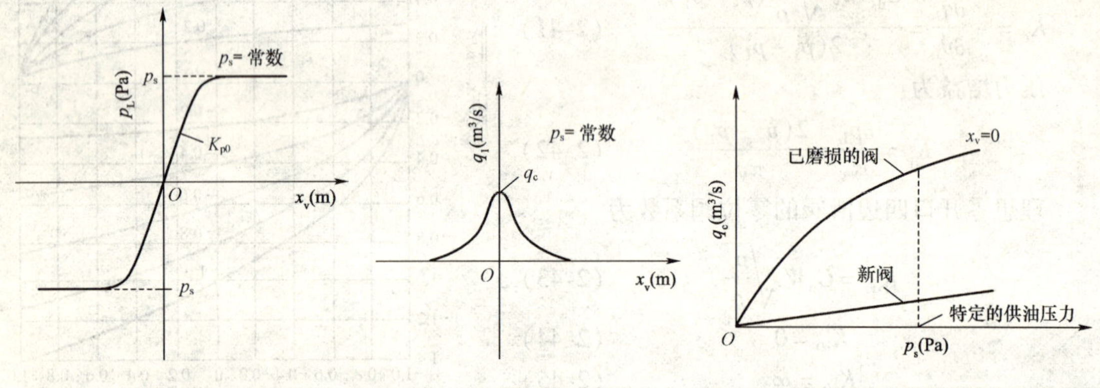

图 2-15　切断负载时的压力特性　　图 2-16　泄漏流量曲线　　图 2-17　中位泄漏流量曲线

中位泄漏流量曲线除可用来判断阀的加工配合质量外，还可用来确定阀的零位流量-压力系数。由式(2-25)和式(2-27)可得

$$\frac{\partial q_s}{\partial p_s} = -\frac{\partial q_L}{\partial p_L} = K_c \tag{2-46}$$

这个结果对任何一个匹配和对称的阀都是适用的。在切断负载时，泄漏流量 q_1 就是供油流量 q_s，因为中位泄漏流量曲线是在 $q_L = p_L = x_V = 0$ 的情况下测出的，由式(2-46)可知，在特定供油压力下的中位泄漏流量曲线的切线斜率就是阀在该供油压力下的零位流量-压力系数。

上面介绍了用实验方法来测定阀的零位压力增益和零位流量-压力系数。下面利用式(2-46)关系给出实际零开口四边滑阀 K_{c0} 和 K_{p0} 的近似计算公式。

由图 2-17 看出，新阀的中位(零位)泄漏流量小，且流动为层流型的，已磨损的旧阀(阀口节流边被液流冲蚀)的中位泄漏流量增大，且流动为紊流型的。阀磨损后在特定供油压力下的中位泄漏流量虽然急剧增加，但曲线斜率增加却不大，即流量-压力系数变化不大(2 ~ 3倍)。因此可按新阀状态来计算阀的流量-压力系数。

层流状态下液体通锐边小缝隙的流量公式为

$$q = \frac{\pi r_c^2 W}{32\mu}\Delta p$$

式中：r_c——阀芯与阀套间的径向间隙；

W——阀的面积梯度；

μ——油液的动力黏度；

Δp——节流口两边的压力差。

阀的零位泄漏流量为两个节流口（图2-13中的3、4两个节流口）泄漏流量之和。零位时每个节流口的压降为$p_s/2$，泄漏流量为$q_c/2$。在层流状态下，零位泄漏流量为

$$q_c = q_s = \frac{\pi r_c^2 W}{32\mu} p_s \tag{2-47}$$

由式(2-46)和式(2-47)可求得实际零开口四边滑阀的零位流量-压力系数为

$$K_{c0} = \frac{q_c}{p_s} = \frac{\pi r_c^2 W}{32\mu} \tag{2-48}$$

实际零开口四边滑阀的零位压力增益可由式(2-43)和(2-48)求得，即

$$K_{p0} = \frac{K_{q0}}{K_{c0}} = \frac{32\mu C_d \sqrt{\dfrac{p_s}{\rho}}}{\pi r_c^2} \tag{2-49}$$

式(2-49)表明，实际零开口阀的零位压力增益主要取决于阀的径向间隙值，而与阀的面积梯度无关。实际零开口四边滑阀的零位压力增益可以达到很大的数值。为了对零位压力增益有一个数量概念，下面作一个典型计算，取$\mu = 1.4\times10^{-2}\,\text{Pa}\cdot\text{s}$，$\rho = 870\text{kg/m}^3$，$C_d = 0.62$，$r_c = 5\times10^{-6}\text{m}$，由式(2-49)可得

$$K_{p0} = 1.2\times10^8\sqrt{p_s}$$

当$p_s = 70\times10^5\text{Pa}$时，$K_{p0} = 3.175\times10^{11}\,\text{Pa/m}$。实践证明，当供油压力为$70\times10^5\text{Pa}$时，$10^{11}\text{Pa/m}$这个数量级是很容易达到的。

式(2-48)和式(2-49)只是近似的计算公式，但试验研究证明，由此得到的计算值与试验值是比较吻合的。

第五节　正开口四边滑阀的静态特性

参看图2-10，当阀芯在阀套的中间位置时，四个节流口有相同的正开口U，并规定阀是在正开口的范围内工作，即$|x_V|\leqslant U$。假设阀是匹配和对称的，当阀芯按图示方向位移x_V时，则有

$$A_1 = A_3 = W(U - x_V)$$

$$A_2 = A_4 = W(U + x_V)$$

将上两式代入式(2-25)，可得正开口四边滑阀的压力-流量特性方程，即

$$q_L = C_d W(U + x_V)\sqrt{\frac{1}{\rho}(p_s - p_L)} - C_d W(U - x_V)\sqrt{\frac{1}{\rho}(p_s + p_L)} \tag{2-50}$$

将式(2-50)除以$C_d WU\sqrt{\dfrac{p_s}{\rho}}$，得

$$\frac{q_L}{C_d WU\sqrt{\dfrac{p_s}{\rho}}} = \left(1 + \frac{x_V}{U}\right)\sqrt{1 - \frac{p_L}{p_s}} - \left(1 - \frac{x_V}{U}\right)\sqrt{1 + \frac{p_L}{p_s}} \tag{2-51}$$

无因次压力-流量方程为

$$\bar{q}_L = (1+\bar{x}_V)\sqrt{1-\bar{p}_L} - (1-\bar{x}_V)\sqrt{1+\bar{p}_L} \tag{2-52}$$

式中：$\bar{q}_L$——无因次负载流量，$\bar{q}_L = \dfrac{q_L}{C_d WU\sqrt{\dfrac{p_s}{\rho}}}$；

$\bar{p}_L$——无因次负载压力，$\bar{p}_L = \dfrac{p_L}{p_s}$；

$\bar{x}_V$——无因次阀芯位移，$\bar{x}_V = \dfrac{x_V}{U}$。

无因次压力-流量特性曲线如图2-18所示，这些曲线的线性度比零开口四边滑阀要好得多。正开口四边滑阀是比较理想的线性元件，是四个桥臂高度对称的结果。在正开口区域以外，由于同一时刻只有两个节流口起控制作用，其压力-流量特性和零开口阀是一样的。

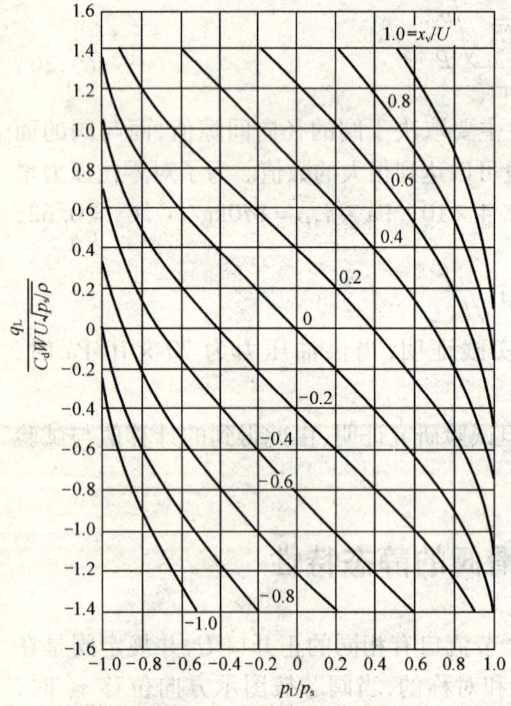

图2-18　正开口四边滑阀的压力-流量曲线

正开口四边滑阀的零位系数可通过对式(2-50)微分，并在$q_L = p_L = x_V = 0$处导数值得到，即

$$K_{q0} = 2C_d W\sqrt{\frac{p_s}{\rho}} \tag{2-53}$$

$$K_{c0} = \frac{C_d WU\sqrt{\dfrac{p_s}{\rho}}}{p_s} \tag{2-54}$$

$$K_{p0} = \frac{2p_s}{U} \tag{2-55}$$

从这些公式可以看出，正开口四边滑阀的K_{q0}值是理想零开口四边滑阀的2倍，这是因为负载流量同时受两个节流口的控制，而且它们是差动变化的，例如阀芯正向移动一个距离$\bar{x}_V$，节流口4(图2-10)的面积增大了$W\bar{x}_V$，进节流口1的面积减小了同一数值，故节流面积的总变化量为$2W\bar{x}_V$，节流口2、3的变化与此相同。所以正开口四边滑阀可以提高零位流量增益并改善压力-流量曲线的线性度。K_{c0}取决于面积梯度，而K_{p0}与面积梯度无关，这也说明式(2-48)和式(2-49)的结论是正确的，因为在零位附近，实际零开口阀很类似于正开口阀。

正开口四边滑阀的零位(中位)泄漏流量应是节流口3、4(图2-10)泄漏流量之和，即

$$q_c = 2C_d WU\sqrt{\frac{p_s}{\rho}} \tag{2-56}$$

这种阀由于零位泄漏流量比较大，所以不适合于大功率控制的场合。

正开口四边滑阀的K_{q0}和K_{c0}也可以用零位泄漏流量来表示，即

$$K_{q0} = \frac{q_c}{U} \tag{2-57}$$

$$K_{c0}=\frac{q_c}{2p_s} \tag{2-58}$$

在实际应用中,有时采用部分正开口的阀,即把正开口量规定为阀的最大行程的一部分,以便增加阻尼作用。但这要使压力增益降低和零位泄漏流量增大,而且这种阀的流量增益是非线性的。

第六节　双边滑阀的静态特性

双边滑阀用来控制差动液压缸,如图 2-19 所示。下面分别研究零开口和正开口双边滑阀的静态特性。

一、零开口双边滑阀的静态特性

在图 2-19 中,令 $U=0$,即得零开口双边滑阀,当阀芯离开中间位置时,只有一个节流口通流,另一个节流口关闭,则压力-流量方程可直接写出:

当 $x_V\geqslant 0$ 时,

$$q_L=C_dA_1\sqrt{\frac{2}{\rho}(p_s-p_c)}=C_dWx_V\sqrt{\frac{2}{\rho}(p_s-p_c)} \tag{2-59}$$

当 $x_V\leqslant 0$ 时,

$$q_L=-C_dA_2\sqrt{\frac{2}{\rho}p_c}=C_dWx_V\sqrt{\frac{2}{\rho}p_c} \tag{2-60}$$

写成无因次形式,即

$$\bar{q}_L=\bar{x}_V\sqrt{1-\bar{p}_c}\quad(x_V\geqslant 0) \tag{2-61}$$

$$\bar{q}_L=\bar{x}_V\sqrt{\bar{p}_c}\quad(x_V\leqslant 0) \tag{2-62}$$

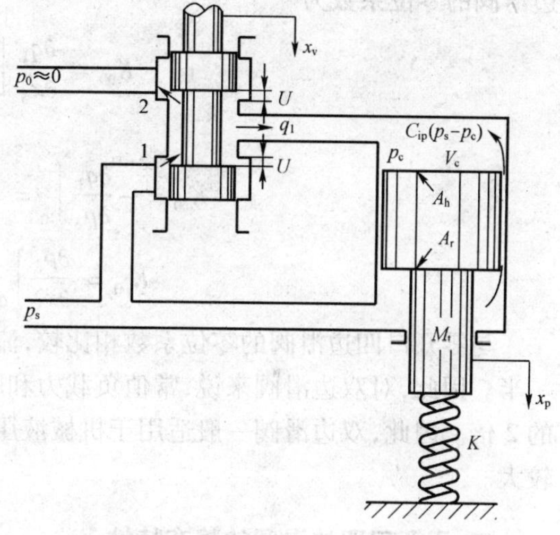

图 2-19　带差动液压缸的双边滑阀

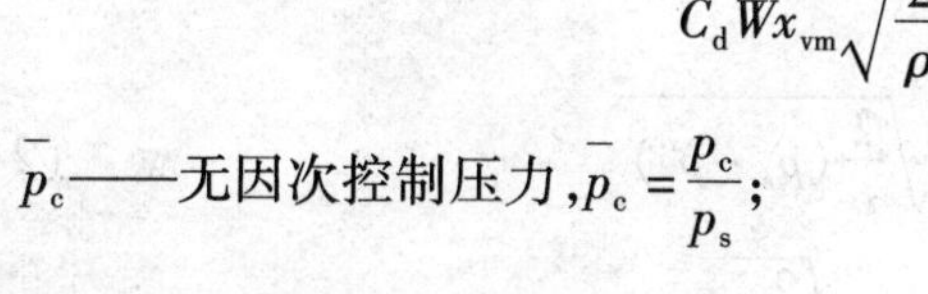

式中:$\bar{q}_L$——无因次负载流量,$\bar{q}_L=\dfrac{q_L}{C_dWx_{vm}\sqrt{\dfrac{2}{\rho}p_s}}$;

$\bar{p}_c$——无因次控制压力,$\bar{p}_c=\dfrac{p_c}{p_s}$;

$\bar{x}_V$——无因次阀芯位移,$\bar{x}_V=\dfrac{x_V}{x_{vm}}$。

无因次压力-流量曲线与零开口四边滑阀的压力-流量曲线一样,如图 2-14 所示,只是坐标要加以改变,将横坐标轴的$\dfrac{p_L}{p_s}=-1$ 改为$\dfrac{p_c}{p_s}=0$,$\dfrac{p_L}{p_s}=0$ 改为$\dfrac{p_c}{p_s}=0.5$,$\dfrac{p_L}{p_s}=1$ 改为$\dfrac{p_c}{p_s}=1$,同时纵坐标要乘以$\dfrac{1}{\sqrt{2}}$。

双边滑阀的零位工作点可由 $x_V=q_L=0$ 和 $p_{c0}=\dfrac{p_s}{2}$来确定。压力-流量曲线对称于这一点,在该点工作时,阀控液压缸在两个方向的控制性能一样,可得到相同的加速和减速能力及相同

的速度。为了使阀在这一点工作,必须使液压缸两腔活塞有效面积满足下式:

$$p_{c0}=\frac{p_s}{2} \tag{2-63}$$

在没有外负载力作用时,只要使活塞头一侧的面积 A_h 等于有活塞杆一侧的面积 A_r 的 2 倍,即

$$A_h=2A_r \tag{2-64}$$

就可以使式(2-63)得到满足。通常都是按这个原则来确定液压缸活塞的面积,甚至在有外负载力的情况下,也是可行的。不过,如果有单向恒定外负载力时,则活塞面积就应当设计成满足式(2-63),即

$$\frac{A_r}{A_h}=\frac{1}{2}\mp\frac{F_L}{p_sA_h} \tag{2-65}$$

式中:F_L——单向恒定外负载力,F_L 的方向与 p_sA_r 方向相同时取负号,反之取正号。

在零位工作点($x_V=q_L=0$ 和 $p_{c0}=\frac{p_s}{2}$)对式(2-59)或式(2-60)求偏导数值,可得零开口双边滑阀的零位系数为

$$K_{q0}=\left.\frac{\partial q_L}{\partial x_V}\right|_0=C_dW\sqrt{\frac{p_s}{\rho}} \tag{2-66}$$

$$K_{c0}=-\left.\frac{\partial q_L}{\partial p_c}\right|_0=\left.\frac{C_dWx_V\sqrt{\frac{p_s}{\rho}}}{p_s}\right|_{x_V=0}=0 \tag{2-67}$$

$$K_{p0}=\left.\frac{\partial p_c}{\partial x_V}\right|_0=\left.\frac{p_s}{x_V}\right|_{x_V=0}=\infty \tag{2-68}$$

与零开口四边滑阀的零位系数相比较,流量增益是一样的,而压力增益为零开口四边阀的一半。因此,对双边滑阀来说,常值负载力和摩擦负载力在系统中引起的稳态误差是四边滑阀的 2 倍。因此,双边滑阀一般适用于机械液压伺服系统,因为这种系统的负载力小,允许误差较大。

二、正开口双边滑阀的静态特性

参看图 2-19,流过节流口分别为

$$q_1=C_dW(U+x_V)\sqrt{\frac{2}{\rho}(p_s-p_c)} \tag{2-69}$$

$$q_2=C_dW(U-x_V)\sqrt{\frac{2}{\rho}p_C} \tag{2-70}$$

压力-流量方程为

$$q_L=q_1-q_2=C_dW(U+x_V)\sqrt{\frac{2}{\rho}(p_s-p_c)}-C_dW(U-x_V)\sqrt{\frac{2}{\rho}p_c} \tag{2-71}$$

写成无因次形式为

$$\bar{q}_L=(1+\bar{x}_V)\sqrt{1-\bar{p}_c}-(1-\bar{x}_V)\sqrt{\bar{p}_c} \tag{2-72}$$

式中:$\bar{q}_L$——无因次负载流量,$\bar{q}_L=\dfrac{q_L}{C_dWU\sqrt{\dfrac{2p_s}{\rho}}}$;

$\bar{p}_c$——无因次控制压力，$\bar{p}_c=\dfrac{p_c}{p_s}$；

$\bar{x}_V$——无因次阀芯位移，$\bar{x}_V=\dfrac{x_V}{x_{vm}}$。

压力-流量曲线与图 2-18 相同，只是坐标要加以改变，横坐标的$\dfrac{p_L}{p_s}=-1$ 改为$\dfrac{p_c}{p_s}=0$，$\dfrac{p_L}{p_s}=0$ 改为$\dfrac{p_c}{p_s}=0.5$，$\dfrac{p_L}{p_s}=1$ 改为$\dfrac{p_c}{p_s}=1$，纵坐标要乘以$\dfrac{1}{\sqrt{2}}$。

阀的零位系数为

$$K_{q0}=\frac{\partial q_L}{\partial x_V}\bigg|_0=2C_dW\sqrt{\frac{p_s}{\rho}} \tag{2-73}$$

$$K_{c0}=-\frac{\partial q_L}{\partial p_c}\bigg|_0=\frac{2C_dWx_V\sqrt{\dfrac{p_s}{\rho}}}{p_s} \tag{2-74}$$

$$K_{p0}=\frac{\partial p_c}{\partial x_V}\bigg|_0=\frac{p_s}{U} \tag{2-75}$$

与正开口四边滑阀的零位系数作一比较，可以看出零位流量增益是一样的，零位压力增益是四边滑阀的 50%，因为四边滑阀有两个控制通道，且为差动工作，而双边滑阀只有一个控制通道。

零位泄漏流量为

$$q_c=C_dWU\sqrt{\frac{p_s}{\rho}} \tag{2-76}$$

第七节　喷嘴挡板阀分析与设计

与滑阀相比，喷嘴挡板阀具有结构简单、加工容易、运动部件质量小、对油液污染不太敏感等优点。但零位泄漏流量大，所以只适用于小功率系统。在两级液压放大器中，多采用喷嘴挡板阀作为第一级。

一、单喷嘴挡板阀的静态特性

单喷嘴挡板阀的原理图如图 2-20 所示。它由固定节流孔、喷嘴和挡板组成。喷嘴与挡板间的环形面积构成了可变节流口，用于控制固定节流孔与可变节流口之间的压力 p_c。单喷嘴挡板阀是三通阀，只能用来控制差动液压缸。控制压力 p_c 与负载腔（液压缸无杆腔）相连，而供油压力 p_s（恒压源）与液压缸的有杆腔相连。当挡板与喷嘴端面之间的间隙减小时，由于可变液阻增大，使通过固定截留孔的流量减小，在固定节流孔处压降也减小，因此控制压力 p_c 增大，推动负载运动，反之亦然。为了减小油温变化的影响，固定节流孔通常是短管形，喷嘴端部也是近似于锐边形。

1. 压力特性

根据液流的连续性方程可得负载流量为

$$q_L=q_1-q_2$$

将固定节流孔、各可变节流口的流量方程代入上式，得

$$q_L = C_{d0}A_0\sqrt{\frac{2}{\rho}(p_s - p_c)} - C_{df}A_f\sqrt{\frac{2}{\rho}p_c} \tag{2-77}$$

式中：C_{d0}——固定节流孔流量系数；

A_0——固定节流孔的通流面积；

C_{df}——可变节流口的流量系数；

A_f——可变节流口的通流面积。

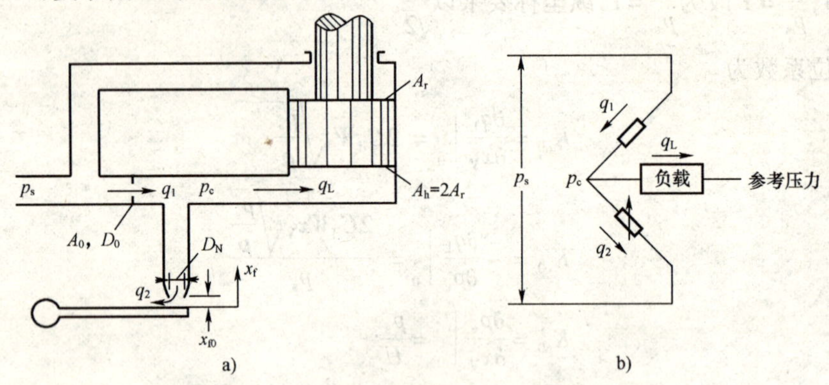

图 2-20 单喷嘴挡板阀原理图

将 $A_0 = \frac{\pi}{4}D_0^2, A_f = \pi D_N(x_{f0} - x_f)$ 代入式(2-77)，得

$$q_L = C_{d0}\frac{\pi}{4}D_0^2\sqrt{\frac{2}{\rho}(p_s - p_c)} - C_{df}\pi D_N(x_{f0} - x_f)\sqrt{\frac{2}{\rho}p_c} \tag{2-78}$$

式中：D_0——固定节流孔直径；

D_N——喷嘴孔直径；

x_{f0}——挡板与喷嘴之间的零间隙；

x_f——挡板偏离零位的位移。

压力特性是指切断负载($q_L = 0$)时，控制压力 p_c 随挡板位移 x_f 的变化特性。令 $q_L = 0$，由式(2-78)可得压力特性方程为

$$\frac{p_c}{p_s} = \left[1 + \left(\frac{C_{df}A_f}{C_{d0}A_0}\right)^2\right]^{-1} \tag{2-79}$$

其特性曲线如图 2-21 所示。

式(2-79)可改写为

$$\frac{p_c}{p_s} = \left[1 + \left(\frac{C_{df}\pi D_N(x_{f0} - x_f)}{C_{d0}A_0}\right)^2\right]^{-1} \tag{2-80}$$

令 $a = \frac{C_{df}\pi D_N x_{f0}}{C_{d0}A_0}$，则

$$\frac{p_c}{p_s} = \left[1 + \left(a - \frac{C_{df}\pi D_N x_f}{C_{d0}A_0}\right)^2\right]^{-1}$$

将 $C_{d0}A_0 = C_{df}\pi D_N x_{f0}/a$ 代入上式得

$$\frac{p_c}{p_s} = \left[1 + a^2\left(1 - \frac{x_f}{x_{f0}}\right)^2\right]^{-1} \tag{2-81}$$

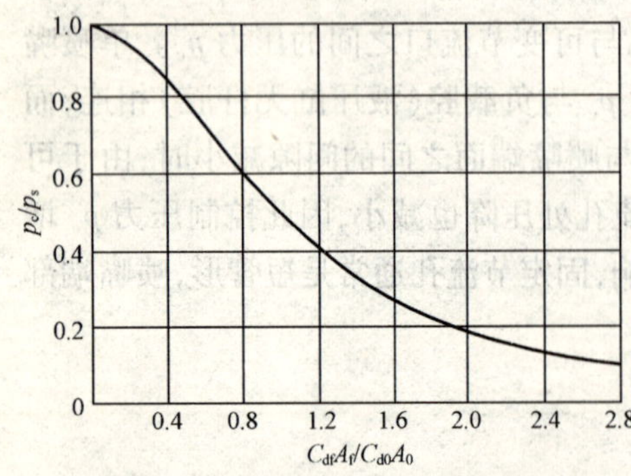

图 2-21 单喷嘴挡板阀切断负载时的特性

式(2-81)表明,p_c 不但随 x_f 而变化,而且和 a 有关。下面求 a 取何值时零位压力灵敏度最高。零位压力灵敏度为

$$\left.\frac{\mathrm{d}p_c}{\mathrm{d}x_f}\right|_{x_f=0}=\frac{p_s}{x_{f0}}\cdot\frac{2a^2}{(1+a^2)^2}$$

a 为何值时零位压力灵敏度最高,应使

$$\frac{\mathrm{d}}{\mathrm{d}a}\left(\left.\frac{\mathrm{d}p_s}{\mathrm{d}x_f}\right|_{s_f=0}\right)=\frac{p_s}{x_{f0}}\cdot\frac{4a(1-a^2)}{(1+a^2)^3}=0$$

即

$$a=\frac{C_{df}A_{f0}}{C_{d0}A_0}=\frac{C_{df}\pi D_N x_{f0}}{C_{d0}A_0}=1 \tag{2-82}$$

此时,由式(2-79)可得零位时的控制压力为

$$p_{c0}=\frac{1}{2}p_s \tag{2-83}$$

在这一点,不但零位压力灵敏度最高,而且控制压力 p_c 能充分地调节,在 $|x_f|\leqslant x_{f0}$ 时,$0.2p_s\leqslant p_c\leqslant p_s$(图 2-21)。因此,通常取 $p_{c0}=\frac{1}{2}p_s$ 作为设计准则。根据这准则,要求与单喷嘴挡板阀一起工作的差动液压缸活塞两边的面积比为 2:1。

2. 压力-流量特性

将式(2-82)代入式(2-78)并简化,可得压力-流量方程为

$$\frac{q_L}{C_{d0}A_0\sqrt{\frac{2}{\rho}p_s}}=\sqrt{1-\frac{p_c}{p_s}}-\left(1-\frac{x_f}{x_{f0}}\right)\sqrt{\frac{p_c}{p_s}} \tag{2-84}$$

其压力-流量曲线如图 2-22 所示。

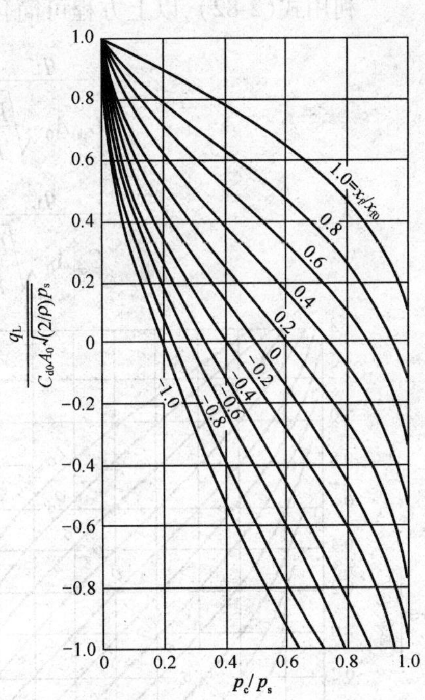

图 2-22　单喷嘴挡板阀的压力-流量曲线

阀在零位$\left(x_f=q_L=0, p_{c0}=\frac{1}{2}p_s\right)$时的三个系数为

$$K_{q0}=\left.\frac{\partial q_L}{\partial x_f}\right|_0=C_{df}\pi D_N\sqrt{\frac{1}{\rho}p_s} \tag{2-85}$$

$$K_{p0}=\left.\frac{\partial p_c}{\partial x_f}\right|_0=\frac{p_s}{\partial x_{f0}} \tag{2-86}$$

$$K_{c0}=\left.\frac{\partial q_L}{\partial x_f}\right|_0=\frac{2C_{df}\pi D_N x_{f0}}{\sqrt{\rho p_s}} \tag{2-87}$$

阀在零位时泄漏流量为

$$q_c=C_{df}\pi D_N x_{f0}\sqrt{\frac{p_s}{\rho}} \tag{2-88}$$

这一流量决定了阀在零位时的功率损失。

二、双喷嘴挡板阀的静态特性

1. 压力-流量特性

双喷嘴挡板阀是由两个结构相同的单喷嘴挡板阀组合在一起按差动原理工作的,如图

2-23所示。双喷嘴挡板阀是四通阀，因此可用来控制双作用液压缸。

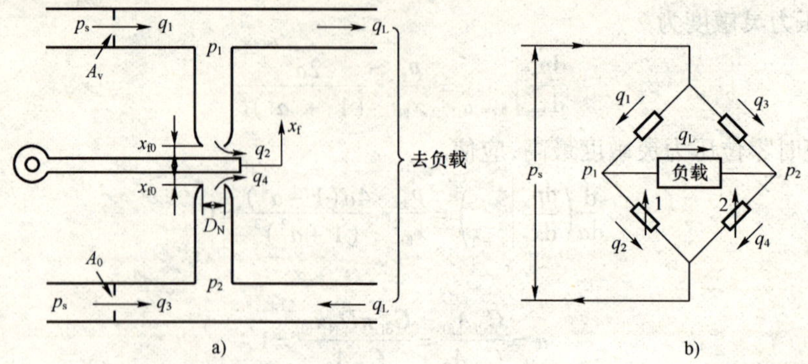

图 2-23　双喷嘴挡板阀原理图及等效桥路图

根据流量连续性有

$$q_L = q_1 - q_2 = C_{d0} A_0 \sqrt{\frac{2}{\rho}(p_s - p_1)} - C_{df} \pi D_N (x_{f0} - x_f) \sqrt{\frac{2}{\rho} p_c} \tag{2-89}$$

$$q_L = q_4 - q_3 = C_{df} \pi D_N (x_{f0} + x_f) \sqrt{\frac{2}{\rho} p_2} - C_{d0} A_0 \sqrt{\frac{2}{\rho}(p_s - p_2)} \tag{2-90}$$

利用式(2-82)，以上方程可简化为

$$\frac{q_L}{C_{d0} A_0 \sqrt{\frac{p_s}{\rho}}} = \sqrt{2\left(1 - \frac{p_1}{p_s}\right)} - \left(1 - \frac{x_f}{x_{f0}}\right)\sqrt{\frac{2p_1}{p_s}} \tag{2-91}$$

$$\frac{q_L}{C_{d0} A_0 \sqrt{\frac{p_s}{\rho}}} = \left(1 + \frac{x_f}{x_{f0}}\right)\sqrt{\frac{2p_2}{p_s}} - \sqrt{2\left(1 - \frac{p_2}{p_s}\right)} \tag{2-92}$$

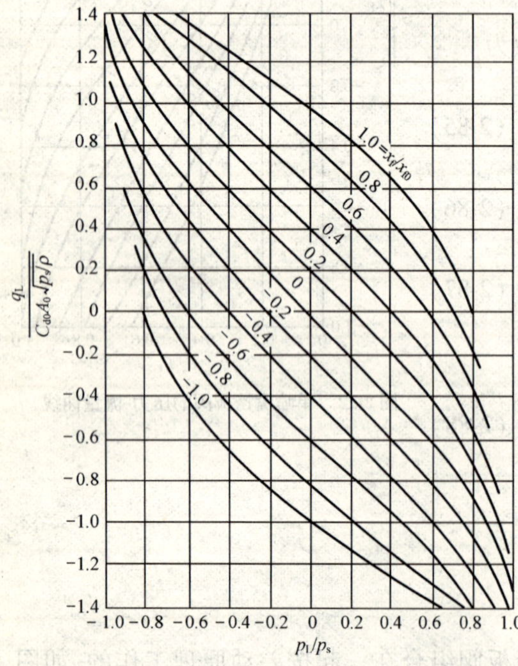

图 2-24　双喷嘴挡板阀的压力-流量曲线

将这两个方程与关系式

$$p_L = p_1 - p_2 \tag{2-93}$$

结合起来就完全确定了双喷嘴挡板阀的压力-流量曲线。但是，这些方程不能用简单的方法合成一个关系式。可用下述方法作出压力-流量曲线，选定一个 x_f，给出一系列 q_L 值，然后利用式(2-91)和式(2-92)分别求出对应的 p_1 和 p_2 的值，再利用式(2-93)的关系，就可以画出压力-流量曲线，如图 2-24 所示。

与图 2-22 所示的单喷嘴挡板阀的压力-流量曲线相比，其压力-流量曲线的线性度好，线性范围较大，特性曲线对称性好。

2. 压力特性

双喷嘴挡板阀在挡板偏离零位时，一个喷嘴腔的压力升高，另一个喷嘴腔的压力降低。在切断负载($q_L = 0$)时，每个喷嘴腔的控制压力 p_1 或 p_2 可由式(2-81)求得。当满足式(2-82)的设计

准则时,可求得 p_1 和 p_2 分别为

$$\frac{p_1}{p_s}=\frac{1}{1+\left(1-\frac{x_f}{x_{f0}}\right)^2} \tag{2-94}$$

$$\frac{p_2}{p_s}=\frac{1}{1+\left(1+\frac{x_f}{x_{f0}}\right)^2} \tag{2-95}$$

将两式相减,可得压力特性方程为

$$\frac{p_L}{p_s}=\frac{p_1-p_2}{p_s}=\frac{1}{1+\left(1-\frac{x_f}{x_{f0}}\right)^2}-\frac{1}{1+\left(1+\frac{x_f}{x_{f0}}\right)^2} \tag{2-96}$$

其压力特性曲线如图 2-25 所示。

3. 阀的零位系数

为了求得阀的零位系数,可将式(2-89)和式(2-90)在零位($x_f=q_L=p_L=0$ 和 $p_1=p_2=\frac{p_s}{2}$)附近线性化,即

$$\Delta q_L=C_{df}\pi D_N\sqrt{\frac{p_s}{\rho}}\Delta x_f-\frac{2C_{df}\pi D_N x_{f0}}{\sqrt{\rho p_s}}\Delta p_1 \tag{2-97}$$

$$\Delta q_L=C_{df}\pi D_N\sqrt{\frac{p_s}{\rho}}\Delta x_f+\frac{2C_{df}\pi D_N x_{f0}}{\sqrt{\rho p_s}}\Delta p_2 \tag{2-98}$$

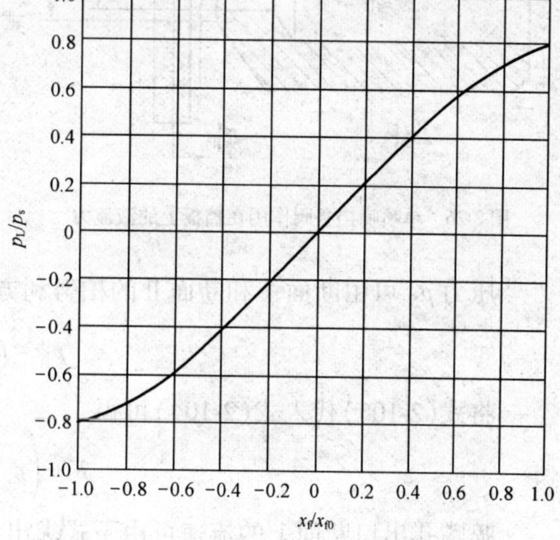

图 2-25 双喷嘴挡板阀的压力特性曲线

将式(2-97)和式(2-98)相加除 2,并与 $\Delta p_L=\Delta p_1-\Delta p_2$ 合并,可得

$$\Delta q_L=C_{df}\pi D_N\sqrt{\frac{p_s}{\rho}}\Delta x_f-\frac{C_{df}\pi D_N x_{f0}}{\sqrt{\rho p_s}}\Delta p_L \tag{2-99}$$

这就是双喷嘴挡板阀在零位附近工作时的压力-流量方程的线性化表达式。由该方程可直接得到阀的零位系数,即

$$K_{q0}=\left.\frac{\Delta q_L}{\Delta x_f}\right|_{\Delta p_L=0}=C_{df}\pi D_N\sqrt{\frac{p_s}{\rho}} \tag{2-100}$$

$$K_{p0}=\left.\frac{\Delta p_L}{\Delta x_f}\right|_{\Delta q_L=0}=\frac{p_s}{x_{f0}} \tag{2-101}$$

$$K_{c0}=\left.\frac{\Delta q_L}{\Delta p_f}\right|_{\Delta x_f=0}=\frac{C_{df}\pi D_N x_{f0}}{\sqrt{\rho p_s}} \tag{2-102}$$

零位泄漏流量或中间位置流量为

$$q_c=2C_{df}\pi D_N x_{f0}\sqrt{\frac{p_s}{\rho}} \tag{2-103}$$

将这些关系式与单喷嘴挡板阀的相应关系式相比较,可以看出,两者的流量增益是一样

的，而压力灵敏度增加了1倍，但是零位泄漏流量也增加了1倍。与单喷嘴挡板阀相比，双喷嘴挡板阀由于结构对称还具有以下优点：因温度和供油压力变化而产生的零漂小，即零位工作点变动小；挡板在零位时所受的液压力和液动力是平衡的。

三、作用在挡板上的液流力

首先研究单喷嘴挡板阀的情况，参看图2-26。

对于锐边喷嘴，在喷嘴端面由喷嘴孔直径 D_N 到喷嘴端面外径 D 之间的环形面积上，液流的静压力对挡板的作用力可以忽略。这样，作用在挡板上的液流力主要由两部分组成，一部分是喷嘴孔处的静压力对挡板产生的液压力，另一部分是射流动量的变化对挡板产生的反作用力，即

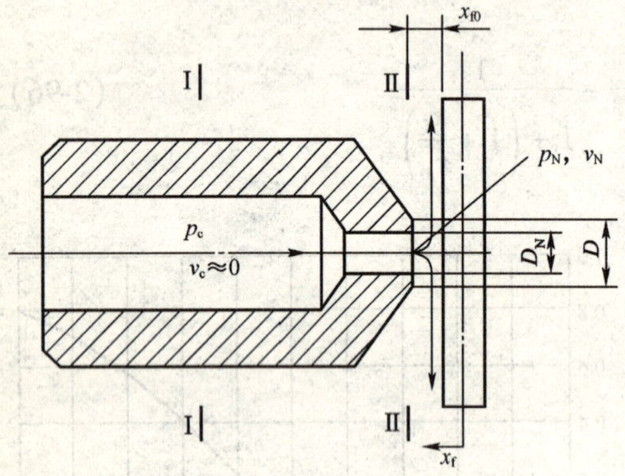

图2-26 单喷嘴挡板阀作用在挡板上的液流力

$$F = p_N A_N + \rho q_N v_N \tag{2-104}$$

式中：F——作用在挡板上的液流力；

p_N——喷嘴孔出口处的压力；

A_N——喷嘴孔的面积，$A_N = \dfrac{\pi D_N^2}{4}$；

q_N——通过喷嘴孔的流量，$q_N = v_N A_N$；

v_N——喷嘴孔出口断面上的流速。

压力 p_N 可由断面Ⅰ和断面Ⅱ的柏努利方程求出，即

$$p_N = p_c - \frac{1}{2}\rho v_N^2 \tag{2-105}$$

将式(2-105)代入式(2-104)可得

$$F = \left(p_c + \frac{1}{2}\rho v_N^2\right) A_N \tag{2-106}$$

喷嘴孔出口断面上的流速可由下式求出，即

$$v_N = \frac{q_N}{A_N} = \frac{C_{df}\pi D_N (x_{f0} - x_f)\sqrt{\dfrac{2}{\rho}p_c}}{\dfrac{\pi D_N^2}{4}} = \frac{4C_{df}(x_{f0} - x_f)\sqrt{\dfrac{2}{\rho}p_c}}{D_N} \tag{2-107}$$

将式(2-107)代入式(2-106)，可得挡板所受的液流力，即

$$F = p_c A_N \left(1 + \frac{16C_{df}^2 (x_{f0} - x_f)^2}{D_N^2}\right) \tag{2-108}$$

在喷嘴与挡板之间的间隙 $(x_{f0} - x_f)$ 很小时，式(2-108)中括号内的第二项就可以忽略，作用在挡板上的液流力就近似地等于液压力 $p_c A_N$。

将式(2-108)对 x_f 求导，并在零位 $\left(x_f = 0, p_c = \dfrac{1}{2}p_s\right)$ 求值，可得单喷嘴挡板阀的零位液动力刚度，即

$$\left.\frac{\mathrm{d}F}{\mathrm{d}x_f}\right|_0 = -4\pi C_{df}^2 p_s x_{f0} \tag{2-109}$$

这是个负弹簧刚度，对挡板运动的稳定性不利。

下面研究双喷嘴挡板阀挡板所受的液流力，如图 2-27 所示。

利用式(2-108)可求得每个喷嘴作用于挡板上的液流力，分别为

$$F_1 = p_1 A_N \left[1 + \frac{16C_{df}^2 (x_{f0} - x_f)^2}{D_N^2}\right]$$

$$F_2 = p_2 A_N \left[1 + \frac{16C_{df}^2 (x_{f0} + x_f)^2}{D_N^2}\right]$$

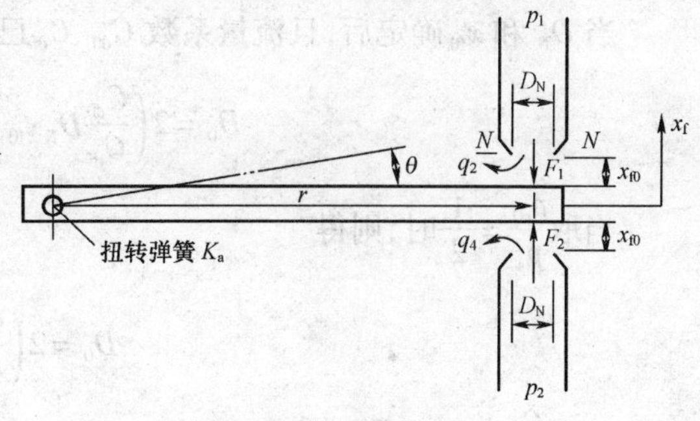

图 2-27 双喷嘴挡板阀作用在挡板上的液流力

作用在挡板上的净液流力为

$$F_1 - F_2 = (p_1 - p_2)A_N + 4\pi C_{df}^2 x_{f0}^2 \times (p_1 - p_2) + 4\pi C_{df}^2 x_f^2 (p_1 - p_2) - 8\pi C_{df}^2 x_{f0}(p_1 + p_2)x_f$$

由于 $p_1 - p_2 = p_L$，并近似认为 $p_1 + p_2 = p_s$，则上式可改写为

$$F_1 - F_2 = p_L A_N + 4\pi C_{df}^2 x_{f0}^2 p_L + 4\pi C_{df}^2 x_f^2 p_L - 8\pi C_{df}^2 x_{f0} p_s x_f \tag{2-110}$$

在喷嘴挡板阀的设计中，通常$\frac{x_{f0}}{D_N} < \frac{1}{16}$，通常式中的第二项与第一项相比可以忽略。由 $x_f < x_{f0}$，所以式中的第三项也可以忽略。这样式(2-110)可简化为

$$F_1 - F_2 = p_L A_N - 8\pi C_{df}^2 x_{f0} p_s x_f \tag{2-111}$$

上式中，等号右边的第一项是喷嘴孔处的静压力对挡板产生的液压力，第二项近似为射流动量变化对挡板产生的液动力。液动力刚度为 $-8\pi C_{df}^2 p_s x_{f0}$，是单喷嘴挡板阀的 2 倍。

四、喷嘴挡板阀的设计

喷嘴挡板阀的主要结构参数是喷嘴孔直径 D_N、零位间隙 x_{f0} 和固定节流孔直径 D_0，其次是喷嘴孔长度 l_N、固定节流孔长度 l_0、喷嘴孔端面壁厚度 l(或外圆直径 D)和喷嘴前端的锥角 α 等。

1. 喷嘴孔直径 D_N

喷嘴孔直径 D_N 可根据系统要求的零位流量增益确定，由式(2-100)可得，即

$$D_N = \frac{K_{q0}}{C_{df}\pi\sqrt{\frac{p_s}{\rho}}} \tag{2-112}$$

2. 喷嘴挡板的零位间隙 x_{f0}

零位间隙 x_{f0} 可以这样确定：使喷嘴孔面积比喷嘴与挡板间的环形节流面积充分大，以保证环形节流面积是可控的节流孔，避免产生流量饱和现象。通常取：

$$\pi D_N x_{f0} \leqslant \frac{1}{4} \times \frac{\pi D_N^2}{4}$$

简化后得

$$x_{f0} \leqslant \frac{D_N}{16} \tag{2-113}$$

为了提高压力灵敏度和减小零位泄漏流量，x_{f0} 应取得小些。但 x_{f0} 过小，对油中污物敏感，容易堵塞。x_{f0} 一般可在 0.025 ~ 0.125mm 之间选取。

3. 固定节流孔直径 D_0

当 D_N 和 x_{f0}确定后，且流量系数 C_{d0}、C_{df}已知时，可由式(2-79)求得固定节流孔直径 D_0，即

$$D_0 = 2\left(\frac{C_{d0}}{C_{df}}D_N x_{f0}\right)^{\frac{1}{2}}\left[\left(\frac{p_{c0}}{p_s}\right)^{-1}-1\right]^{-\frac{1}{4}} \tag{2-114}$$

当取$\frac{p_{c0}}{p_s}=\frac{1}{2}$时，则得

$$D_0 = 2\left(\frac{C_{d0}}{C_{df}}D_N x_{f0}\right)^{\frac{1}{2}} \tag{2-115}$$

若取$\frac{C_{df}}{C_{d0}}=0.8$，$\frac{x_{f0}}{D_N}=\frac{1}{16}$，可得

$$D_0 = 0.44D_N \tag{2-116}$$

4. 其他参数

工程上都采用锐边喷嘴挡板阀，这可以减小油温变化对流量系数的影响，而且可以减小作用在挡板上的液压力，且容易计算。实验证明，当喷嘴孔端面壁厚度与零位间隙之比 $l/x_{f0}<2$ 时，可变节流口可以认为是锐边的。此时节流口出流情况比较稳定，流量系数 C_{df}为 0.6 左右。喷嘴前端的斜角 α 应大于 30°，此时它对流量系数无显著影响。喷嘴孔长度 l_N 一般等于其直径 D_N。

固定节流口的长度与其直径之比 $l_0/D_0 \leqslant 3$，属于短孔而具有少量长孔成分，其流量系数 C_{d0}一般为 0.8 ~ 0.9。在初步设计时，可取 $C_{df}/C_{d0}=0.8$。

第三章　液压动力元件

液压动力元件(或称液压动力机构)由液压放大元件(液压控制元件)和液压执行元件组成。液压放大元件可以是液压控制阀,也可以是伺服变量泵,液压执行元件是液压缸或液压马达。由它们可以组成四种基本形式的液压动力元件:阀控液压缸、阀控液压马达、泵控液压缸、泵控液压马达。前两种动力元件可以构成阀控(节流控制)系统,后两种动力元件可以构成泵控(容积控制)系统。

在大多数液压伺服系统中,液压动力元件是一个关键性的部件,它的动态特性在很大程度上决定着整个系统的性能。本章将建立几种基本的液压动力元件的传递函数,分析它们的动态特性和主要性能参数。所讨论的内容是分析和设计整个液压伺服系统的基础。

第一节　四通阀控制液压缸

四通阀控制液压缸的原理图如图 3-1 所示,由零开口四边滑阀和对称液压缸组成,是最常用的一种液压动力元件。

一、基本方程

为了推导液压动力元件的传递函数,首先要列出基本方程,即液压控制阀的流量方程、液压缸流量连续性方程和液压缸与负载的力平衡方程。

1. 滑阀的流量方程

假定:阀是零开口四边滑阀,四个节流窗口是匹配和对称的,供油压力 p_s 恒定,回油压力 p_0 为零。

阀的线性化流量方程为

$$\Delta q_L = K_q \Delta x_v - K_c \Delta p_L$$

为了简单起见,仍用变量本身表示它们从初始条件下的变化量,则上式可写成

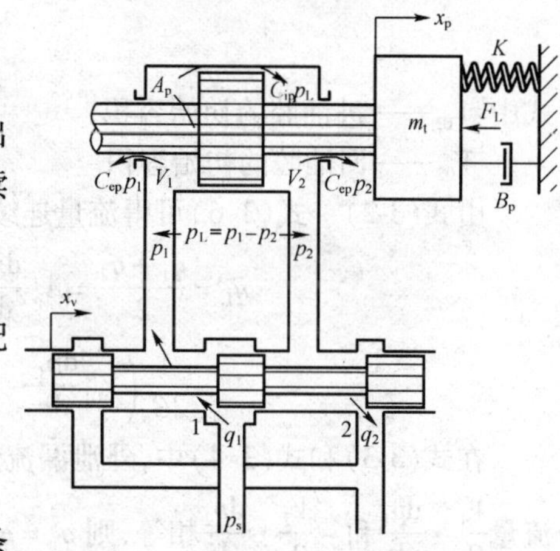

图 3-1　四通阀控制液压缸原理图

$$q_L = K_q \Delta x_v - K_c \Delta p_L \tag{3-1}$$

位置伺服系统动态分析经常是在零位工作条件下进行的,此时增量和变量相等。

在上一章分析阀的静态特性时,没有考虑泄漏的油液压缩性的影响。因此,对匹配和对称的零开口四边滑阀来说,两个控制通道的流量 q_1、q_2 均等于负载流量 q_L。在动态分析时,需要考虑泄漏和油液压缩性的影响。由于液压缸外泄漏和压缩性的影响,使流入液压缸的流量 q_1 和流出液压缸的流量 q_2 不相等,即 $q_1 \neq q_2$。为了简化分析,定义负载流量为

$$q_L = \frac{q_1 + q_2}{2} \tag{3-2}$$

2. 液压缸流量连续性方程

假定：阀与液压缸的管路对称且短而粗，管路中的压力损失和管路动态可以忽略；液压缸每个工作腔内各处压力相等，油温和体积弹性模量为常数；液压缸内、外泄漏均为层流流动。

流入液压缸进油腔的流量 q_1 为

$$q_1 = A_p \frac{dx_p}{dt} + C_{ip}(p_1 - p_2) + C_{ep}p_1 + \frac{V_1}{\beta_e} \cdot \frac{dp_1}{dt} \tag{3-3}$$

从液压缸回油腔流出的流量 q_2 为

$$q_2 = A_p \frac{dx_p}{dt} + C_{ip}(p_1 - p_2) - C_{ep}p_2 - \frac{V_2}{\beta_e} \cdot \frac{dp_2}{dt} \tag{3-4}$$

式中：A_p——液压缸活塞有效面积；

x_p——活塞位移；

C_{ip}——液压缸内泄漏系数；

C_{ep}——液压缸外泄漏系数；

β_e——有效体积弹性模量（包括油液、连接管路和缸体的机械柔度）；

V_1——液压缸进油腔的容积（包括阀、连接管路和进油腔）；

V_2——液压缸回油腔的容积（包括阀、连接管路和回油腔）。

在式(3-3)和式(3-4)中，等号右边第一项是推动活塞运动所需的流量，第二项是经过活塞密封的内泄漏流量，第三项是经过活塞杆密封处的外泄漏流量，第四项是油液压缩和腔体变形所需流量。

液压缸工作腔的容积可写为

$$V_1 = V_{01} + A_p x_p \tag{3-5}$$

$$V_2 = V_{02} - A_p x_p \tag{3-6}$$

式中：V_{01}——进油腔的初始容积；

V_{02}——回油腔的初始容积。

由式(3-2)～式(3-6)可得流量连续性方程为

$$q_L = \frac{q_1 + q_2}{2} = A_p \frac{dx_p}{dt} + C_{ip}(p_1 - p_2) + \frac{C_{ep}}{2}(p_1 - p_2) + \frac{1}{2\beta_e}\left(V_{01}\frac{dp_1}{dt} - V_{02}\frac{dp_2}{dt}\right) + \frac{A_p x_p}{2\beta_e}\left(\frac{dp_1}{dt} + \frac{dp_2}{dt}\right) \tag{3-7}$$

在式(3-3)和式(3-4)中，外泄漏流量 $C_{ep}p_1$ 和 $C_{ep}p_2$ 通常很小，可以忽略不计。如果压缩流量 $\frac{V_1}{\beta_e} \cdot \frac{dp_1}{dt}$ 和 $-\frac{V_2}{\beta_e} \cdot \frac{dp_2}{dt}$ 相等，则 $q_1 = q_2$。因为阀是匹配和对称的，所以通过滑阀节流口1、2的流量也相等（通过对角线桥臂的流量相等）。这样，在动态时 $p_s = p_1 + p_2$ 仍近似适用。由于 $p_L = p_1 - p_2$，所以 $p_1 = \frac{p_s + p_L}{2}$，$p_2 = \frac{p_s - p_L}{2}$。从而有

$$\frac{dp_1}{dt} = \frac{1}{2} \times \frac{dp_L}{dt} = -\frac{dp_2}{dt}$$

要使压缩流量相等，就应使液压缸两腔的初始容积 V_{01} 和 V_{02} 相等，即

$$V_{01} = V_{02} = V_0 = \frac{V_t}{2}$$

式中：V_0——活塞在中间位置时每一个工作腔的容积；

V_t——总压缩容积。

活塞在中间位置时，液体压缩性影响最大，动力元件固有频率最低，阻尼比最小。因此，系统稳定性最差。所以在分析时，应取活塞的中间位置作为初始位置。

由于 $A_p x_p << V_0$，$\frac{dp_1}{dt}+\frac{dp_2}{dt}\approx 0$，则式(3-7)可简化为

$$q_L = A_p\frac{dx_p}{dt}+C_{tp}p_L+\frac{V_t}{4\beta_e}\cdot\frac{dp_L}{dt} \tag{3-8}$$

式中：C_{tp}——液压缸总泄漏系数，$C_{tp}=C_{ip}+\frac{C_{ep}}{2}$。

式(3-8)是液压动力元件流量连续性方程的常用形式。式中，等号右边第一项是推动液压缸活塞运动所需的流量，第二项是总泄漏流量，第三项是总压缩流量。

3. 液压缸和负载的力平衡方程

液压动力元件的动态特性受负载特性的影响。负载力一般包括惯性力、黏性阻尼力、弹性力和任意外负载力。

液压缸的输出力与负载力的平衡方程为

$$A_p p_L = m_t\frac{d^2x_p}{dt^2}+B_p\frac{dx_p}{dt}+Kx_p+F_L \tag{3-9}$$

式中：m_t——活塞及负载折算到活塞上的总质量；

B_p——活塞及负载的黏性阻尼系数；

K——负载弹簧刚度；

F_L——作用在活塞上的任意外负载力。

此外，还存在库仑摩擦等非线性负载，但采用线性化的方法分析系统的动态特性时，必须将这些非线性负载忽略。

式(3-1)、式(3-8)和式(3-9)中的变量都是在平衡工作点的增量，为了简单起见，将增量符号 Δ 去掉。

二、框图与传递函数

式(3-1)、式(3-8)和式(3-9)是阀控液压缸的三个基本方程，它们完全描述了阀控液压缸的动态特性。三式的拉氏变换式为

$$Q_L = K_q X_V - K_c p_L \tag{3-10}$$

$$Q_L = A_p s X_p + C_{tp}P_L+\frac{V_t}{4\beta_e}sP_L \tag{3-11}$$

$$A_p p_L = m_t s^2 X_p + B_p s X_p + Kx_p + F_L \tag{3-12}$$

由这三个基本方程可以画出阀控液压缸的框图，如图 3-2 所示。其中，图 3-2a)是由负载流量获得液压缸位移的框图，图 3-2b)是由负载压力获得液压缸位移的框图，这两个框图是等效的。在图 3-2a)中，可由式(3-10)得相加点 1，由式(3-11)得相加点 2，由式(3-12)得相加点 3。在图 3-2b)中，可将式(3-10)和式(3-11)合并得相加点 1，由式(3-12)可得相加点 2。以上框图可用于模拟计算。从负载流量获得的框图适合于负载惯量较小、动态过程较快的场合。而从负载压力获得的框图特别适合于负载惯量和泄漏系数都较大，而动态过程比较缓慢的场合。

由式(3-10)、式(3-11)和式(3-12)消去中间变量 Q_L 和 p_L，或通过框图变换，都可以求得

阀芯输入位移 x_V 和外负载力 F_L 同时作用时液压缸活塞的总输出位移,即

$$X_p = \frac{\frac{K_q}{A_p}X_V - \frac{K_{ce}}{A_p^2}\left(1 + \frac{V_t}{4\beta_e K_{ce}}s\right)F_L}{\frac{m_t V_t}{4\beta_e A_p^2}s^3 + \left(\frac{m_t K_{ce}}{A_p^2} + \frac{B_p V_t}{4\beta_e A_p^2}\right)s^2 + \left(1 + \frac{B_p K_{ce}}{A_p^2} + \frac{K V_t}{4\beta_e A_p^2}\right)s + \frac{K K_{ce}}{A_p^2}} \tag{3-13}$$

式中:K_{ce}——总流量-压力系数,$K_{ce} = K_c + C_{tp}$。

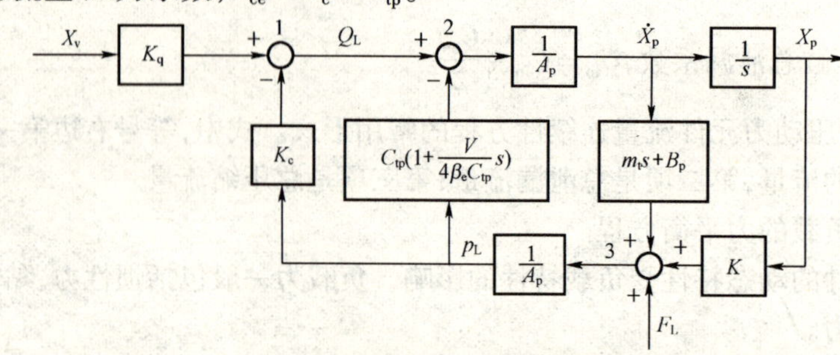

a)由负载流量获得液压缸活塞位移的框图

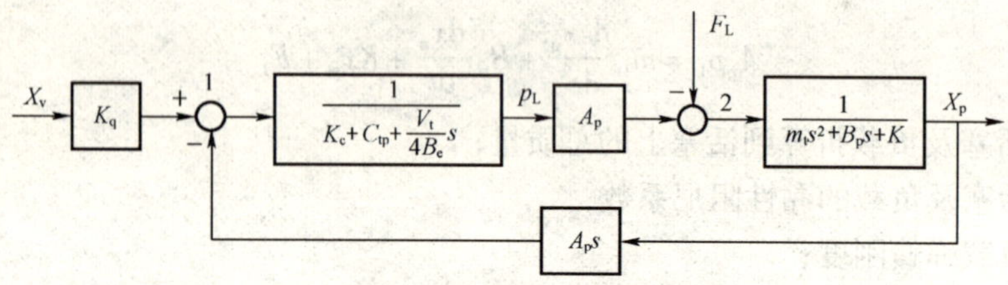

b)由负载压力获得液压缸活塞位移的框图

图 3-2 阀控液压缸的框图

式(3-13)是流量连续性方程的另一种表现形式。式中,分子的第一项是液压缸活塞的空载速度,第二项是外负载力作用引起的速度降低。将分母特征多项式与等号左边的 X_p 相乘后,其第一项$\frac{V_t m_t}{4\beta_e A_p^2}s^3 X_p$ 是惯性力变化引起的压缩流量所产生的活塞速度;第二项$\frac{K_{ce} m_t}{A_p^2}s^2 X_p$ 是惯性力引起的泄漏流量所产生的活塞速度;第三项$\frac{V_t B_p}{4\beta_e A_p^2}s^2 X_p$ 是黏性力变化引起的压缩流量所产生的活塞速度;第四项是活塞运动速度;第五项$\frac{K_{ce} B_p}{A_p^2}sX_p$ 是黏性力引起的泄漏流量所产生的活塞速度;第六项$\frac{V_t K}{4\beta_e A_p^2}sX_p$ 是弹性力变化引起的压缩流量所产生的活塞速度;第七项$\frac{K_{ce} K}{A_p^2}X_p$ 是弹性力引起的泄漏流量所产生的活塞速度。了解特征方程各项所代表的物理意义,对以后简化传递函数是有益的。

式(3-13)中的阀芯位移 X_V 是指令信号,外负载力 F_L 是干扰信号。由该式可以求出液压缸活塞位移对阀芯位移的传递函数$\frac{X_p}{X_V}$和对外负载力的传递函数$\frac{X_p}{F_L}$。

三、传递函数简化

在动态方程式(3-13)中,考虑了惯性负载、黏性摩擦负载、弹性负载以及油液的压缩性和液压缸泄漏等影响因素,是一个十分通用的形式。实际系统的负载往往比较简单,而且根据使

用情况有些影响因素可以忽略，这样传递函数就可以大为简化。从式(3-13)可以看出，无论对指令输入 x_V 的传递函数，还是对干扰输入 F_L 的传递函数，其特征方程是一样的，是一个三阶方程，传递函数的简化实际上就是特征方程的简化。为了便于分析，希望特征方程进行因式分解，化成标准形式。

1. 没有弹性负载($K=0$)的情况

伺服系统的负载在很多情况下是以惯性负载为主，而没有弹性负载或弹性负载很小，可以忽略。在液压马达作执行元件的伺服系统中，弹性负载更是少见。所以没有弹性负载的情况是比较普遍的，也是比较典型的。另外，黏性阻尼系数 B_p 一般很小，由黏性摩擦力 $B_p sX_p$ 引起的泄漏流量$\frac{K_{ce}B_p}{A_p}sX_p$ 所产生的活塞速度$\frac{K_{ce}B_p}{A_p^2}sX_p$ 比活塞的运动速度 sX_p 小得多，即$\frac{K_{ce}B_p}{A_p^2}\ll 1$，因此$\frac{K_{ce}B_p}{A_p^2}$项与 1 相比可以忽略不计。

在 $K=0$，$\frac{K_{ce}B_p}{A_p^2}\ll 1$ 时，式(3-13)可简化为

$$X_p=\frac{\frac{K_q}{A_p}X_V-\frac{K_{ce}}{A_p^2}\left(1+\frac{V_t}{4\beta_e K_{ce}}s\right)F_L}{s\left[\frac{V_t m_t}{4\beta_e A_p^2}s^2+\left(\frac{K_{ce}m_t}{A_p^2}+\frac{V_t B_p}{4\beta_e A_p^2}\right)s+1\right]} \tag{3-14}$$

或

$$X_p=\frac{\frac{K_q}{A_p}X_V-\frac{K_{ce}}{A_p^2}\left(1+\frac{V_t}{4\beta_e K_{ce}}s\right)F_L}{s\left[\frac{s^2}{\omega_h^2}+\frac{2\zeta_h}{\omega_h}s+1\right]} \tag{3-15}$$

式中：ω_h——液压固有频率；

$$\omega_h=\sqrt{\frac{4\beta_e A_p^2}{V_t m_t}} \tag{3-16}$$

ζ_h——液压阻尼比。

$$\zeta_h=\frac{K_{ce}}{A_p}\sqrt{\frac{\beta_e m_t}{V_t}}+\frac{B_p}{4A_p}\sqrt{\frac{V_t}{\beta_e m_t}} \tag{3-17}$$

当 B_p 较小可以忽略不计时，ζ_h 可近似写成

$$\zeta_h=\frac{K_{ce}}{A_p}\sqrt{\frac{\beta_e m_t}{V_t}} \tag{3-18}$$

$$\frac{2\zeta_h}{\omega_h}=\frac{K_{ce}m_t}{A_p^2} \tag{3-19}$$

式(3-15)给出了以惯性负载为主时的阀控液压缸的动态特性。分子中的第一项是稳态情况下活塞的空载速度，第二项是因外负载力造成的速度降低值。

对指令输入 X_V 的传递函数为

$$\frac{X_p}{X_V}=\frac{\frac{K_q}{A_p}}{s\left(\frac{s^2}{\omega_h^2}+\frac{2\zeta_h}{\omega_h}s+1\right)} \tag{3-20}$$

对干扰输入 F_L 的传递函数为

$$\frac{X_p}{F_L}=\frac{-\dfrac{K_{ce}}{A_p^2}\left(1+\dfrac{V_t}{4\beta_e K_{ce}}s\right)}{s\left(\dfrac{s^2}{\omega_h^2}+\dfrac{2\zeta_h}{\omega_h}s+1\right)} \tag{3-21}$$

式(3-20)是阀控液压缸传递函数最常见的形式,在液压伺服系统的分析和设计中经常要用到。

2. 有弹性负载($K\neq0$)的情况

在阀控液压缸中弹性负载还是比较常见的,例如在两级液压放大器中,当功率级滑阀带对中弹簧时,则属于这种情况。液压材料试验机是旋力于材料而使之变形的,所以试验机的负载就是弹性负载,被试材料就是一个硬弹簧。

通常负载黏性阻尼系数 B_p 很小,使 $\dfrac{K_{ce}B_p}{A_p^2}\ll 1$,与 1 相比可以忽略不计,则式(3-13)可简化为

$$X_p=\frac{\dfrac{K_q}{A_p}X_V-\dfrac{K_{ce}}{A_p^2}\left(1+\dfrac{V_t}{4\beta_e K_{ce}}s\right)F_L}{\dfrac{m_t V_t}{4\beta_e A_p^2}s^3+\left(\dfrac{m_t K_{ce}}{A_p^2}+\dfrac{B_p V_t}{4\beta_e A_p^2}\right)s^2+\left(1+\dfrac{KV_t}{4\beta_e A_p^2}\right)s+\dfrac{KK_{ce}}{A_p^2}} \tag{3-22}$$

或改写成

$$X_p=\frac{\dfrac{K_q}{A_p}X_V-\dfrac{K_{ce}}{A_p^2}\left(1+\dfrac{V_t}{4\beta_e K_{ce}}s\right)F_L}{\dfrac{s^3}{\omega_h}+\dfrac{2\zeta_h}{\omega_h}s^2+\left(1+\dfrac{K}{K_h}\right)s+\dfrac{KK_{ce}}{A_p^2}} \tag{3-23}$$

式中,ω_h 和 ζ_h 见式(3-16)和式(3-17),$K_h=\dfrac{4\beta_e A_p^2}{V_t}$称为液压弹簧刚度,它是液压缸两腔完全封闭由于液体的压缩性所形成的液压弹簧的刚度。

当满足下面条件:

$$\left[\frac{K_{ce}\sqrt{Km_t}}{A_p^2\left(1+\dfrac{K}{K_h}\right)}\right]^2\ll 1 \tag{3-24}$$

则式(3-23)的三阶特征方程可近似分解成一阶和二阶两个因子。则式(3-23)变成

$$X_p=\frac{\dfrac{K_q}{A_p}X_V-\dfrac{K_{ce}}{A_p^2}\left(1+\dfrac{V_t}{4\beta_e K_{ce}}s\right)F_L}{\left[\left(1+\dfrac{K}{K_h}\right)s+\dfrac{K_{ce}K}{A_p^2}\right]\left(\dfrac{s^2}{\omega_0^2}+\dfrac{2\zeta_0}{\omega_0}s+1\right)} \tag{3-25}$$

式中:ω_0——综合固有频率;

$$\omega_0=\omega_h\sqrt{1+\frac{K}{K_h}} \tag{3-26}$$

ζ_0——综合阻尼比。

$$\zeta_0=\frac{1}{2\omega_0}\left[\frac{4\beta_e K_{ce}}{V_t\left(1+\dfrac{K}{K_h}\right)}+\frac{B_p}{m_t}\right] \tag{3-27}$$

将式(3-25)的分母展开,并使其系数与式(3-23)分母的对应项系数相等,可得

$$\frac{1}{\omega_h^2}=\frac{1+\dfrac{K}{K_h}}{\omega_0^2} \tag{3-28}$$

$$\frac{2\zeta_h}{\omega_h}=\frac{K_{ce}K}{A_p^2\omega_0^2}+\left(1+\frac{K}{K_h}\right)\frac{2\zeta_0}{\omega_0} \tag{3-29}$$

$$1+\frac{K}{K_h}=1+\frac{K}{K_h}+\frac{K_{ce}K}{A_p^2}\cdot\frac{2\zeta_0}{\omega_0} \tag{3-30}$$

由式(3-28)和式(3-29)可得 ω_0 和 ζ_0,由式(3-30)可得

$$1+\frac{K}{K_h}=\left(1+\frac{K}{K_h}\right)\left(1+\frac{K_{ce}K}{A_p^2}\cdot\frac{2\zeta_0}{\omega_0}\cdot\frac{1}{1+\dfrac{K}{K_h}}\right)$$

为使式(3-25)成立,必须使

$$\frac{K_{ce}K}{A_p^2}\cdot\frac{2\zeta_0}{\omega_0}\cdot\frac{1}{1+\dfrac{K}{K_h}}\ll 1$$

将式(3-26)和式(3-27)代入上式,经整理得

$$\left[\frac{K_{ce}^2Km_t}{A_p^4\left(1+\dfrac{K}{K_h}\right)^2}+\frac{K_{ce}B_p}{A_p^2}\cdot\frac{K}{K+K_h}\right]\ll 1 \tag{3-31}$$

由$\dfrac{K_{ce}B_p}{A_p^2}\ll 1$,而$\dfrac{K}{K+K_h}$总是小于 1,所以$\dfrac{K_{ce}B_p}{A_p^2}\cdot\dfrac{K}{K+K_h}\ll 1$ 总是可以满足的。因此式(3-31)的条件可简化为式(3-24)。这个条件一般总是可以满足的。但对每一种具体情况,还是要作检查的,看是否满足$\dfrac{K_{ce}B_p}{A_p^2}\ll 1$ 和式(3-24)。

式(3-25)还可以写成标准形式

$$X_p=\frac{\dfrac{K_{ps}A_p}{K}X_V-\dfrac{1}{K}\left(1+\dfrac{V_t}{4\beta_eK_{ce}}s\right)F_L}{\left(\dfrac{s}{\omega_r}+1\right)\left(\dfrac{s^2}{\omega_0^2}+\dfrac{2\zeta_0}{\omega_0}s+1\right)} \tag{3-32}$$

式中:K_{ps}——总压力增益,$K_{ps}=\dfrac{K_p}{K_{ce}}$;

ω_r——惯性环节的转折频率。

$$\omega_r=\frac{K_{ce}K}{A_p^2\left(1+\dfrac{K}{K_h}\right)}=\frac{K_{ce}}{A_p^2\left(\dfrac{1}{K}+\dfrac{1}{K_h}\right)} \tag{3-33}$$

在式(3-32)中,分子的第一项表示稳态时阀输入位移所引起的液压缸活塞的输出位移,第二项表示外负载力作用所引起的活塞输出位移的减小量。

在负载弹簧刚度远小于液压弹簧刚度时,即$\dfrac{K}{K_h}\ll 1$,则式(3-25)可简化成

$$X_p = \frac{\frac{K_q}{A_p}X_V - \frac{K_{ce}}{A_p^2}\left(1 + \frac{V_t}{4\beta_e K_{ce}}s\right)F_L}{\left[s + \frac{K_{ce}K}{A_p^2}\right]\left(\frac{s^2}{\omega_h^2} + \frac{2\zeta_h}{\omega_h}s + 1\right)} \tag{3-34}$$

将式(3-34)与式(3-15)相比较,可看出弹性负载的主要影响是用一个转折频率为 ω_r 的惯性环节代替无弹性负载时液压缸的积分环节。随着负载弹簧刚度的减小,转折频率将变低,惯性环节就接近积分环节。

3. 其他的简化情况

根据实际应用的负载条件和忽略的因素不同,传递函数尚有以下简化形成。

(1)考虑负载质量 m_t,$\beta_e = \infty$,$B_p = 0$,$K = 0$ 的情况。此时,对指令输入 X_V 的传递函数可由式(3-13)求得,即

$$\frac{X_p}{X_V} = \frac{\frac{K_q}{A_p}}{s\left(\frac{K_{ce}m_t}{A_p^2}s + 1\right)} = \frac{\frac{K_q}{A_p}}{s\left(\frac{s}{\omega_1} + 1\right)} \tag{3-35}$$

式中:ω_1——惯性环节的转折频率,$\omega_1 = \frac{A_p^2}{K_{ce}m_t}$。

(2)考虑负载刚度 K 及 β_e,$m_t = 0$,$B_p = 0$ 的情况,即

$$\frac{X_p}{X_V} = \frac{\frac{K_q}{A_p}}{\left(1 + \frac{K}{K_h}\right)s + \frac{K_{ce}K}{A_p^2}} = \frac{\frac{A_pK_q}{KK_{ce}}}{\frac{s}{\omega_r} + 1} \tag{3-36}$$

式中:ω_r——惯性环节的转折频率,$\omega_r = \frac{K_{ce}K}{A_p^2\left(1 + \frac{K}{K_h}\right)}$。

(3)$m_t = 0$,$K = 0$,$B_p = 0$ 的情况,即

$$\frac{X_p}{X_V} = \frac{\frac{K_q}{A_p}}{s} \tag{3-37}$$

液压伺服系统常常是整个控制回路中的一个部件,例如水轮机调节系统等,此时其传递函数常常可以简化为以上三种形式。

四、频率响应分析

阀控液压缸对指令输入和对干扰输入的动态特性,可由相应的传递函数及其性能参数所确定。由于负载特性不同,其传递函数的形式也不同,所以,下面按没有弹性负载和有弹性负载两种情况加以讨论。

(一)没有弹性负载时的频率响应分析

1. 对指令输入 X_V 的频率响应分析

对指令输入 X_V 的动态响应特性由传递函数式(3-20)表示,它由比例、积分和二阶振荡环节组成,主要的性能参数为速度放大系数 K_q/A_p、液压固有频率 ω_h 和液压阻尼比 ζ_h。其伯德

图如图 3-3 所示。由图中的几何关系可知,穿越频率 $\omega_c = \frac{K_q}{A_p}$。

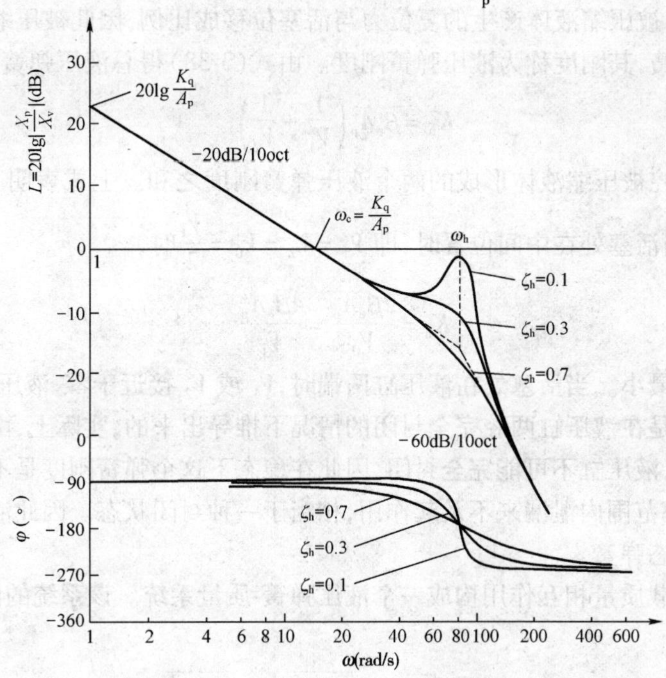

图 3-3　没有弹性负载时的伯德图

(1)速度放大系数。由于传递函数中包含一个积分环节,所以在稳态时,液压缸活塞的输出速度与阀的输入位移成比例,比例系数$\frac{K_q}{A_p}$即为速度放大系数(速度增益)。它表示阀对液压缸活塞速度控制的灵敏度。速度放大系数直接影响系统的稳定性、响应速度和精度。提高速度放大系数可以提高系统的响应速度和精度,但使系统的稳定性变坏。速度放大系数随阀的流量变化而变化,在零位工作点,阀的流量增益 K_{q0} 最大,而流量-压力系数 K_{c0} 最小,所以系统的稳定性最差。故在计算系统的稳定性时,应取零位流量增益 K_{q0}。阀的流量增益 K_q 随负载压力增加而降低,当 $p_L = \frac{2}{3}p_s$ 时,K_q 下降(ω_c 也下降),使系统的响应速度和精度也下降。为了保证执行机构的工作速度和良好的控制性能,通常将负载压力限制在 $p_L \leqslant \frac{2}{3}p_s$ 时的流量增益。

(2)液压固有频率。液压固有频率是负载使液压缸工作腔中的油液压缩性所形成的液压弹簧相互作用的结果。假设液压缸是无摩擦、无泄漏的,两个工作腔充满高压液体并被完全封闭,如图 3-4 所示。

由于液体的压缩性,当活塞受到外力作用时产生位移 Δx_p,使一腔压力升高 Δp_1 和 Δp_2,分别为

$$\Delta p_1 = \frac{\beta_e A_p}{V_1}\Delta x_p$$

$$\Delta p_2 = \frac{-\beta_e A_p}{V_2}\Delta x_p$$

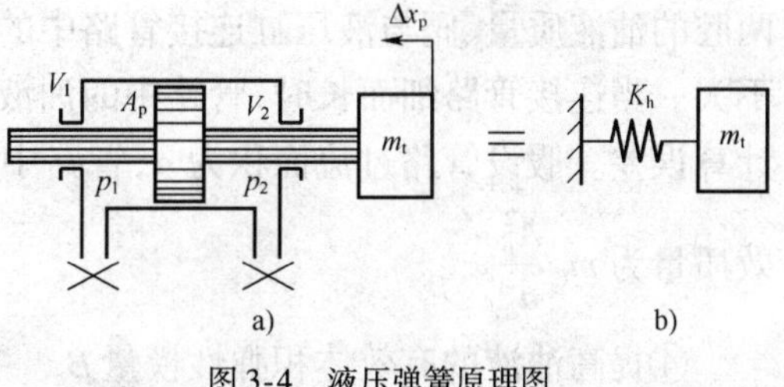

图 3-4　液压弹簧原理图

被压缩液体产生的复位力为

$$A_p=(\Delta p_1-\Delta p_2)=\beta_e A_p^2\left(\frac{1}{V_1}+\frac{1}{V_2}\right)\Delta x_p \tag{3-38}$$

式(3-38)表明,被压缩液体产生的复位力与活塞位移成比例,因此被压缩液体的作用相当于一个线性液压弹簧,其刚度称为液压弹簧刚度。由式(3-38)得总液压弹簧刚度为

$$K_h=\beta_e A_p^2\left(\frac{1}{V_1}+\frac{1}{V_2}\right) \tag{3-39}$$

它是液压缸两腔被压缩液体形成的两个液压弹簧刚度之和。上式表明 K_h 和活塞在液压缸中的位置有关,当活塞处在中间位置时,即 $V_1=V_2=V_0=\frac{V_t}{2}$时,

$$K_h=\frac{2\beta_e A_p^2}{V_0}=\frac{4\beta_e A_p^2}{V_t} \tag{3-40}$$

此时液压弹簧刚度最小。当活塞处在液压缸两端时,V_1 或 V_2 接近于零,液压弹簧刚度最大。

液压弹簧刚度是在液压缸两腔完全封闭的情况下推导出来的,实际上,由于阀的开度和液压缸的泄漏的影响,液压缸不可能完全封闭,因此在稳态下这个弹簧刚度是不存在的。但在动态时,在一定的频率范围内泄漏来不及起作用,相当于一种封闭状态。因此液压弹簧应理解为动态弹簧而不是稳态弹簧。

液压弹簧与负载质量相互作用构成一个液压弹簧-质量系统。该系统的固有频率(活塞在中间位置时)为

$$\omega_h=\sqrt{\frac{K_h}{m_t}}=\sqrt{\frac{2\beta_e A_p^2}{V_0 m_t}}=\sqrt{\frac{4\beta_e A_p^2}{V_t m_t}} \tag{3-41}$$

在计算液压固有频率时,通常取活塞在中间位置时的值,因为此时 ω_h 最低,系统稳定性最差。

液压固有频率表示液压动力元件的响应速度。在液压伺服系统中,液压固有频率往往是整个系统中最低的频率,它限制了系统的响应速度。为提高系统的响应速度,应提高液压固有频率。

由式(3-41)可见,提高液压固有频率的方法有:

①增大液压缸活塞面积 A_p。但 ω_h 与 A_p 不成比例关系,因为 A_p 增大,压缩容积 V_t 也随之增加。增大 A_p 的缺点是:为了满足同样的负载速度,需要的负载流量增大了,使阀、连接管路和液压能源装置的尺寸、质量也随之增大。活塞面积 A_p 主要是由负载决定的,有时为满足响应速度的要求,也采用增大 A_p 的办法来提高 ω_h。

②减小总压缩容积 V_t,主要是减小液压缸的无效容积和连接管路的容积。应使阀靠近液压缸,最好将阀和液压缸装在一起。另外,也应考虑液压执行元件形式的选择,长行程、输出力小时可选用液压马达,短行程、输出力大时可选用液压缸。

③减小折算到活塞上的总质量 m_t。m_t 包括活塞质量、负载折算到活塞上的质量、液压缸两腔的油液质量、阀与液压缸连接管路中的油液折算质量。负载质量由负载决定,改变的余地不大。当连接管路细而长时,管路中的油液质量对 ω_h 的影响不容忽视,否则将造成比较大的计算误差。假设管路过流面积为 a,管路中油液的总质量为 m_0,则折算到液压缸活塞上的等效质量为 $m_0\,\frac{A_p^2}{a^2}$。

④提高油液的有效体积弹性模量 β_e。在 ω_h 所包含的物理量中,β_e 是最难确定的。β_e 值

受油液的压缩性、管路及缸体机械柔性和油液中所含空气的影响，其中以混入油液中的空气的影响最为严重。为了提高 β_e 值，应当尽量减少混入空气，并避免使用软管。一般取 $\beta_e=(700\sim1400)\mathrm{MPa}$，有条件时取实测值最好。

(3)液压阻尼比。由式(3-17)可见，液压阻尼比 ζ_h 主要由总流量-压力系数 K_{ce} 和负载的黏性阻尼系数 B_p 所决定，式中其他参数是考虑其他因素确定的。在一般的液压伺服系统中，B_p 较 K_{ce} 小得多，故 B_p 可以忽略不计。在 K_{ce} 中，液压缸的总泄漏系数 C_{tp} 又较阀的流量-压力系数 K_c 小得多，所以 ζ_h 主要由 K_c 值决定。在零位时 K_c 值最小，从而给出最小的阻尼比。在计算系统的稳定性时应取零位时的 K_c 值，因为此时系统的稳定性最差。由 K_{c0} 计算出的零位阻尼比一般都很小。由于库仑摩擦等因素的影响，实际的零位阻尼比要比计算值大。参考文献[1]给出零位阻尼比的实测值至少为 0.1 ~ 0.2，或更高一些。

K_c 值随工作点不同会有很大的变化。在阀芯位移 x_V 和负载压力 p_L 较大时，由于 K_c 值增大使液压阻尼比急剧增大，可使 $\zeta_h>1$，其变化范围达 20 ~ 30 倍。液压阻尼比是一个难以准确计算的"软量"。零位阻尼比小、阻尼比变化范围大，是液压伺服系统的一个特点。在进行系统分析和设计时，特别是在进行系统校正时，应该注意这一点。

液压阻尼比表示系统的相对稳定性。为获得满意的性能，液压阻尼比应具有适当的值。一般液压伺服系统是低阻尼的，因此提高液压阻尼比对改善系统性能是十分重要的。其方法有：

①设置旁路泄漏通道。在液压缸两个工作腔之间设置旁路通道增加泄漏系数 C_{tp}。缺点是增大了功率损失，降低了系统的总压力增益和系统的刚度，增加外负载力引起的误差。别外，系统性能受温度变化的影响较大。

②采用正开口阀，正开口阀的 K_{c0} 值大，可以增加阻尼，但也会使系统刚度降低，而且零位泄漏量引起的功率损失比第一种方法还要大。另外正开口阀还要带来非线性流量增益、稳态液动力变化等问题。

③增加负载的黏性阻尼。需要另外设置阻尼器，增加了结构的复杂性。

2. 对干扰输入 F_L 的频率响应分析

负载干扰力 F_L 对液压缸的输出位移 X_p 和输出速度 X_p 有影响，这种影响可以用刚度来表示。下面分别研究阀控液压缸的动态位置刚度和动态速度刚度。

(1)动态位置刚度特性。传递函数式(3-21)表示阀控液压缸的动态位置柔度特性，其倒数即为动态位置刚度特性，可写为

$$\frac{F_L}{X_p}=-\frac{\dfrac{A_p^2}{K_{ce}}s\left(\dfrac{s^2}{\omega_h^2}+\dfrac{2\zeta_h}{\omega_h}s+1\right)}{\dfrac{V_t}{4\beta_e K_{ce}}s+1} \tag{3-42}$$

当 $B_p=0$ 时，$\frac{4\beta_e K_{ce}}{V_t}=2\zeta_h\omega_h$，则式(3-42)可改写成

$$\frac{F_L}{X_p}=-\frac{\dfrac{A_p^2}{K_{ce}}s\left(\dfrac{s^2}{\omega_h^2}+\dfrac{2\zeta_h}{\omega_h}s+1\right)}{\dfrac{s}{2\zeta_h\omega_h}+1} \tag{3-43}$$

式(3-43)表示的动态位置刚度特性由惯性环节、比例环节、理想微分环节和二阶微分环

节组成。由于 ζ_h 很小,因此转折频率 $2\zeta_h\omega_h < \omega_h$。式中的负号表示负载力增加使输出减小。式(3-43)的幅频特性如图 3-5 所示。

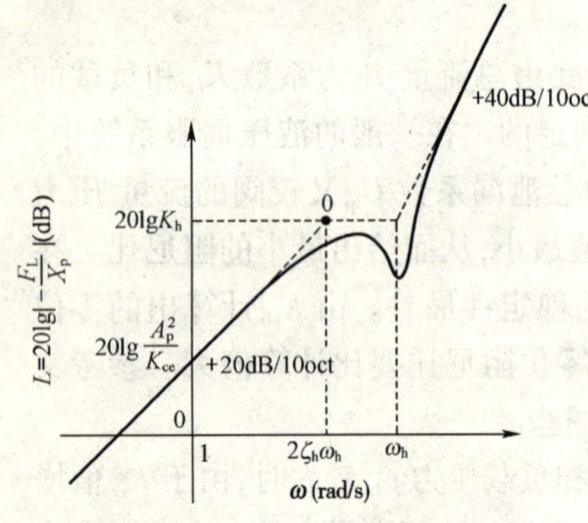

图 3-5 动态位置刚度的幅频特性

动态位置刚度与负载干扰力 F_L 的变化频率 ω 有关。在 $\omega < 2\zeta_h\omega_h$ 的低频段上,惯性环节和二阶微分环节不起作用,由式(3-43)可得

$$\left|-\frac{F_L}{X_p}\right| = \frac{A_p^2}{K_{ce}}\omega \tag{3-44}$$

当 $\omega = 0$ 时,得静态位置刚度 $\left|-F_L/X_p\right|_{\omega=0} = 0$。因为在恒定的外负载力作用下,由于泄漏的影响,活塞将连续不断地移动,没有确定的位置。随着频率的增加,泄漏的影响越来越小,动态位置刚度随频率成比例增大。

在 $2\zeta_h\omega_h < \omega < \omega_h$ 的中频段上,比例环节、惯性环节和理想微分环节同时起作用,动态位置刚度为一常数,其值为

$$\left|-\frac{F_L}{X_p}\right| = \frac{A_p^2}{K_{ce}}s\bigg|_{s=j2\zeta_h\omega_h} = \frac{4\beta_e A_p^2}{V_t} = K_h \tag{3-45}$$

在中频段上,由于负载干扰力的变化频率较高,液压缸工作腔的油液来不及泄漏,可以看成是完全的,其动态位置刚度就等于液压刚度。

在 $\omega > \omega_h$ 的高频段上,二阶微分环节起主要作用,动态位置刚度由负载惯性所决定。动态位置刚度随频率的二次方增加,但一般很少在此频率范围工作。

(2)动态速度刚度特性。由式(3-43)或式(3-44)可求得低频段($\omega < 2\zeta_h\omega_h$)上的动态速度刚度,即

$$\left|-\frac{F_L}{X_p}\right| = \frac{A_p^2}{K_{ce}} \tag{3-46}$$

此时,液压缸相当于一个阻尼系数为 A_p^2/K_{ce} 的黏性阻尼器。从物理意义上说,在低频时因负载压差产生的泄漏流量被很小的泄漏通道所阻碍,产生黏性阻尼作用。

在 $\omega = 0$ 时,由式(3-43)可求得静态速度刚度为

$$\left|-\frac{F_L}{X_p}\right|_{\omega=0} = \frac{A_p^2}{K_{ce}} \tag{3-47}$$

其倒数为静态速度柔度,即

$$\left|-\frac{X_p}{F_L}\right| = \frac{K_{ce}}{A_p^2} \tag{3-48}$$

它是速度下降值与所加恒定外负载力之比。

(二)有弹性负载时的频率响应分析

有弹性负载时,活塞位移对阀芯位移的传递函数可由式(3-32)求得,即

$$\frac{X_p}{X_V} = \frac{\dfrac{K_{ps}A_p}{K}}{\left(\dfrac{s}{\omega_r}+1\right)\left(\dfrac{s^2}{\omega_0^2}+\dfrac{2\zeta_0}{\omega_0}s+1\right)} \tag{3-49}$$

其主要性能参数有 $\dfrac{K_{ps}A_p}{K}$、ω_r、ω_0 和 ζ_0。

在稳态情况下，对于一定的阀芯位移 X_V，液压缸活塞有一个确定的输出位移 X_p，两者之间的比例系数$\frac{K_{ps}A_p}{K}$即为位置放大系数。位置放大系数中的总压力增益 K_{ps} 包含阀的压力增益 K_p，K_p 随工作点在很大的范围内变化，因此位置放大系数也随工作点在很大范围内变化。在零位时其值最大。另外，位置放大系数和负载刚度有关，这和无弹性负载的情况不同。

综合固有频率 ω_0 见式(3-26)，它是液压弹簧与负载弹簧并联时的刚度与负载质量之比。负载刚度提高了二阶振荡环节的固有频率 ω_0，ω_0 是 ω_h 的 $\sqrt{1+\frac{K}{K_h}}$倍。综合阻尼比 ζ_0 见式(3-27)。负载刚度降低了二阶振荡环节阻尼比。在 $B_p=0$ 时，ζ_0 是 ζ_h 的$\frac{1}{(1+K/K_h)^{1.5}}$。

惯性环节的转折频率 ω_r 见式(3-33)。它是液压弹簧与负载弹簧串联时的刚度与阻尼系数之比。ω_r 随负载刚度变化，如果负载刚度很小，则 ω_r 很低，惯性环节可以近似看成积分环节。这种近似对动态分析不会有什么影响，但对稳态误差分析是有影响的。

根据式(3-49)可以作出有弹性负载时的伯德图，如图 3-6 所示。

由图中的几何关系可得穿越频率 ω_c 为

$$\omega_c=\frac{K_q}{A_p\left(1+\frac{K}{K_h}\right)} \tag{3-50}$$

式(3-50)表明，负载刚度使穿越频率降低了。负载刚度越大，穿越频率越低。当$\frac{K}{K_h}\ll 1$时，$\omega_c\approx\frac{K_q}{A_p}$。这再次说明，负载刚度比较小时，它对动态特性的影响是可以忽略的。

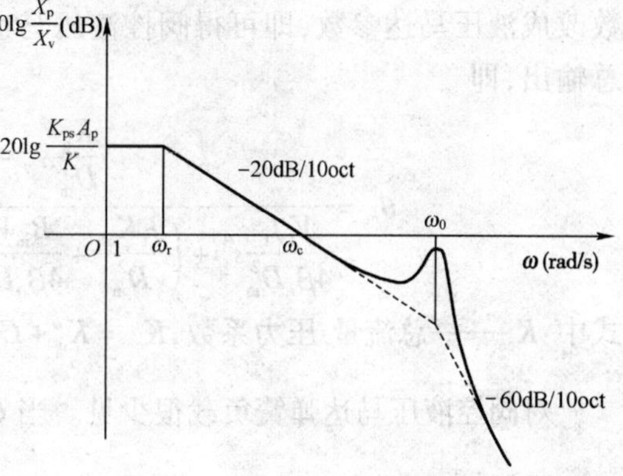

图 3-6 有弹性负载时的伯德图

在有弹性负载时，总流量-压力系数 K_{ce} 变化时，使位置放大系数和惯性环节的转折频率同时发生变化，但对穿越频率没有影响。所以 K_{ce} 变化时，惯性环节的转折点是沿斜率为 −20dB/10oct 的增益线移动的。另外，K_{ce}变化也使 ζ_0 改变，从而使高频段谐振峰值和相频特性开关改变。所以，K_{ce}变化对系统的快速性影响不大，但影响系统的幅值裕量。

第二节 四通阀控制液压马达

阀控液压马达也是一种常用的液压动力元件。其分析方法与阀控液压缸相同，下面简要加以介绍。

阀控液压马达原理图如图 3-7 所示。

利用上一节分析阀控液压缸的方法，可以得到阀控液压马达的三个基本方程的拉氏变换式，即

$$Q_L=K_qX_V-K_cP_L \tag{3-51}$$

$$Q_L=D_ms\theta_m+C_{tm}p_L+\frac{V_t}{4\beta_e}sP_L \tag{3-52}$$

$$P_LD_m=J_ts^2\theta_m+B_ms\theta_m+G\theta_m+T_L \tag{3-53}$$

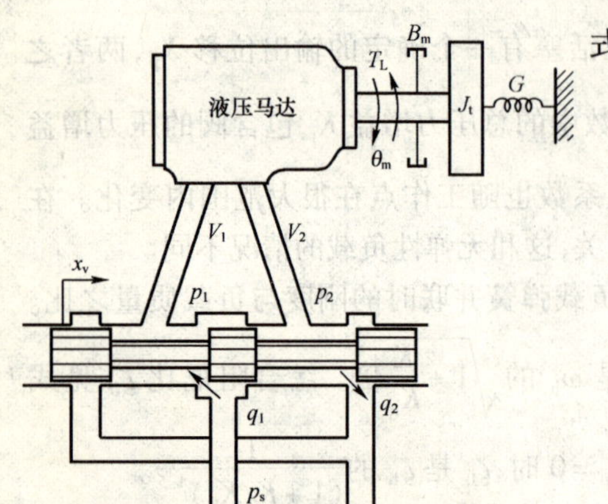

图 3-7 阀控液压马达原理图

式中：θ_m——液压马达的转角；

D_m——液压马达的排量；

C_{tm}——液压马达的总泄漏系数，$C_{tm}=C_{em}+\frac{1}{2}$

C_{em}，C_{im}、C_{tm}分别为内、外泄漏系数；

V_t——液压马达两腔及连接管路总容积；

J_t——液压马达和负载折算到马达轴上的总惯量；

B_m——液压马达和负载的黏性阻尼系数；

G——负载的扭转弹簧刚度；

T_L——作用在液压马达轴上的任意外负载力矩。

将式(3-51)~式(3-53)与式(3-10)~式(3-12)相比较，可以看出它们的形式相同。只要将阀控液压缸基本方程中的结构参数和负载参数改成液压马达的相应参数，就可以得到阀控液压马达的基本方程。由于基本方程的形式相同，所以只要将式(3-13)中的液压缸参数改成液压马达参数，即可得阀控液压马达在阀芯位移 X_V 和外负载力矩 T_L 同时输入时的总输出，即

$$\theta_m=\frac{\frac{K_q}{D_m}X_V-\frac{K_{ce}}{D_m^2}\left(1+\frac{V_t}{4\beta_e K_{ce}}\right)T_L}{\frac{V_t J_t}{4\beta_e D_m^2}s^3+\left(\frac{J_t K_{ce}}{D_m^2}+\frac{B_m V_t}{4\beta_e D_m^2}\right)s^2+\left(1+\frac{B_m K_{ce}}{D_m^2}+\frac{G V_t}{4\beta_e D_m^2}\right)s+\frac{G K_{ce}}{D_m^2}} \tag{3-54}$$

式中：K_{ce}——总流量-压力系数，$K_{ce}=K_c+C_{tm}$。

对阀控液压马达弹簧负载很少见。当 $G=0$，且$\frac{B_m K_{ce}}{D_m^2}\ll 1$ 时，式(3-54)可简化为

$$\theta_m=\frac{\frac{K_q}{D_m}X_V-\frac{K_{ce}}{D_m^2}\left(1+\frac{V_t}{4\beta_e K_{ce}}\right)T_L}{s\left(\frac{s^2}{\omega_h^2}+\frac{2\zeta_h}{\omega_h}s+1\right)} \tag{3-55}$$

式中

$$\omega_h=\sqrt{\frac{4\beta_e D_m^2}{V_t J}} \tag{3-56}$$

$$\zeta_h=\frac{K_{ce}}{D_m}\sqrt{\frac{\beta_e J_t}{V_t}}+\frac{B_m}{4D_m}\sqrt{\frac{V_t}{\beta_e J_t}} \tag{3-57}$$

通常负载黏性阻尼系数 B_m 很小，ζ_h 可用下式表示：

$$\zeta_h=\frac{K_{ce}}{D_m}\sqrt{\frac{\beta_e J_t}{V_t}} \tag{3-58}$$

液压马达轴的转角对阀芯位移的传递函数为

$$\frac{\theta_m}{X_V}=\frac{\frac{K_q}{D_m}}{s\left(\frac{s^2}{\omega_h^2}+\frac{2\zeta_h}{\omega_h}s+1\right)} \tag{3-59}$$

液压马达轴的转角对外负载力矩的传递函数为

$$\frac{\theta_m}{T_L}=\frac{-\frac{K_{ce}}{D_m^2}\left(1+\frac{V_t}{4\beta_e K_{ce}}s\right)}{s\left(\frac{s^2}{\omega_h^2}+\frac{2\zeta_h}{\omega_h}s+1\right)} \tag{3-60}$$

有关阀控液压马达的框图、传递函数简化和动态特性分析与阀控液压缸的相似，不再重复。

第三节　三通阀控制液压缸

三通阀控制差动液压缸的原理图如图3-8所示。三通阀控制差动液压缸经常用作机械液压位置伺服系统的动力元件，例如用于仿形机床和助力操纵系统中。

一、基本方程

阀的线性化流量方程为

$$Q_L=K_qX_V-K_cp_c \tag{3-61}$$

式中：p_c——液压缸控制腔的控制压力。

液压缸控制腔的流量连续性方程为

$$q_L+C_{ip}(p_s-p_c)=A_h\frac{dx_p}{dt}+\frac{V_c}{\beta_e}\cdot\frac{dp_c}{dt} \tag{3-62}$$

式中：C_{ip}——液压缸内部泄漏系数；

A_h——液压缸控制腔的活塞面积；

V_c——液压缸控制腔的容积。

$$V_c=V_0+A_hx_p \tag{3-63}$$

式中：V_0——液压缸控制腔的初始容积。

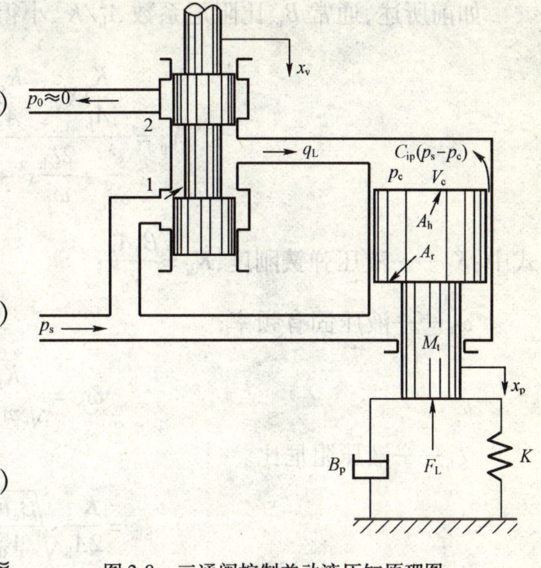

图3-8　三通阀控制差动液压缸原理图

假定活塞位移很小，即$|A_hx_p|\ll V_0$，则$V_c\approx V_0$。将式(3-62)与式(3-63)合并，得

$$q_L+C_{ip}p_s=A_h\frac{dx_p}{dt}+C_{ip}p_c+\frac{V_0}{\beta_e}\cdot\frac{dp_c}{dt}$$

其增量的拉氏变换为

$$Q_L=A_hsX_p+C_{ip}p_c+\frac{V_0}{\beta_e}sP_c \tag{3-64}$$

活塞和负载的力平衡方程为

$$p_cA_h-p_sA_r=m_t\frac{d^2x_p}{dt^2}+B_p\frac{dx_p}{dt}+Kx_p+F_L$$

式中：A_r——活塞杆侧的活塞有效面积；

m_t——活塞和负载的总质量；

B_p——黏性阻尼系数；

K——负载弹簧刚度；

F_L——任意外负载力。

其增量的拉氏变换为

$$P_cA_h = m_ts^2X_p + B_psX_p + KX_p + F_L \tag{3-65}$$

二、传递函数

由式(3-61)、式(3-64)、式(3-65)消去中间变量 Q_L 和 P_c，可得 X_V 和 F_L 同时作用时活塞的总输出位移，即

$$X_p = \frac{\dfrac{K_q}{A_h}X_V - \dfrac{K_{ce}}{A_h^2}\left(1 + \dfrac{V_t}{\beta_eK_{ce}}s\right)F_L}{\dfrac{V_0m_t}{\beta_eA_h^2}s^3 + \left(\dfrac{m_tK_{ce}}{A_h^2} + \dfrac{B_pV_0}{\beta_eA_h^2}\right)s^2 + \left(1 + \dfrac{B_pK_{ce}}{A_h^2} + \dfrac{KV_0}{\beta_eA_h^2}\right)s + \dfrac{K_{ce}K}{A_h^2}} \tag{3-66}$$

式中：K_{ce}——总流量-压力系数，$K_{ce} = K_c + C_{ip}$。

如前所述，通常 B_p 比阻尼系数 A_h^2/K_{ce} 小得多，即 $\dfrac{B_pK_{ce}}{A_h^2} \ll 1$，则上式可简化为

$$X_p = \frac{\dfrac{K_q}{A_h}X_V - \dfrac{K_{ce}}{A_h^2}\left(1 + \dfrac{V_t}{\beta_eK_{ce}}s\right)F_L}{\dfrac{s^3}{\omega_h^2} + \dfrac{2\zeta_h}{\omega_h}s^2 + \left(1 + \dfrac{K}{K_h}\right)s + \dfrac{K_{ce}K}{A_h^2}} \tag{3-67}$$

式中：K_h——液压弹簧刚度，$K_h = \dfrac{\beta_eA_h^2}{V_0}$；

ω_h——液压固有频率；

$$\omega_h = \sqrt{\frac{K_h}{m_t}} = \sqrt{\frac{\beta_eA_h^2}{V_0m_t}} \tag{3-68}$$

ζ_h——液压阻尼比。

$$\zeta_h = \frac{K_{ce}}{2A_h}\sqrt{\frac{\beta_em_t}{V_0}} + \frac{B_p}{2A_h}\sqrt{\frac{V_0}{\beta_em_t}} \tag{3-69}$$

式(3-67)与式(3-23)的分母多项式在形式上是一样的。因此，在满足下列条件时：

$$\frac{K}{K_h} \ll 1$$

$$\left[\frac{K_{ce}\sqrt{m_tK}}{A_h^2}\right]^2 \ll 1$$

式(3-67)可近似简化为

$$X_p = \frac{\dfrac{K_q}{A_h}X_V - \dfrac{K_{ce}}{A_h^2}\left(1 + \dfrac{V_0}{\beta_eK_{ce}}s\right)F_L}{\left(s + \dfrac{K_{ce}K}{A_h^2}\right)\left(\dfrac{s^2}{\omega_h^2} + \dfrac{2\zeta_h}{\omega_h}s + 1\right)} \tag{3-70}$$

式(3-70)可改写为

$$X_p = \frac{\dfrac{K_qA_h}{K_{ce}K}X_V - \dfrac{1}{K}\left(1 + \dfrac{V_0}{\beta_eK_{ce}}s\right)F_L}{\left(\dfrac{s}{\omega_r} + 1\right)\left(\dfrac{s^2}{\omega_h^2} + \dfrac{2\zeta_h}{\omega_h}s + 1\right)} \tag{3-71}$$

式中：$\dfrac{K_q}{K_{ce}}$——总压力增益；

ω_r——惯性环节的转折频率，$\omega_r=\dfrac{K_{ce}K}{A_h^2}$。

当负载刚度 $K=0$ 时，式(3-70)可简化为

$$X_p=\frac{\dfrac{K_q}{A_h}X_V-\dfrac{K_{ce}}{A_h^2}\left(1+\dfrac{V_0}{\beta_e K_{ce}}s\right)F_L}{s\left(\dfrac{s^2}{\omega_h^2}+\dfrac{2\zeta_h}{\omega_h}s+1\right)} \tag{3-72}$$

活塞位移对阀芯位移的传递函数为

$$\frac{X_p}{X_V}=\frac{\dfrac{K_q}{A_h}}{s\left(\dfrac{s^2}{\omega_h^2}+\dfrac{2\zeta_h}{\omega_h}s+1\right)} \tag{3-73}$$

将式(3-73)、式(3-68)、式(3-69)与式(3-20)、式(3-41)、式(3-17)相比较可以看出，三通阀控制液压缸和四通阀控制液压缸的传递函数式形式是一样的，但液压固有频率和阻尼比不同。前者的液压固有频率是后者 $1/\sqrt{2}$，在不考虑 B_p 的影响时阻尼比也是后者的 $1/\sqrt{2}$。其原因是，在三通阀控制差动液压缸中只有一个控制腔，因而只形成一个液压弹簧。而在四通阀控制双作用液压缸中有两个控制腔，形成两个液压弹簧，其总刚度是一个控制腔的2倍。所以，在其他参数相同时，四通阀控制液压缸的动态响应要比三通阀控制液压缸的动态响应好得多。

第四节　泵控液压马达

泵控液压马达是由变量泵和定量马达组成的，如图3-9所示。变量泵1以恒定的转速 ω_p 旋转，通过改变变量泵的排量来控制液压马达2的转速和旋转方向。补油系统是一个小流量的恒压源，补油泵7的压力由补油溢流阀5调定。补油泵通过止回阀4向低压管路补油，用以补偿液压泵和液压马达的泄漏，并保证低压管路有一个恒定的压力值，以防止出现气穴现象和空气渗入系统，同时也能帮助系统散热，补油泵通常也可作为液压泵变量控制机构的液压源。

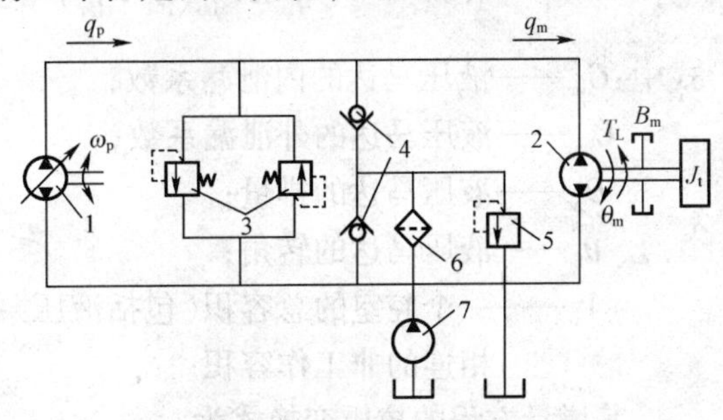

图3-9　泵控液压马达系统

在正常工作时，一根管路的压力等于补油压力，另一根管路的压力由负载决定，反向时两根管路的压力随之转换。为了保证液压元件不受压力冲击的损坏，在两根管路之间跨接了两个安全阀3。安全阀的规格要足够大，响应速度要足够快，以便在过载时能够使液压泵的最大流量从高压管路迅速泄入低压管路。

在泵控液压马达系统中，液压泵的输出流量和工作压力与负载相适应，因此工作效率高，最大效率可达90%。适用于大功率液压伺服系统。

一、基本方程

在推导液压马达转角与液压泵摆角的传递函数时,假设:

(1)连接管路较短,可以忽略管路中的压力损失和管路动态。并设两根管路完全相同,液压泵和液压马达腔的容积为常数。

(2)液压泵和液压马达的泄漏为层流,壳体内压力为大气压,忽略低压腔向壳体内的外泄漏。

(3)每个腔室内的压力是均匀相等的,液体黏度和密度为常数。

(4)补油系统工作无滞后,补油压力为常数。在工作中低压管路压力不变,等于补油压力,只有高压管路压力变化。

(5)输入信号较小,不发生压力饱和现象。

(6)液压泵的转速恒定。

变量泵的排量为

$$D_p = K_p\gamma \tag{3-74}$$

式中:K_p——变量泵的排量梯度;

γ——变量泵变量机构的摆角。

变量泵的流量方程为

$$q_p = D_p\omega_p - C_{ip}(p_1 - p_r) - C_{ep}p_1 \tag{3-75}$$

式中:ω_p——变量泵的转速;

C_{ip}——变量泵的内泄漏系数;

C_{ep}——变量泵的外泄漏系数;

p_r——低压管路的补油压力。

将式(3-74)代入式(3-75),其增量方程的拉氏变换为

$$Q_p = K_{qp}\gamma - C_{tp}p_1 \tag{3-76}$$

式中:K_{qp}——变量泵的流量增益,$K_{qp} = K_p\omega_p$;

C_{tp}——变量泵的总泄漏系数,$C_{tp} = C_{ip} + C_{ep}$。

液压马达高压腔的流量连续性方程为

$$q_p = C_{im}(p_1 - p_r) + C_{em}p_1 + D_m\frac{\mathrm{d}\theta_m}{\mathrm{d}t} + \frac{V_0}{\beta_e}\cdot\frac{\mathrm{d}p_1}{\mathrm{d}t}$$

式中:C_{im}——液压马达的内泄漏系数;

C_{em}——液压马达的外泄漏系数;

D_m——液压马达的排量;

θ_m——液压马达的转角;

V_0——一个腔室的总容积(包括液压泵和液压马达的一个工作腔、一根连接管路及与此相连的非工作容积。

其增量方程的拉氏变换式为

$$Q_p = C_{tm}p_1 + D_m s\theta_m + \frac{V_0}{\beta_e}sp_1 \tag{3-77}$$

式中:C_{tm}——液压马达的总泄漏系数,$C_{tm} = C_{im} + C_{em}$。

液压马达和负载的力矩平衡方程为

$$D_m(p_1 - p_r) = J_t \frac{d^2\theta_m}{dt^2} + B_m \frac{d\theta_m}{dt} + G\theta_m + T_L$$

式中：J_t——液压马达和负载（折算到液压马达轴上）的总惯量；

B_m——黏性阻尼系数；

G——负载弹簧刚度；

T_L——作用在液压马达轴上的任意外负载力矩。

其增量方程的拉氏变换式为

$$D_m P_1 = J_t s^2 \theta_m + B_m s\theta_m + G\theta_m + T_L \tag{3-78}$$

二、传递函数

由基本方程式(3-76)、式(3-77)、式(3-78)消去中间变量 Q_p、P_1 可得

$$\theta_m = \frac{\frac{K_{qp}}{D_m}\gamma - \frac{C_t}{D_m^2}\left(1 + \frac{V_0}{\beta_e C_t}s\right)T_L}{\frac{V_0 J_t}{\beta_e D_m^2}s^3 + \left(\frac{C_t J_t}{D_m^2} + \frac{B_m V_0}{\beta_e D_m^2}\right)s^2 + \left(1 + \frac{C_t B_m}{D_m^2} + \frac{G V_0}{\beta_e D_m^2}\right)s + \frac{G C_t}{D_m^2}} \tag{3-79}$$

式中：C_t——总的泄漏系数，$C_t = C_{tp} + C_{tm}$。

当 $\frac{C_t B_m}{D_m^2} \ll 1$ 和 $G=0$ 时，式(3-79)可简化成

$$\theta_m = \frac{\frac{K_{qp}}{D_m}\gamma - \frac{C_t}{D_m^2}\left(1 + \frac{V_0}{\beta_e C_t}s\right)T_L}{s\left(\frac{s^2}{\omega_h^2} + \frac{2\zeta_h}{\omega_h}s + 1\right)} \tag{3-80}$$

式中：ω_h——液压固有频率；

$$\omega_h = \sqrt{\frac{\beta_e D_m^2}{V_0 J_t}} \tag{3-81}$$

ζ_h——液压阻尼比。

$$\zeta_h = \frac{C_t}{2D_m}\sqrt{\frac{\beta_e J_t}{V_0}} + \frac{B_m}{2D_m}\sqrt{\frac{V_0}{\beta_e J_t}} \tag{3-82}$$

液压马达轴转角对变量泵摆角的传递函数为

$$\frac{\theta_m}{\gamma} = \frac{\frac{K_{qp}}{D_m}}{s\left(\frac{s}{\omega_h^2} + \frac{2\zeta_h}{\omega_h}s + 1\right)} \tag{3-83}$$

液压马达轴转角对任意外负载力矩的函数为

$$\frac{\theta_m}{T_L} = \frac{-\frac{C_t}{D_m^2}\left(1 + \frac{V_0}{\beta_e C_t}s\right)}{s\left(\frac{s^2}{\omega_h^2} + \frac{2\zeta_h}{\omega_h}s + 1\right)} \tag{3-84}$$

三、泵控液压马达与阀控液压马达的比较

将式(3-80)与式(3-55)进行比较，可以看出这两个方程的形式是一样的，因此这两种动力

元件的动态特性没有什么根本的差别，但相应参数的数值及变化范围却有很大的不同。

(1)泵控液压马达的液压固有频率较低。在一根管路的压力等于常数时，因为只有一个控制管路压力发生变化，所以液压弹簧刚度为阀控液压马达的一半，液压固有频率是阀控液压马达的 $1/\sqrt{2}$。另外，液压泵的工作腔容积较大，这使液压固有频率进一步降低。

(2)泵控液压的阻尼比较小，但较恒定。泵控液压的总泄漏系数 C_t 比阀控液压的总流量-压力系数 K_{ce} 小，因此阻尼比小于阀控液压的阻尼比。泵控液压几乎总是欠阻尼的，为达到满意的阻尼比往往有意地设置旁路泄漏通道或内部压力反馈回路。泵控液压的总泄漏系数基本上是恒定的，因此阻尼比也比较恒定。

(3)泵控液压马达的增益 K_{qp}/D_m 和静态速度刚度 D_m^2/C_t 比较恒定。

(4)由式(3-84)所确定的动态柔度或由其倒数所确定的刚度特性，也可用第三节的方法作出，由于泵控液压马达的液压固有频率和阻尼比较低，所以动态刚度不如阀控液压马达好。但由于 C_t 较小，故静态速度刚度是很好的。

总之，泵控液压马达是相当线性的元件，其增益和阻尼比都是比较恒定的，固有频率的变化与阀控液压马达相似。所以泵控液压马达的动态特性比阀控液压马达更加可以预测，计算出的性能和实测的性能比较接近，而且受工作点变化的影响也较小。但是，由于液压固有频率较低，还要附加一个变量控制伺服机构，因此总的响应特性不如阀控液压马达好。

第四章　机液控制系统

由机械反馈装置和液压动力元件所组成的反馈控制系统称为机械液压伺服系统(简称机液伺服系统)。机液伺服系统主要用来进行位置控制,也可以用控制其他物理量,如原动机的转速控制等。机液伺服系统结构简单、工作可靠、维护容易,因而广泛地应用于飞机舵面操纵系统、车辆转向助力装置和仿形机床中。

第一节　机液控制系统的类型、原理及应用

机液控制系统分阀控机液控制系统和泵控机液控制系统两大类。阀控系统又分阀控缸和阀控马达两种,阀控机液控制系统一般简称机液伺服系统。

一、阀控机液控制系统

1. 阀控缸机液伺服系统

按反馈形式,阀控缸伺服机构又分外反馈和内反馈两种。图 4-1 所示为连杆式机械外反馈,图 4-2 所示为机械内反馈的几种形式。

就阀芯与活塞的相互关系而言,图 4-2a)为分体式,缸体为阀套;图 4-2b)、c)、d)、e)为嵌入式;其中图 4-2b)、c)、d) 三种以活塞做阀套,图 4-2e)以缸体做阀套。就阀的通路数而言,图 4-2a)、b)为四通滑阀,图 4-2c)、d)、e)为三通滑阀。就阀的结构而言,图 4-2a)、b)、c)、e)为一般圆柱滑阀,而图 4-2d)为螺纹滑阀,因而称图 4-2d)为螺纹伺服机构。就阀芯的运动方式而言,图 4-2a)、b)、c)作直线运动,而图 4-2d)、e)作旋转运动。就反馈形式而言,图 4-2a)、b)、c)、d)均为直接位置反馈,而图 4-2e)是通过螺杆(序号 4)-螺母(序号 3)副实现位置反馈。

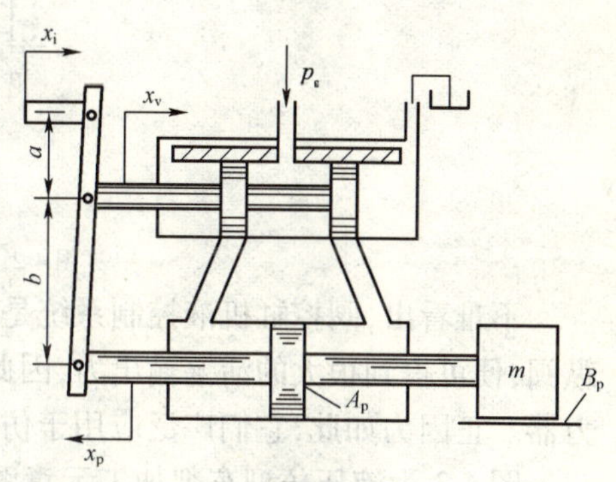

图 4-1　外反馈、阀控缸式伺服机构

图 4-2d)系由图 4-2c)演变而来,两者均为三通阀控制差动缸,且为直接位置反馈式伺服机构,所不同的是:图 4-2d)中阀芯作旋转运动,因而采用螺纹阀芯;而图 4-2c)中阀芯作直线运动,因而为一般圆柱滑阀。图 4-2d)的螺纹伺服机构工作原理如下:从左侧看,当螺纹阀芯顺时针转动时阀口 3 打开,从缸体进入活塞杆腔的压力油经阀口 3、螺纹槽 5 进入活塞腔,移动活塞右移,直至阀口 3 关闭,从而使活塞随阀芯旋转角随动一直线位移;阀芯反转时,阀口 3 关闭而阀口 6 打开,活塞腔内油液经螺纹槽 5、阀口 6 由活塞杆中流道排回油箱,活塞腔内压力降低,活塞向左移动,直至阀口 6 关闭为止。输出(活塞位移)与输入(阀芯角位移)的关系,取决于阀芯的直径和螺纹的螺旋角。

图 4-2e)也为三通阀控制差动缸,由于阀芯作旋转运动,且以缸体作阀套,所以必须采用

螺杆-螺母副进行位置反馈，螺杆与阀芯连接，反馈螺母装在活塞上。若缸为典型的差动缸，即 $A_r : A_c = 1:2$，则空载且稳态时，$p_c = p_s/2$，此时活塞处于平衡状态。当阀芯旋转，但活塞尚未运动瞬间，螺杆与螺母作相对运动，设阀芯左移，于是阀口棱边 b 打开，$p_c > p_s/2$，活塞杆外伸，与此同时，反馈螺母带动螺杆及阀芯一同随活塞右移，实现了直接位置反馈，直至阀口 b 关闭为止。反之，当阀芯反转时，活塞杆随动内缩。

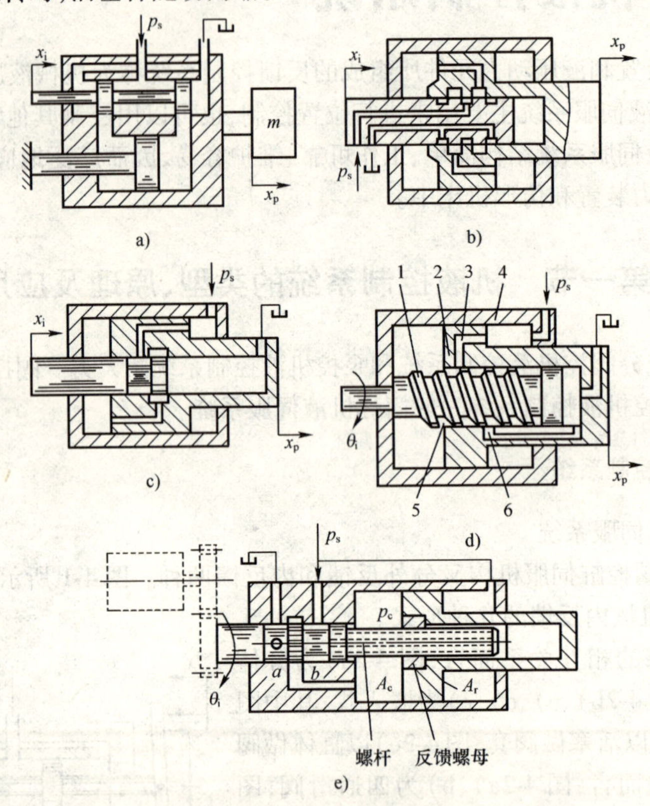

图 4-2　内反馈、阀控缸式伺服机构

不难看出，阀控缸机液控制系统是一种液压位置控制系统。由于用很小的力或力矩来操纵阀，便可得到很大的活塞输出力，因此实质上是一种具有位置反馈的液压力放大器，俗称助力器。正因为如此，它们广泛应用于仿形加工、助力操纵及转向系统中。

图 4-3 为液压仿型车削加工示意图，模板固定于床身，活塞杆固定在溜板上，工件由主轴带动旋转。当溜板由丝杆带动沿导轨向左运动时，触杆沿模板运动；触杆控制阀芯，从而使缸体连同刀架跟随触杆运动，实现仿型加工。

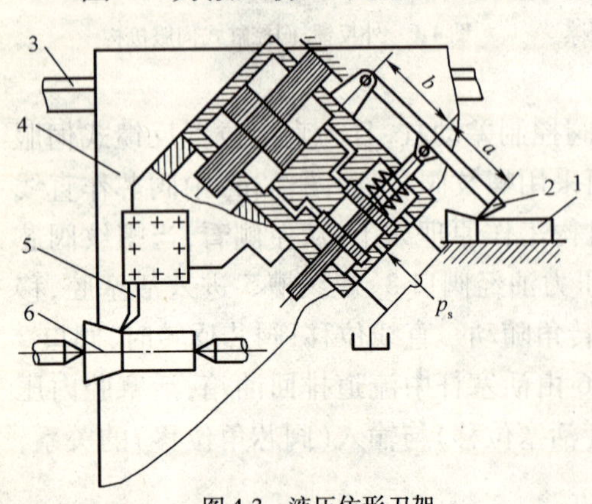

图 4-3　液压仿形刀架

1-模板；2-触杆；3-导轨；4-溜板；5-刀架；6-工件

图 4-4a）所示为用于轮式车辆的助力转向系统的外观图，图 4-4b）为其原理图。转向指令由转向盘给出，其工作原理与图 4-2a）相同。作为车辆驾驶系统，应使驾驶员能感觉到不同路面的负载反作用力，为此，图 4-4b）所示的转向系统中，阀体两端开有小孔，以便将负载压力反馈到阀芯两端，这样驾驶员从转向盘上便可手感到路面情况。

图 4-1 所示的机液控制系统除了广泛用于飞

机等助力操纵外,也用于汽轮机调速。汽轮发电机的频率取决于汽轮机的转速,为使负荷变化时电频率仍能恒定,需要对汽轮机转速进行控制,图4-5所示为其原理图。采用离心调速器1检测发电机组的转速,当电负荷增大、发电机的反力矩增大、致使机组速度降低时,调速器飞球下垂,阀芯下移,活塞带动气阀片上移,开大气阀,增大进气量,直至机组速度恢复至初始值为止。反之,电负荷减小、转速偏高时,飞球张开,阀芯上移,气阀关小,减小进气量,使转速复原。调节设定弹簧,便改变了转速的设定值。船舶柴油机的调速系统原理与汽轮机调速系统相仿。

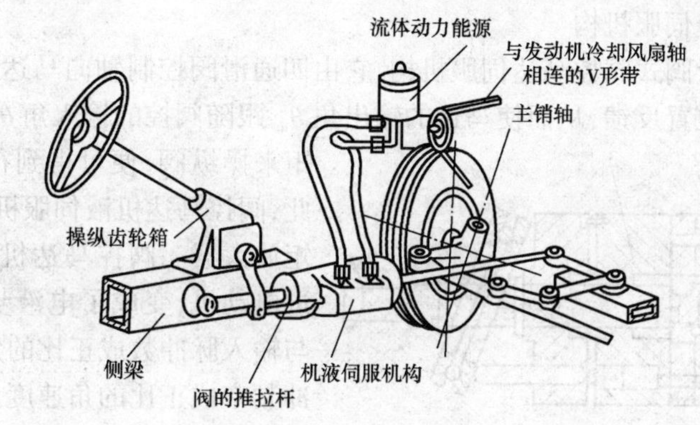

a)

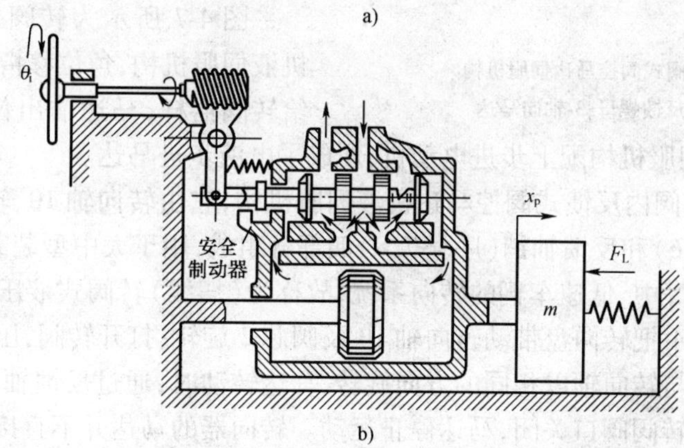

b)

图4-4 轮式车辆的助力转向系统

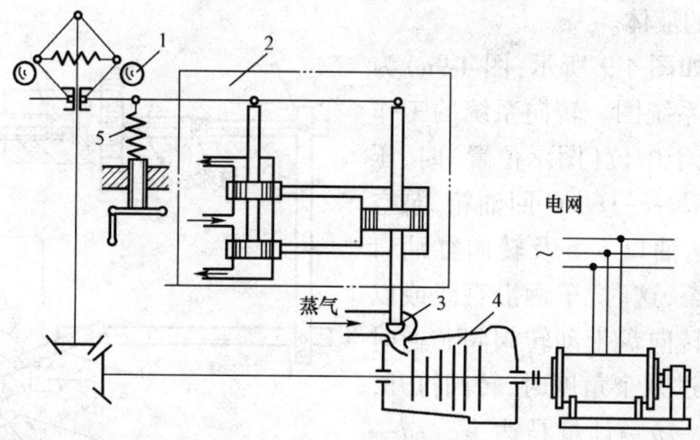

图4-5 汽轮发电机组调速原理图

1-离心调速器;2-阀控机液伺服机构;3-气阀;4-汽轮发电机组;5-设定弹簧

图4-2d)、e)两种液压力放大器的输入为角位移,因此可用步进电动机来驱动,加上步进电动机(或再加一对减速齿轮)后,变成了电液步进缸,图4-2e)中虚线便是步进电动机和减速

齿轮。步进电动机是一种数模转换装置，它将数控电路输出的电脉冲信号，转换成角位移量。因此，电液步进缸的输出是与输入脉冲数成正比的位移，或与输入脉冲频率快成正比的线速度。电液步进缸是继电液步进马达之后，于 20 世纪 70 年代出现的新型电液数字控制元件。60 年代在开环数控机床中曾风靡一时的电液步进马达，受到大起动转矩、宽调速范围直流电动机的挑战，应用已日益减少。但作为直线位移和速度的数控电液步进缸却具有显著的优点，发展很快，具有广阔的前途。

2. 阀控马达机液伺服机构

图 4-6 所示为滑阀式阀控马达伺服机构，它由四通滑阀控制轴向马达 3，通过螺杆 1 和反馈螺母 2 实现直接位置反馈，从而使马达的输出角 θ_m 跟随阀控的输入角 θ_v。由于用很小的转矩来操纵阀，便可得到很大的输出转矩，因此，阀控马达机液伺服机构通常称为液压扭矩放大器。阀控马达机液伺服机构配上步进电动机，变成了电液步进马达，其输出是与输入脉冲数成正比的角位移，或与输入脉冲频率成正比的角速度。

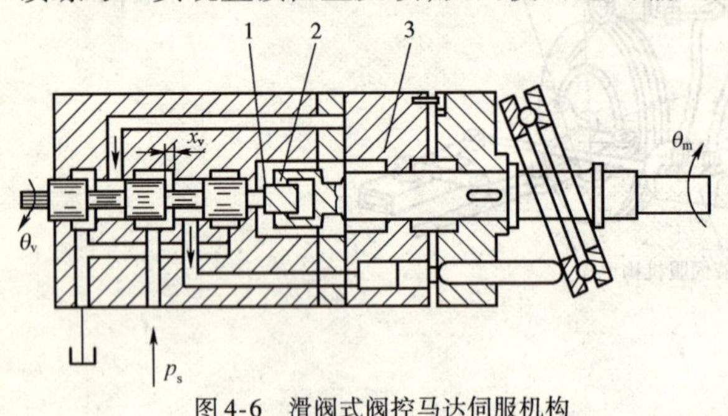

图 4-6　滑阀式阀控马达伺服机构
1-螺杆；2-反馈螺母；3-轴向马达

图 4-7 所示为转阀外反馈式阀控马达机液伺服机构，角位移指令通过连杆系传递给转阀摇杆，马达输出位移通过螺杆-螺母副进行反馈。这种伺服机构配上步进电动机，便成了电液步进马达。

图 4-8 所示为转阀内反馈式阀控马达机液伺服机构，它由转向轴 10、转阀（序号 1、2、3）、摆线马达（序号 4、5、6）和反馈轴销（序号 7、8）四部分组成，用于大中型装载机、叉车、拖拉机、挖掘机、汽车起重机等中、低速车辆的转向系统，故称为（摆线）转阀式液压转向器。转向器的基本原理是：驾驶员手把转向盘带动转向轴 10 及阀芯 2 旋转；打开转阀，压力油由 p 口进入液压马达，使马达转子与转向轴以相同的方向旋转，马达转动时，通过反馈轴 7、销轴 8 带动阀套跟踪阀芯旋转，直至转阀阀口关闭，马达停止运动。转向器的马达并不直接用于带动车轮的转向机构，而是作为计量马达使用，即转向盘每转动一个角度，马达转动后，将输出与输入轴转角成比例的定量容积的液体。

整个转向系统如图 4-9 所示，图 4-9a）为示意图，图 4-9b）为系统图。转向系统的工作原理如下：转向器处于中位（图示位置）时，压力油经油口 $p \to a \to d \to e \to f \to O$ 回油箱，泵空载下运行，计量马达油口 b、c 及转向缸油口 A、B 均处于封闭状态，这时，车辆沿直线或以其转向半径行驶。转向盘带动转阀阀芯逆时针（图示标左转）转过某个角度时，转阀打开，压力油经油口 $p \to a \to b \to$ 计量马达 $\to c \to d \to e \to B$，缸（右）活塞杆伸出，缸（左）活塞杆缩回，实现向左转弯，缸的回油经油口 $A \to f \to O$ 回油箱。由于液压转向器存在直线位置反馈，即计量马达转子带动阀套跟随阀芯旋转，从而

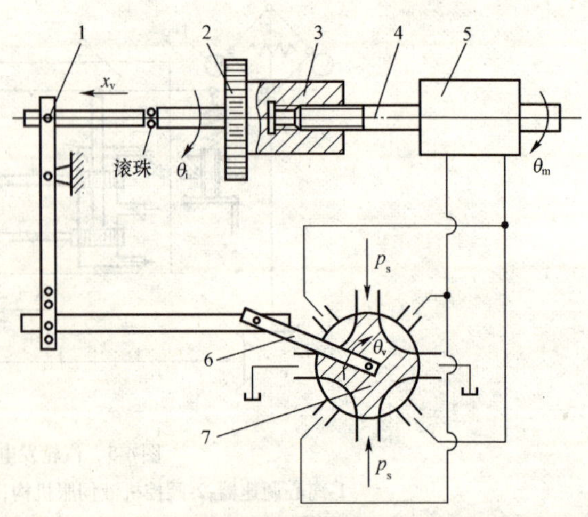

图 4-7　转阀外反馈式机液伺服机构
1-连杆系；2-齿轮；3-螺母；4-螺杆；5-液压马达；6-摇杆；7-转阀

使转阀关闭，于是转向缸停止运动，缸的位移及转向半径与转向盘的转角成正比。反之，转向盘顺时针（图示标右转）转过某角度时压力油经 $p \to a \to c \to$ 计量马达 $\to b \to d \to e \to A$，缸（右）缩回，缸（左）伸出，以一定的转向半径实现向右转弯，缸的回油由 $B \to f \to O$ 回油箱。

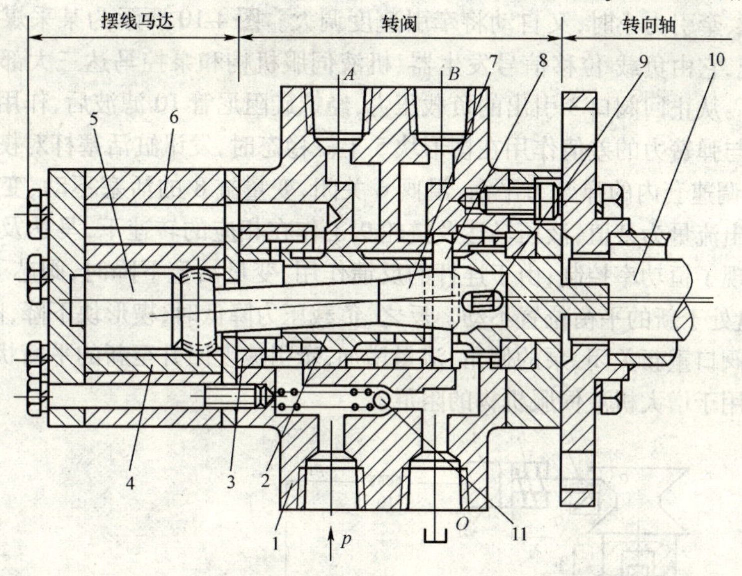

图 4-8 转阀式液压转向器

1-阀体；2-阀芯；3-阀套；4-转子；5-马达轴；6-定子；7-反馈轴；8-销轴；9-定位弹簧；10-转向轴；11-止回阀

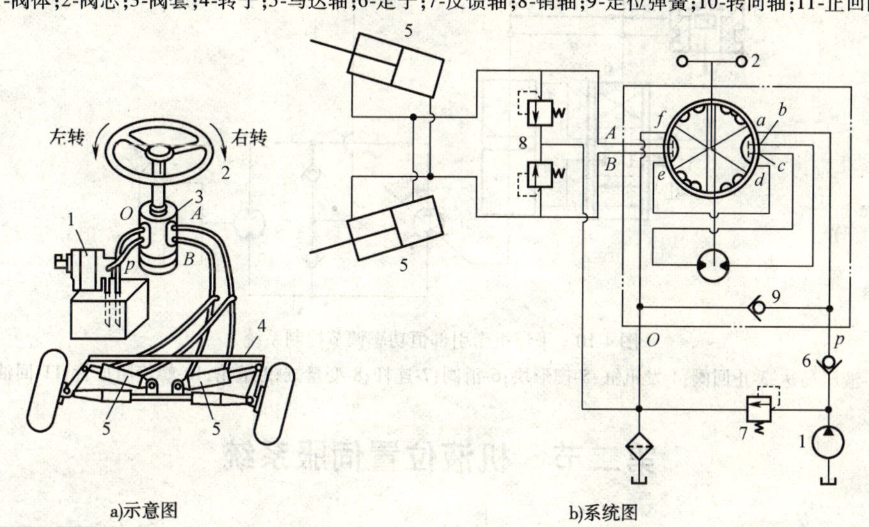

图 4-9 转阀式液压转向系统

1-油泵；2-转向盘；3-液压转向器；4-梯形转向机构；5-转向缸；6-止回阀；7-溢流阀；8-安全阀；9-止回阀

当发动机熄火或泵有故障而不能进行动力转向时，这种转向器仍能进行人力转向。此时计量马达成为手动油泵，即转向盘带动阀芯，通过销轴、阀套、反馈轴带动马达转子转动，如图 4-8 所示。人力转向时压力油的流动方向与动力转向时基本相同，缸的回油则由 $f \to$ 止回阀（图 4-8 序号 11）$\to a$ 进入泵的吸油腔。

二、泵控机液控制系统

阀控机液控制系统的效率低，只能用于小功率的控制系统中，大功率时则宜采用泵控系统。工程机械和采煤机等机械的牵引部(行走部分)的恒功率控制,便是采用泵控机液控制系统的典型。在这里,为了充分利用发动机的功率,要求牵引速度能自动随牵引力的大小调节,实现恒功率控制,即车辆爬坡或采煤机采煤时,随着牵引力的增大,自动将牵引速度调小;而当坡小或地层松散,牵引力小时,又自动将牵引速度调大。图4-10所示为某采煤机牵引部恒功率调节控制系统,它由负载-位移信号发生器、机液伺服机构和泵控马达三大部分组成。恒功率调速过程如下:从止回阀口3引出的负载压力,经螺旋阻尼管10滤波后,作用在发讯缸4的活塞上,液压力与弹簧力的差值作用在楔形块5上。稳态时,发讯缸活塞杆对楔形块作用力的y轴方向分量与调速套内的弹簧力平衡,滑阀6关闭,变量缸8的活塞不动、变量泵斜盘处于某偏角,泵的输出流量为某值,液压马达及链轮9工作在相应的转速下,马达及链轮素服即牵引速度降低,实现了恒功率控制;由于连杆的反馈作用,变量活塞下降时,阀芯下降回零位,变量活塞及泵斜盘处于新的平衡位置不动。反之,负载压力降低时,楔形块下降,阀芯向下,变量活塞上升,直至阀口重新关闭,泵的偏角、流量增加,牵引速度回升至新的平衡状态。滑阀回油口的阻尼孔11用于增大机液伺服机构的阻尼。

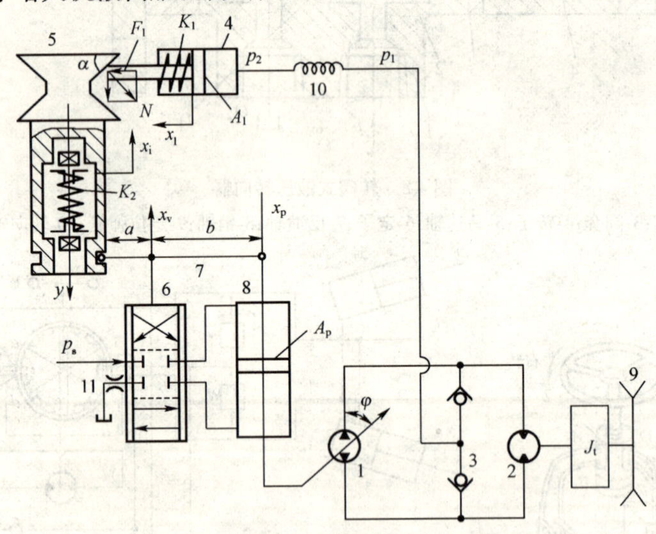

图4-10 采煤机牵引部恒功率调节控制系统

1-变量泵;2-液压马达;3-止回阀;4-发讯缸;5-楔形块;6-滑阀;7-连杆;8-变量缸;9-链轮;10-螺旋阻尼管;11-回油口阻尼孔

第二节 机液位置伺服系统

机液位置伺服系统的原理图如图4-11所示。系统的动力元件由四边滑阀和液压缸组成,反馈是利用杠杆来实现的,这是液压助力器的典型结构。

一、系统框图

输入位移x_i和输出位移x_p通过差动杆AC进行比较,在B点给出偏差信号(阀芯位移)x_V。在差动杆运动较小时,阀芯位移x_V可由下式给出:

$$x_V = \frac{b}{a+b}x_i - \frac{a}{a+b}x_p = K_i x_i - K_f x_p \tag{4-1}$$

式中:K_i——输入放大系数,$K_i = \frac{b}{a+b}$;

K_f——反馈放大系数，$K_f=\dfrac{a}{a+b}$。

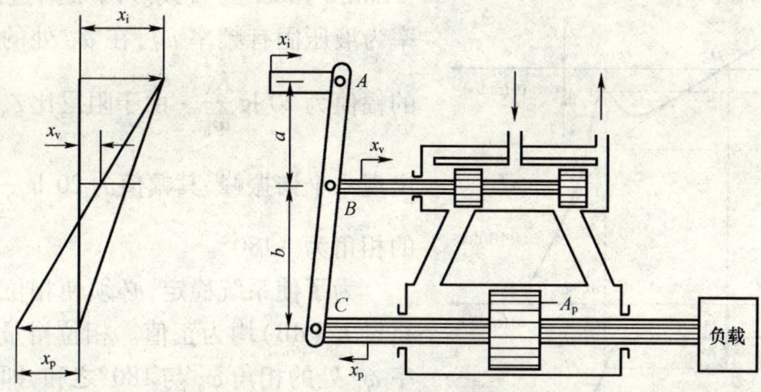

图 4-11　机液位置伺服系统原理图

假定没有弹性负载，由第三章式(3-15)可知，液压缸活塞输出位移为

$$X_p=\frac{\dfrac{K_q}{A_p}X_V-\dfrac{K_{ce}}{A_p^2}\left(1+\dfrac{V_t}{4\beta_e K_{ce}}s\right)F_L}{s\left(\dfrac{s^2}{\omega_h^2}+\dfrac{2\zeta_h}{\omega_h}s+1\right)} \tag{4-2}$$

由式(4-1)和式(4-2)可画出系统的框图，如图 4-12 所示。

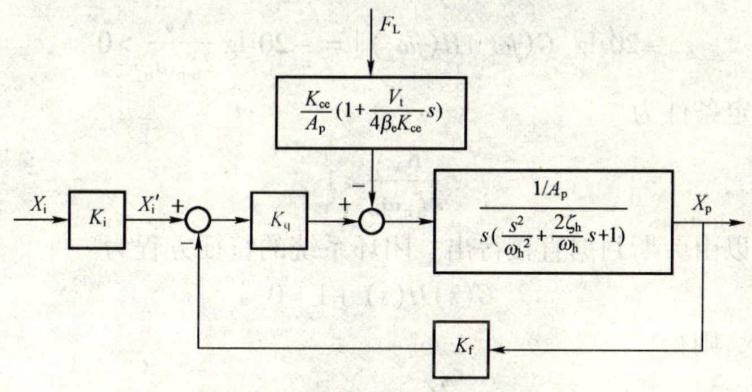

图 4-12　机液位置伺服系统框图

二、系统稳定性分析

稳定性是控制系统正常工作的必要条件，因此它是系统最重要的特性。液压伺服系统的动态分析和设计一般都是以稳定性要求为中心进行的。

令 $G(s)$ 为前向通道的传递函数，$H(s)$ 为反馈通道的传递函数。由图 4-2 所示框图可得系统开环传递函数为

$$G(s)H(s)=\frac{K_V}{s\left(\dfrac{s^2}{\omega_h^2}+\dfrac{2\zeta_h}{\omega_h}s+1\right)} \tag{4-3}$$

式中：K_V——开环放大系数(又称速度放大系数)，$K_V=\dfrac{K_qK_f}{A_p}$。

式(4-3)中含有一个积分环节，因此系统是Ⅰ型伺服系统。

由式(4-3)可画出开环系统伯德图，如图 4-13 所示。

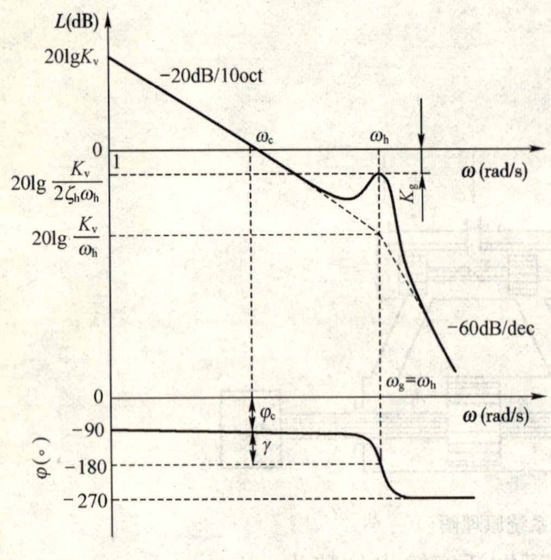

图 4-13　机液位置伺服系统伯德图

在 $\omega < \omega_h$ 时，低频渐近线是一条斜率为 -20dB/10oct 的直线。两条渐近线交接处的频率为液压固有频率 ω_h，在 ω_h 处的渐近频率特性的幅值为 $20\lg\dfrac{K_V}{\omega_h}$。由于阻尼比 ζ_h 较小，在 ω_h 处出现一个谐振峰，其幅值为 $20\lg\dfrac{K_V}{2\zeta_h\omega_h}$。在 ω_h 处的相角为 $-180°$。

为了使系统稳定，必须使相位裕量 γ 和增益裕量 K_g(dB) 均为正值。相位裕量是增益穿越频率 ω_c 处的相角 φ_c 与 180°之和，即 $\gamma = 180° + \varphi_c$。增益裕量是相位穿越频率 ω_g 处增益的倒数，即

$$K_g = \frac{1}{|G(j\omega_g)H(j\omega_g)|}$$

以 dB 表示时，有

$$K_g\text{dB} = 20\lg K_g = -20\lg|G(j\omega_g)H(j\omega_g)|$$

对所讨论的系统而言，因为越穿频率 ω_c 处的斜率为 -20dB/dec，所以相位裕量为正值，因此只要使增益裕量为正值系统就可以稳定了。由于 $\omega_g = \omega_h$，所以有

$$-20\lg|G(j\omega_g)H(j\omega_g)| = -20\lg\frac{K_V}{2\zeta_h\omega_h} > 0$$

由此得系统稳定条件为

$$\frac{K_V}{2\zeta_h\omega_h} < 1 \tag{4-4}$$

这个结果也可以由劳斯判据直接得出。闭环系统的特征方程为

$$G(s)H(s) + 1 = 0$$

将式(4-3)代入，则得

$$\frac{s^3}{\omega_h^2} + \frac{2\zeta_h}{\omega_h}s + s + K_V = 0$$

应用劳斯稳定判据得系统稳定条件为

$$\frac{K_V}{\omega_h} < 2\zeta_h \text{ 或 } K_V < 2\zeta_h\omega_h \tag{4-5}$$

式(4-5)表明，为了使系统稳定，速度放大系数 K_V 受液压固有频率 ω_h 和阻尼比 ζ_h 的限制。阻尼比 ζ_h 通常在 0.1 ~ 0.2，因此速度放大系数 K_V 被限制在液压固有频率 ω_h 的 20% ~ 40% 的范围内，即

$$K_V < (0.2 \sim 0.4)\omega_h \tag{4-6}$$

在设计液压位置伺服系统时，可以把它作为一个经验法则。

由图 4-13 所示的伯德图可以看出，穿越频率近似等于开环放大系数，即

$$\omega_c \approx K_V \tag{4-7}$$

实际上 ω_c 稍大于 K_V，而系统的频宽又稍大于 ω_c。所以开环放大系数越大，系统的响应速度越快。另外，开环放大系数越大，系统的控制精度也越高。所以要提高系统的响应速度和精度，就要提高开环放大系数，但要受稳定性限制。通常液压伺服系统是欠阻尼的，由于阻尼比小限

制了系统的性能。所以提高阻尼比对改善系统性能来说是十分关键的。在机液伺服系统中，增益调整十分困难。因此在系统设计时，确定开环放大系数是很重要的。开环放大系数 K_V 取决于 K_f、K_q 和 A_p。在单位反馈系统中，K_V 仅由 K_q 和 A_p 决定，而 A_p 主要是由负载的要求确定的。因此，K_V 主要取决于 K_q，需要选择一个流量增益 K_q 合适的阀来满足系统稳定性的要求。

第三节 动压反馈装置

液压伺服系统往往是欠阻尼的，液压阻尼比小将直接影响系统的稳定性、响应速度和精度，因此，提高阻尼比，对改善系统性能十分重要。在第三章已介绍过，在液压缸两腔之间设置旁路泄漏通道，或采用正开口滑阀都可以增加系统的阻尼，但增加了功率损失，降低了系统的静刚度。采用动压反馈可以有效地提高阻尼比，而又避免了上述缺点。因此，动压反馈是液压伺服系统中最常用的阻尼增加方法。动压反馈装置是由液阻和液容组成的压力微分网络。图 4-14 所示的动压反馈装置是由层流液阻和空气蓄能器组成的，分别连接在液压缸的进出口。

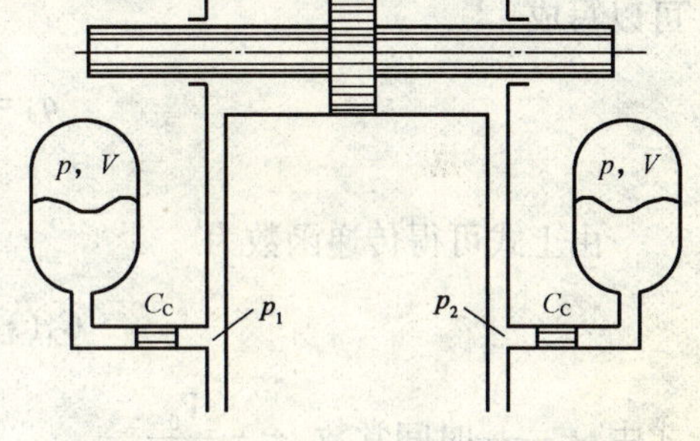

图 4-14 液阻加空气蓄能器的动压反馈装置

下面先推导它的传递函数，层流液阻的流量方程为

$$q_{d1} = C_c(p_1 - p) \tag{4-8}$$

式中：q_{d1}——通过液阻的流量；

C_c——液阻的层流液导；

p_1——液阻的进口压力；

p——液阻的出口压力。

设空气蓄能器按等温过程变化，则有

$$pV = p_0 V_0$$

式中：p_0——初始状态的压力；

V_0——初始状态的空气容积。

由上式可得

$$\frac{dV}{dt} = p_0 V_0 \left(-\frac{1}{p^2}\right)\frac{dp}{dt} \tag{4-9}$$

由流量连续性方程得

$$q_{d1} = \frac{dV}{dt}$$

将式(4-8)和式(4-9)代入上式得

$$C_c(p_1 - p) = \frac{V_0}{p_0} \cdot \frac{dp}{dt}$$

由上式的拉氏变换式求得

$$P = \frac{1}{1 + \dfrac{V_0}{C_c p_0 s}} P_1$$

将上式代入式(4-8)的拉氏变换式可得

$$q_{d1}=\frac{\frac{V_0}{p_0}s}{1+\frac{V_0}{C_c p_0 s}}P_1 \tag{4-10}$$

同理得

$$q_{d2}=\frac{\frac{V_0}{p_0}s}{1+\frac{V_0}{C_c p_0 s}}P_2 \tag{4-11}$$

由式(4-10)减式(4-11)得

$$q_{d1}-q_{d2}=\frac{V_0}{p_0}\cdot\frac{s}{1+\frac{V_0}{C_c p_0 s}}(P_1-P_2)$$

假设一个管路的压力升高值等于另一个管路的压力降低值，则有 $q_{d1}=-q_{d2}=q_d$，故上式可以写成

$$q_d=\frac{V_0}{2p_0}\cdot\frac{s}{1+\frac{V_0}{C_c p_0}s}P_L \tag{4-12}$$

由上式可得传递函数为

$$G_d(s)=\frac{Q_d}{P_L}=\frac{C_c}{2}\cdot\frac{\tau_d s}{1+\tau_d s} \tag{4-13}$$

式中：τ_d——时间常数，$\tau_d=\frac{V_0}{C_c p_0}$。

上式表明，动压反馈装置是一个压力微分环节。

图 4-15 所示的动压反馈装置是由液阻和弹簧活塞蓄能器组成的，并联在液压缸的进出口之间。

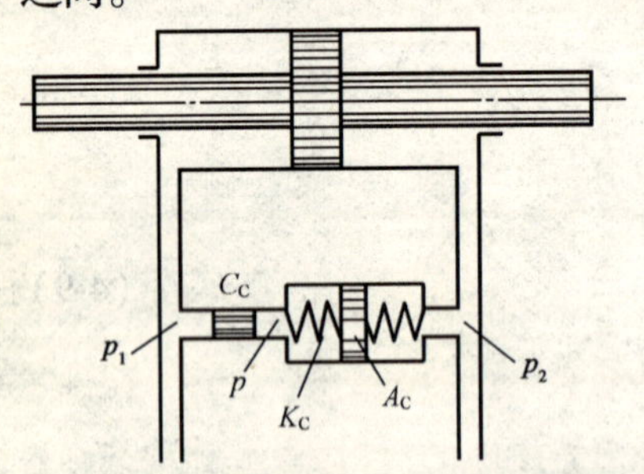

图 4-15　液阻加弹簧活塞蓄能器的动压反馈装置

层流液阻的流量方程为

$$q_d=C_c(p_1-p)$$

弹簧活塞蓄能器的流量为

$$q_d=A_c\frac{dx_c}{dt}$$

蓄能器活塞的力平衡方程为

$$A_c(p-p_2)=K_c x_c$$

式中：K_c、x_c——蓄能器的总弹簧刚度和活塞位移。

由以上三个方程联立消去 p、x_c，可得

$$q_d+\frac{A_c^2}{C_c K_c}\cdot\frac{dq_d}{dt}=\frac{A_c^2}{K_c}\cdot\frac{dp_L}{dt}$$

或

$$Q_d=\frac{\frac{A_c^2}{K_c}s}{1+\frac{A_c^2}{C_c K_c}s}P_L \tag{4-14}$$

传递函数为

$$G_{\mathrm{d}}(s)=\frac{Q_{\mathrm{d}}}{P_{\mathrm{L}}}=C_{\mathrm{c}}\frac{\tau_{\mathrm{c}}s}{1+\tau_{\mathrm{c}}s} \tag{4-15}$$

式中：τ_{c}——时间常数，$\tau_{\mathrm{c}}=\dfrac{A_{\mathrm{c}}^{2}}{C_{\mathrm{c}}K_{\mathrm{c}}}$。

比较式(4-13)、式(4-15)，可以看出它们的形式是相同的，因此其作用也是一样的。上述动压反馈装置，是一种廉价、可靠、有效的阻尼装置，能获得0.5～0.8的合适阻尼比。

下面，讨论动压装置对伺服系统性能的改善。

阀的线性化流量方程为

$$Q_{\mathrm{L}}=K_{\mathrm{q}}X_{\mathrm{V}}-K_{\mathrm{c}}P_{\mathrm{L}} \tag{4-16}$$

液压缸的流量连续性方程为

$$Q_{\mathrm{L}}=A_{\mathrm{p}}sX_{\mathrm{p}}+[C_{\mathrm{tp}}+G_{\mathrm{d}}(s)]P_{\mathrm{L}}+\frac{V_{\mathrm{t}}}{4\beta_{\mathrm{e}}}sP_{\mathrm{L}} \tag{4-17}$$

式中：$G_{\mathrm{d}}(s)$——动压反馈装置的传递函数。

液压缸与负载的力平衡方程，这里主要是为了说明动压反馈的作用，故假定负载只有惯性力，即

$$A_{\mathrm{p}}P_{\mathrm{L}}=m_{\mathrm{t}}s^{2}X_{\mathrm{p}} \tag{4-18}$$

由以上三个方程可得

$$K_{\mathrm{q}}X_{\mathrm{V}}=A_{\mathrm{p}}sX_{\mathrm{p}}+[C_{\mathrm{tp}}+K_{\mathrm{c}}+G_{\mathrm{d}}(s)]\frac{m_{\mathrm{t}}}{A_{\mathrm{p}}}s^{2}X_{\mathrm{p}}+\frac{V_{\mathrm{t}}m_{\mathrm{t}}}{4\beta_{\mathrm{e}}A_{\mathrm{p}}^{2}}s^{3}X_{\mathrm{p}} \tag{4-19}$$

由式(4-19)和式(4-15)可画出系统的框图，如图4-16所示。可以看出，采用动压反馈装置以后，产生了压力微分反馈的作用。由式(4-19)可得系统的传递函数，即

$$\frac{X_{\mathrm{p}}}{X_{\mathrm{V}}}=\frac{\dfrac{K_{\mathrm{q}}}{A_{\mathrm{p}}}}{s\left(\dfrac{s^{2}}{\omega_{\mathrm{h}}^{2}}+\dfrac{2\zeta_{\mathrm{h}}}{\omega_{\mathrm{h}}}s+1\right)} \tag{4-20}$$

式中：ω_{h}——液压固有频率，$\omega_{\mathrm{h}}=\sqrt{\dfrac{4\beta_{\mathrm{e}}A_{\mathrm{p}}^{2}}{V_{\mathrm{t}}m_{\mathrm{t}}}}$；

ζ_{h}——阻尼比，$\zeta_{\mathrm{h}}=\dfrac{K_{\mathrm{ce}}}{A_{\mathrm{p}}}\sqrt{\dfrac{\beta_{\mathrm{e}}m_{\mathrm{t}}}{V_{\mathrm{t}}}}+\dfrac{G_{\mathrm{d}}(s)}{A_{\mathrm{p}}}\sqrt{\dfrac{\beta_{\mathrm{e}}m_{\mathrm{t}}}{V_{\mathrm{t}}}}$。

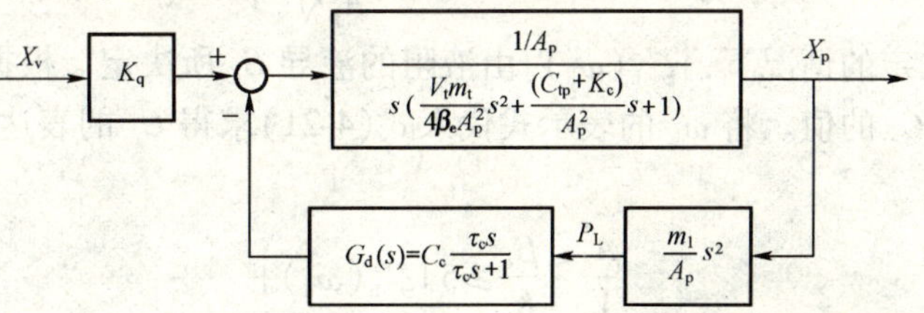

图4-16　带动压反馈装置的系统框图

采用动压反馈装置以后，所得到的传递函数式(4-20)的形式虽然没有什么变化，但其中的阻尼比却增加了一项，即

$$\frac{G_{\mathrm{d}}(s)}{A_{\mathrm{p}}}\sqrt{\frac{\beta_{\mathrm{e}}m_{\mathrm{t}}}{V_{\mathrm{t}}}}=\frac{C_{\mathrm{c}}}{A_{\mathrm{p}}}\cdot\frac{\tau_{\mathrm{c}}s}{1+\tau_{\mathrm{c}}s}\sqrt{\frac{\beta_{\mathrm{e}}m_{\mathrm{t}}}{V_{\mathrm{t}}}}$$

在稳态情况下，它趋于零，因此对稳态性能不会产生影响。在动态过程中，随着负载的变化而产生附加的阻尼作用，而且负载压力变化越厉害，其阻尼作用也越大。在这种系统中，可以使 K_{ce} 尽量小，以提高系统的静刚度。而系统的稳定性可由动压反馈来保证，这就可以同时满足静态特性和动态特性两方面的要求。

下面研究动压反馈装置的参数选择问题。对于图 4-15 所示的动压反馈装置，所产生的附加阻尼比为

$$\zeta_h = \frac{C_c}{A_p}\sqrt{\frac{\beta_e m_t}{V_t}} \cdot \frac{\tau_c s}{1+\tau_c s} = K_d \frac{\tau_c s}{1+\tau_c s}$$

式中：$K_d = \frac{C_c}{A_p}\sqrt{\frac{\beta_e m_t}{V_t}}$。

其幅频特性和相频特性分别为

$$|\zeta'_h(\omega)| = K_d \sqrt{\frac{(\tau_c^2\omega^2)^2 + (\tau_c\omega)^2}{(\tau_c^2\omega^2+1)^2}}$$

$$\angle\zeta'_h(\omega) = \arctan \frac{\dfrac{\tau_c\omega}{(\tau_c^2\omega^2+1)}}{\dfrac{\tau_c^2\omega}{(\tau_c^2\omega^2+1)}} = \arctan\frac{1}{\tau_c\omega}$$

设计动压反馈装置的关键在于正确选择时间常数 τ_c，使其在谐振频率 ω_h 处产生所需要的阻尼比，同时又使阻尼项的相位移接近于零。即有

$$|\zeta'_h(\omega_h)| = K_d \sqrt{\frac{(\tau_c^2\omega_h^2)^2 + (\tau_c\omega_h)^2}{(\tau_c^2\omega_h^2+1)^2}}$$

$$\angle\zeta'_h(\omega_h) = \arctan\frac{1}{\tau_c\omega_h} \approx 0$$

要使 $\angle\zeta'_h(\omega_h)\to 0$，应使 $\tau_c\omega_h \geqslant 10$，或

$$\tau_c = \frac{A_c^2}{C_c K_c} \geqslant \frac{10}{\omega_h} \tag{4-21}$$

即动压反馈装置的时间常数 τ_c 应为 $1/\omega_h$ 的 10 倍以上。当 $\tau_c\omega_h \geqslant 10$ 时，附加阻尼比的大小可近似为

$$|\zeta'_h(\omega_h)| \approx K_d = \frac{C_c}{A_p}\sqrt{\frac{\beta_e m_t}{V_t}} \tag{4-22}$$

在动力元件参数已定的情况下，$|\zeta'_h(\omega_h)|$ 由液阻的液导 C_c 所决定。根据需要的 $|\zeta'_h(\omega_h)|$ 的大小，就可以确定 C_c 的值。将 ω_h 的表示式代入式(4-21)求得 C_c 的表达式，再将其代入式(4-22)可得

$$\frac{A_c^2}{V_t} \cdot \frac{\beta_e}{K_c} \geqslant 5|\zeta'_h(\omega_h)| \tag{4-23}$$

式(4-23)可用来选择计算 A_c 和 K_c。

对于图 4-14 所示的动压反馈装置，当

$$\tau_d = \frac{V_0}{C_c p_0} \geqslant \frac{10}{\omega_h} \tag{4-24}$$

时，附加的阻尼比可近似为

$$|\zeta'_h(\omega_h)| \approx \frac{C_c}{2A_p}\sqrt{\frac{\beta_e m_t}{V_t}} \tag{4-25}$$

利用此式可确定液阻的液导 C_c。将 ω_h 的表示式和由式(4-24)求出的 C_c 表示式代入式(4-25)可得

$$\frac{V_0}{V_t}\cdot\frac{\beta_e}{p_0} \geqslant 10|\zeta'_h(\omega_h)| \tag{4-26}$$

式中，$p_0 \approx \frac{p_s}{2}$，利用上式可确定 V_0。

第五章 电液比例控制阀

现代工业的不断发展对液压阀在自动化、精度、响应速度方面提出了越来越高的要求，传统的开关型或定值控制型液压阀已不能满足要求，电液伺服阀因此而发展起来，其具有控制灵活、精度高、快速性好等优点。而电液比例阀是在电液伺服技术的基础上，对伺服阀进行简化而发展起来的。电液比例阀与伺服阀相比虽在性能方面还有一定差距，但其抗污染能力强、结构简单、形式多样、制造和维护成本都比伺服阀低，因此在液压设备的液压控制系统应用越来越广泛。今天，一个国家的电液比例技术发展程度将从一个侧面反映该国的液压工业技术水平，因此各发达国家都非常重视发展电液比例技术。

比例控制元件的种类繁多，性能各异。有多种不同的分类方法。按控制功能来分，它分为比例压力控制阀、比例流量控制阀、比例方向阀和 PWM 脉宽调制阀。

第一节 比例压力控制阀

比例压力控制阀中应用最多的是比例溢流阀和比例降压阀。由于控制功率的大小不同，分为直动式与先导式。直动式控制的功率较小，通常控制流量为 1 ~ 3L/min，低压力等级的最大可达 10L/min。直动式溢流阀可用于小流量系统的安全阀或溢流阀，更主要的作为先导阀，控制功率放大级主阀，构成先导式的压力阀。比例减压阀除常规产品外，还有三通比例减压阀。通常作比例方向阀的先导级，也用作比例容积控制中的先导压力阀。

目前在比例压力阀中，也可带有不同类型的检测和反馈。从检测反馈的方式来看，可区分为对受控压力（对溢流阀是进口压力，对减压阀是出口压力）的直接检测和间接检测。间接检测中，由于只能构成小闭环，对主阀芯上的干扰量未能抑制，通常会产生较大的调压偏差。下面对一些典型产品加以介绍。

一、直动式比例溢流阀

直动式比例溢流阀的工作原理及结构如图 5-1 所示。这是一种带位置电反馈的双弹簧结构的直动式溢流阀。它于手调式直动溢流阀的功能完全一样。其主要区别是用比例电磁铁取代了手动弹簧力调节组件。

如图 5-1a）所示，直动式比例溢流阀主要包括阀体 6，位移传感器 1、比例电磁铁 2、阀座 7、阀芯 5 及调压弹簧 4 等主要零件。当电信号输入时，电磁铁产生相应的电磁力，通过弹簧座 3 加在调压弹簧 4 和阀芯上，并对弹簧预压缩。此预压缩量决定了溢流压力。而压缩量正比输入电信号，所以溢流压力也正比于输入电信号，实现对压力的比例控制。

弹簧座的实际位置由差动变压器式位移传感器 1 检测，实际值被反馈到输入端与输入值进行比较，当出现误差就由电控制器产生信号加以纠正。由图 5-1b）所示的结构框图可见，利用这种原理，可排除电磁铁摩擦的影响，从而较少迟滞和提高重复精度等，这些因素会影响调压精度。显然这是一种属于间接检测的反馈方式。

普通溢流阀可以靠不同刚度的调压弹簧来改变压力等级,而比例溢流阀却不能。由于比例电磁铁的推力是一定的,所以不同的等级要靠改变阀座的孔径来获得。不同压力等级的阀,其允许的最大溢流量也不相同。根据压力等级不同,最大过流量为 2 ~ 10L/min。阀的最大设定压力就是阀的额定工作压力,而设定最低压力与溢流量有关。这种直动式的溢流阀除在小流量场合下单独作用,作为调节元件外,更多的是作为先导式溢流阀或减压阀的先导阀用。另外,位于阀底部的调节螺钉 8,可在一定范围内调节溢流阀的工作零位。

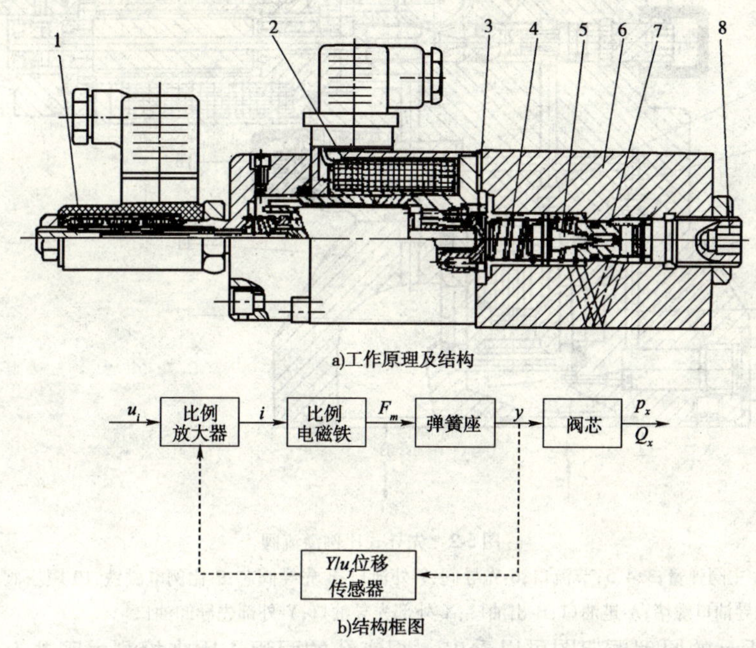

图 5-1 带位置电反馈的直动式溢流阀

1-位移传感器;2-比例电磁铁;3-弹簧座;4-调压弹簧;5-阀芯;6-阀体;7-阀座;8-调节螺钉

二、先导式比例溢流阀

1. 结构及工作原理

图 5-2 所示为一种先导式比例溢流阀的结构图。它的上部为先导阀 6,是一个直动式比例溢流阀。下部为主阀 11,中部带有一个手调限压阀 10,用于防止系统过载。

当比例电磁铁 9 通有输入信号电流时,它施加一个压力直接作用在先导阀芯 8 上。先导压力油从内部先导油口(取下螺堵 13)或从外部先导油口 X 处进入,经流道口和节流口 3 后分成两股,一股经节流口 5 作用在先导阀芯 8 上,另一股经节流口 4 作用在主阀芯的上部。只要 A 油口的压力不足以使先导阀打开,主阀芯的上下腔的压力就保持相等,从而主阀芯保持关闭状态。这是因为主阀芯上下有效面积相等,而上面有一个软弹簧向下施加一个力,使阀芯关闭。

主阀芯是锥阀,它既小又轻,要求的行程也很小,所以这种阀的响应很快。阀套上有三个径向分布的油孔,当阀开启时使油流分散流走,大大减少噪声。节流口 4 起动态压力发亏作用,提高阀芯的稳定性。

与传统的先导式溢流阀不同,比例溢流阀的压力等级的获得是靠改变先导阀的阀座孔径来实现的。这点与比例直动式溢流阀完全相同。较大的阀座孔径对应着较低的压力等级。小阀座孔径可获得较高的额定值。阀座的孔径通常由制造厂根据阀座的压力等级在制造时已经确定。

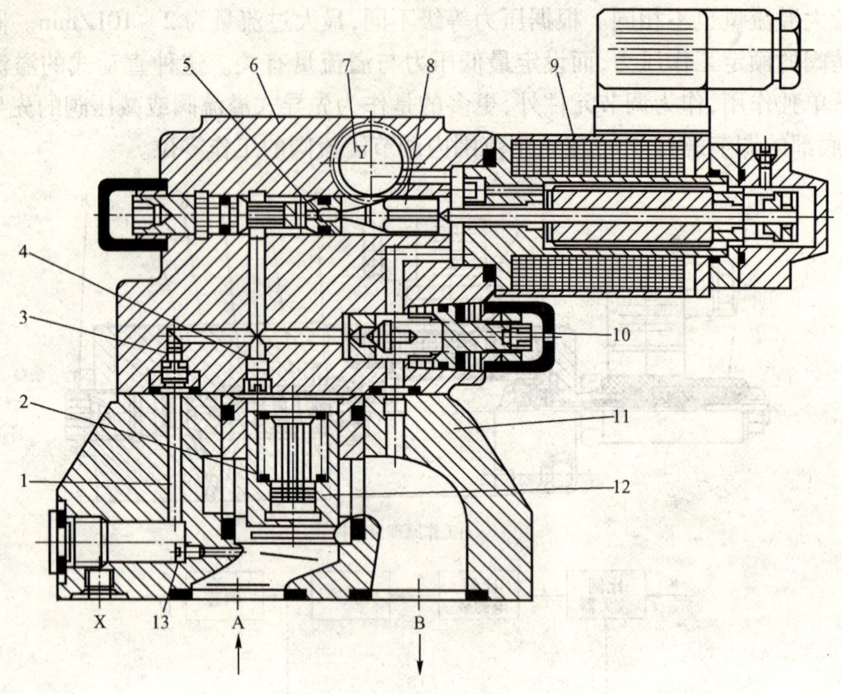

图 5-2　先导式比例溢流阀

1-先导油流道；2-主阀弹簧；3、4、5；节流口；6-先导阀；7-外泄口；8-先导阀芯；9-比例电磁铁；10-限压阀；11-主阀；12-主阀芯；13-内部先导油口螺堵；A-进油口；B-出油口；X-外部先导油口；Y-外部先导卸油口

从图 5-3 所示的原理框架图可以看出。阀座孔的面积 A 用来检测主阀芯上腔的压力 p，当 pA 的积大于电磁力 F_m 时，导阀开启，进而主阀开启，间接控制主压力 pA，显然 p_x 属于中间变量，这种溢流阀的检测方式属于间接检测方式。从图 5-3 中可见，主阀在小闭环之外，主阀中的各种干扰量，例如摩擦、液动力等都得不到抑制，比例电磁铁也在闭环之外。所以其压力偏差和超调量都较大，常达 15% 以上。改进办法可以采用直接检测方式。

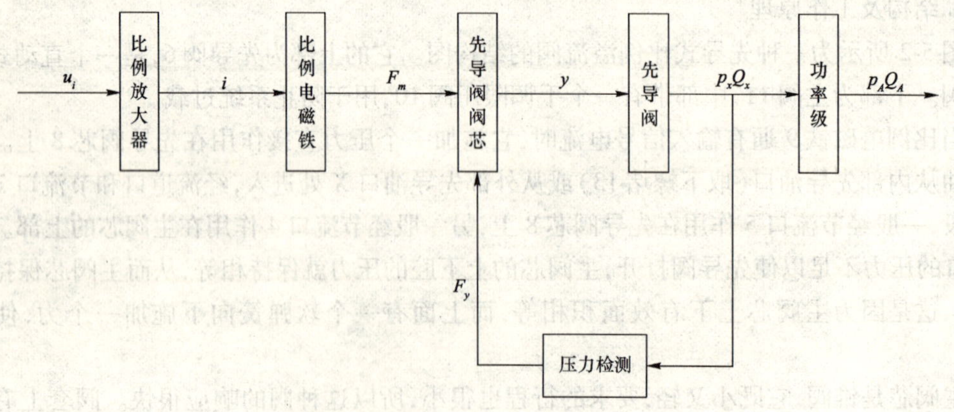

图 5-3　先导式比例溢流阀原理框架图

2. 比例溢流阀的主要性能参数

（1）静态特性。比例溢流阀的静态特性主要由三条特性曲线来表示图 5-4：①设定压力 p_A 与输入电流 I 之间的关系曲线，称为控制特性曲线；②最低设定压力与流量关系曲线；

③溢流阀的前后压差与流量的关系曲线。从此图中可以确定溢流阀的主要性能参数;最高和最低设定压力、滞环、线性度以及稳态调压偏差等压力特性。这些性能数据是设计的重要依据。

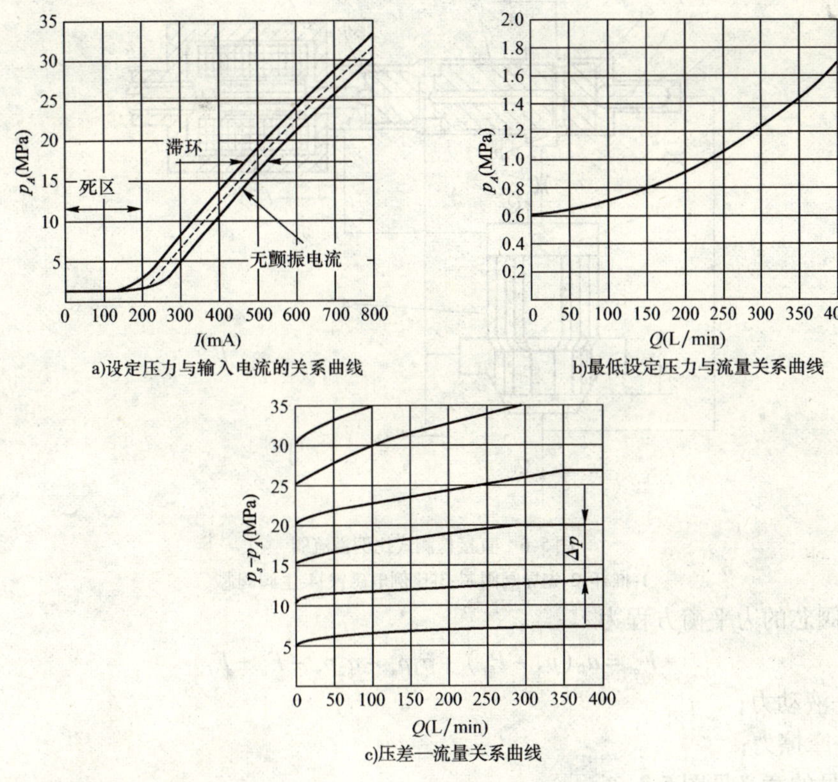

图 5-4　溢流阀的静态特性曲线

(2)动态特性。比例溢流阀的动态特性一般用阶跃响应和频率响应曲线来表示(图 5-5)。从阶跃响应曲线可以找到滞后时间 τ,响应时间 t_s 及超调量 σ(图 5-5a)。频率特性曲线可以找出最高工作频率或频宽。

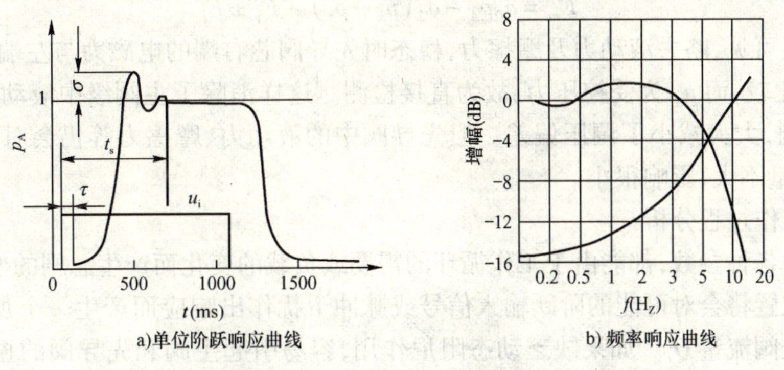

图 5-5　比例溢流阀的动态特性曲线

三、直接检测式比例溢流阀

1. 工作原理

直接检测式比例压力阀与间接检测式比例压力阀的最大区别是用受控压力 p_A(对溢流阀是进口压力,对减压阀是出口压力)的直接反馈,代替原来的间接控制压力 p_x 的反馈。使电磁

力 F_m 直接与反馈力 a_0p_A 进行比较,来决定先导阀阀芯的位移及开度。在结构上的不同是先导阀从原来的锥阀变为差动滑阀。图 5-6 所示是直接检测式比例溢流阀的工作原理简图。

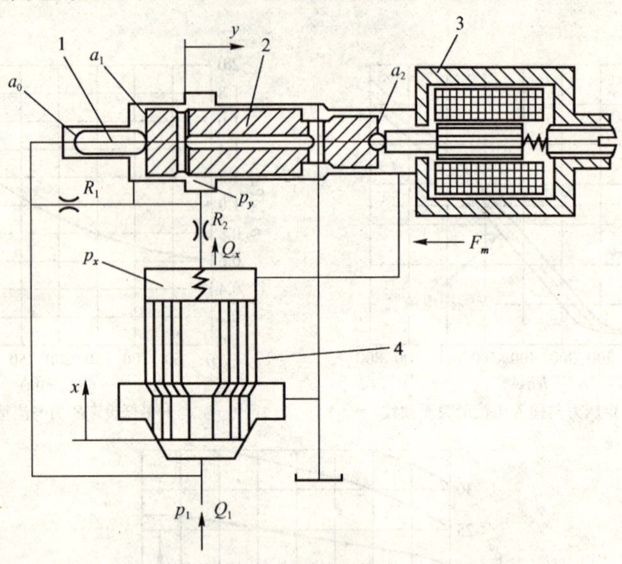

图 5-6　直接检测式比例溢流阀

1-推杆;2-先导阀阀芯;3-比例电磁铁;4-主阀阀芯

先导阀阀芯的力平衡方程为

$$F_m = a_0(p_A - P_Y) + a_1p_x - a_2p_y - F_v \pm F_f \tag{5-1}$$

式中:F_v——液动力;

F_f——摩擦力;

其余符号的意义见图 5-3。

设计时使 $a_0 = a_1 - a_2$,即推杆面积与先导阀两端面积之差相等。又因稳态时有 $p_x = p_y$,于是有:

稳态时 $$F_m = a_0p_A - F_v \pm F_f \tag{5-2}$$

动态时 $$F_m = a_0p_A - a_2(p_x - p_y) - F_v \pm F_f \tag{5-3}$$

由上两式可见,略去液动力及摩擦力,稳态时先导阀芯右端的电磁力与左端推杆上的液压力 a_0p_A 直接比较,而 p_A 为受控压力,故为直接检测。这样消除了主阀级中液动力等因素对调压特性的影响,大大减小了调压偏差。但先导阀中的液动力、摩擦力等仍会对阀的特性有影响,因先导流量不大,影响很小。

2. 动态工作过程分析

比例阀的各种参数,都能由于工作循环的需要或负载的变化而产生急剧的变化。此时,阀的功率级的位置将会对可能的阶跃输入信号或脉冲干扰作出响应而产生一个加速度和速度。由此而产生主阀流量 Q_t。如果缺乏动态阻尼作用,容易引起主阀和先导阀的振荡,使动态特性变坏。

为了提高动态特性,这种直接检测式比例阀中加上了液阻 R_2,起动态压力反馈的作用。其动态反馈过程如下:当干扰力使主阀芯运动时,将产生一个附加的控制流流量 ΔQ,此附加的流量流过 R_2,于是产生压降,使 $p_x \neq p_y$,滑阀两端压力不等,产生附加的动态调整力 $a_2(p_x - p_y)$。例如,设主阀芯要向下运动,则出现 $p_x > p_y$ 的情况,这时动态调整力使先导阀芯右移少许,使先导阀溢流量加大,从而使 p_y 迅速回落,直到重新达到 $p_x = p_y$ 为止。由以上分析及式

(5-3)可见，这是一种负反馈，且只在动态下才会出现，所以它有利于系统迅速达到稳定，改善了系统的动态特性和抗干扰能力。且由于滑阀端面对动态反馈液阻 R_2 的压差有放大作用，调整液阻尺寸，可方便地调整阀的性能指标。

最后指出，当改变阀的控制压力等级时，要靠改变反馈推杆的面积 a_0 来获得。因此，当要获得高压力等级时，a_0 就要很小，这增加了制造的困难，工艺性较差。

四、先导式比例减压阀

1. 工作原理

先导式减压阀与先导式溢流阀的工作原理基本相同。它们的先导级完全一样，不同的只是主阀级。溢流阀采用常闭式滑阀，而减压阀采用常开式滑阀。

图 5-7 所示是先导式比例减压阀的工作原理简图。它的先导级是一个由力控制型比例电磁铁操纵的小型溢流阀，其主阀级也与手调式减压阀一样。事实上，限压阀 2 与主阀 3 就构成了一个先导手调减压阀。因此减压阀的调定压力值是由先导阀芯所处的位置来决定的。而最高压力由限压阀 2 调定。

当阀接收到输入信号，比例电磁铁产生的电磁力直接作用在先导阀芯上。只要电磁力使阀芯保持关闭，先导油就处于静止状态。先导压力油(二次压力)从出口经通道 4 作用在主阀芯的上、下端面上。因主阀芯上下面积相等，所以主阀芯保持液压力平衡，一个很小的弹簧力保持主阀开启，当出口油的压力超过电磁力时，先导阀开启。先导油直接流回油箱。这导致在节流口 R_1 处产生压力降，使主阀芯失去平衡而向上移动，这减小了油口 B 到油口 A 的通流面积(经过阀套和主阀芯上的径向孔)，于是产生减压作用，在油口 A 处降为二次压力。主阀芯的调节作用，使油口 B 的压力保持在比例电磁铁的设定值上。

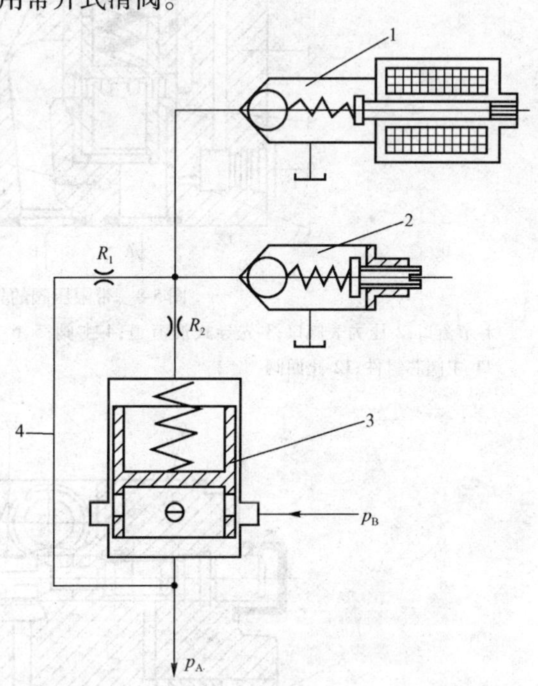

图 5-7 带限压阀的先导式比例减压阀工作原理简图

1-比例溢流阀;2-限压阀;3-主阀;4-先导油流道

图 5-8 所示是带限压阀的先导式比例减压阀的一种实际结构。这种阀在先导级中加入一个手调限压阀，是为了确保二次压力的安全。与先导式溢流阀相同，先导压力要单独经油口 Y 接回油箱，以避免误动作。如果需要可以装上止回阀 12，在必要时使油液作从 A 口向 B 口的反向流动。

2. 带压力补偿流量控制器的比例减压阀

图 5-8 所示的比例减压阀的先导油取自二次压力油，由于减压阀工作时，主阀口像一个作不断调整的节流口一样，在大流量时，节流口的流动会更像湍流，迫使先导阀的溢流量发生变化，影响设定压力的不稳定。为了改善这一点，先导油可以取自初级压力油，并且在先导级中加上一个压力补偿流量控制器，使通过先导级的流量近似为定值，从而限定先导级的工作点，使阀的设定值更加稳定和精确。

这种带压力补偿流量稳定器的减压阀如图 5-9 所示。一次压力油从 B 口经通道 4 和流量

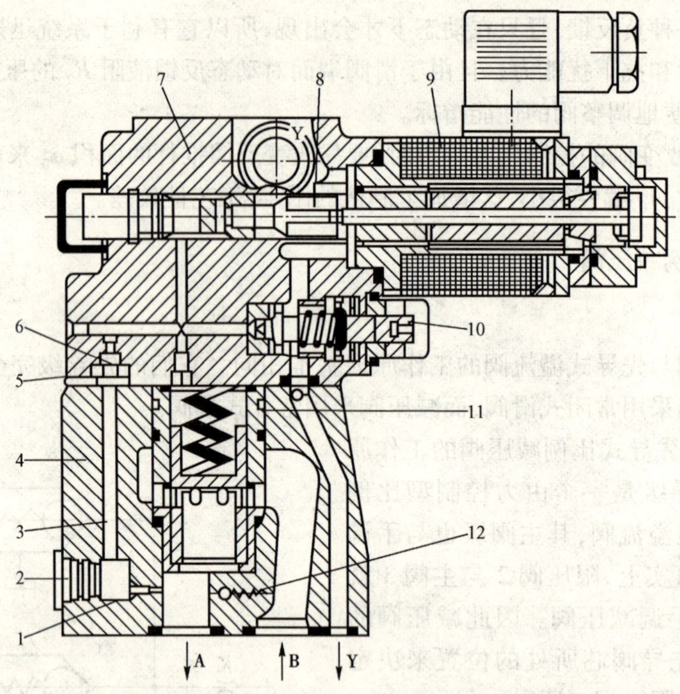

图 5-8　带限压阀的先导式比例减压阀的结构

1-节流口;2-压力表阀口;3-先导式油流道;4-主阀;5,6-节流口;7-先导阀;8-先导阀芯;9-比例电磁铁;10-限压阀;11-主阀芯组件;12-止回阀

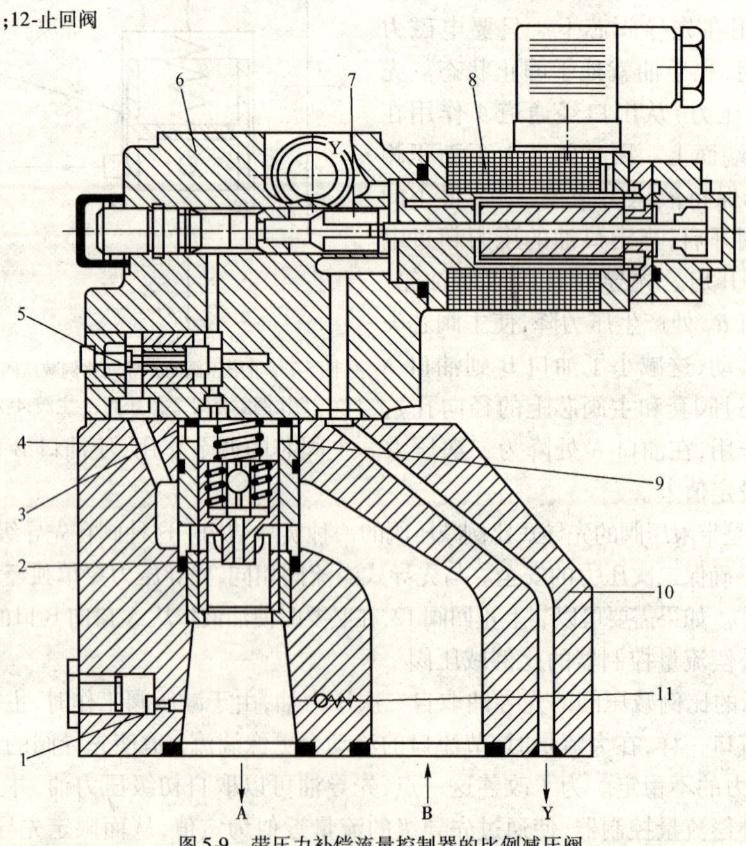

图 5-9　带压力补偿流量控制器的比例减压阀

1-节流口;2-A 有口的过滤保护阀;3-液阻;4-先导油流道;5-压力补偿流量控制器;6-先导阀;7-先导阀芯;8-比例电磁铁;9-主阀芯组件;10-主阀;11-止回阀

稳定器进入先导阀和主阀芯上腔。当进口压力不足以打开由电磁力压紧的先导阀时,这时主阀芯在弹簧力作用下处于下位和全开的位置。主阀芯上的径向孔与阀套上的孔对齐,液流从B 流向 A 不受限制。当先导压力超过电磁力时,先导阀开启。压力补偿流量控制产生一个稳定的流量从 Y 口流回油箱。从而建立了一个受调节的压力作用在主阀芯上。当 A 油口的压力超过弹簧力和先导压力的合力时,主阀芯上移。因节流减压作用而建立二次压力,并自动调节,保持阀芯受力平衡。

这种减压阀的过载保护设在主阀芯内,当二次压力过高时,打开过载保护,使油经先导阀流回油箱,从而防止压力超过弹簧力和先导压力的合力时,主阀芯上移。因节流减压作用而建立二次压力,并自动调节,保持阀芯受力平衡。

3. 比例减压阀的静态特性曲线

比例先导式减压阀的静态特性曲线如图 5-10 所示。改变先导阀阀座孔径的尺寸,可以得到多种输出压力等级的曲线。改变主阀芯的尺寸及窗口的尺寸可以得到多种流量输出等级的曲线。通常表示减压阀静特性的曲线有四种,下面分别介绍(图 5-10):

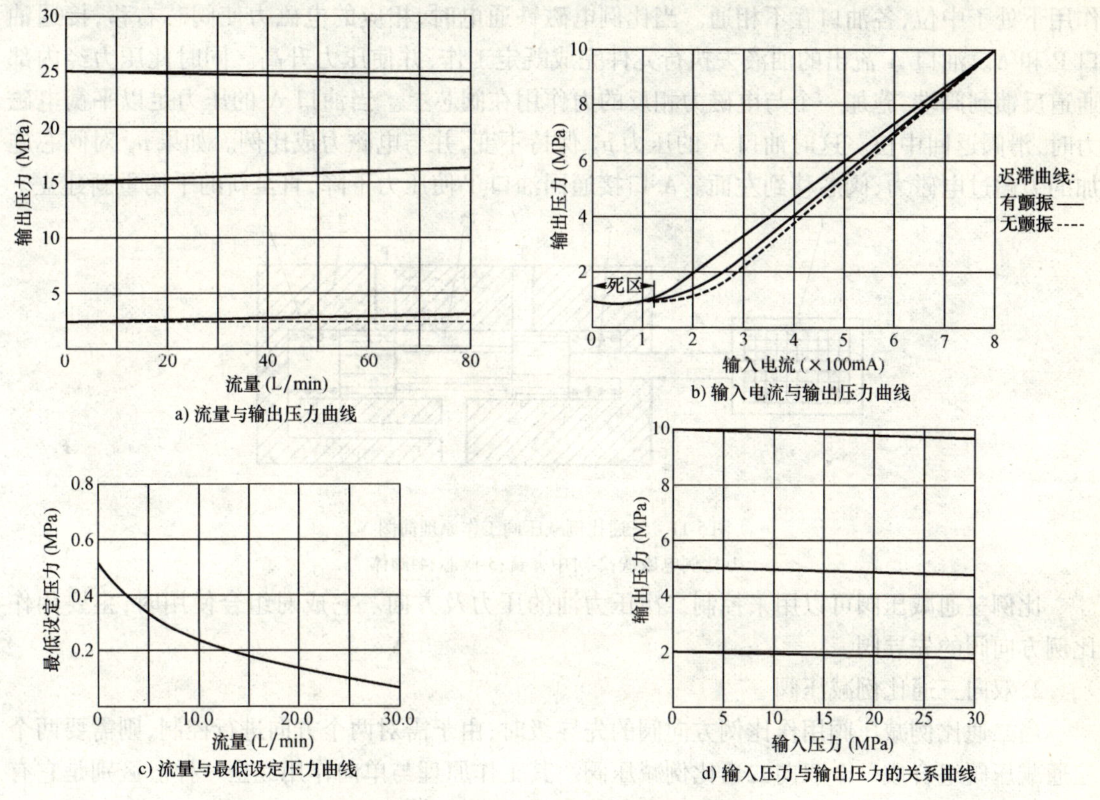

图 5-10　比例先导式减压阀的静态特征曲线

(1)流量与输出压力关系曲线(图 5-10a),它反映流量对输出压力的影响,反映了调压偏差值。由曲线可见,减压阀的稳压性能较溢流阀好。

(2)输入电流与输出压力关系曲线(图 5-10b),它是一条重要的性能曲线。它表示了减压阀的迟滞、死区、线性度等特性。由图中可见,控制范围中约有 200mA 的死区电流,为消除死区的影响,需要 200mA 的先导电流。又由图可见,控制信号中叠加存颤振电流时,其迟滞要比无颤振电流时小得多。

(3)最低设定压力与流量的关系曲线(图 5-10c),由图可见,系统的最低设定压力随流量的增大而下降。为了得到最低设定压力，先导电流不得大于 100mA。

(4)输入压力与输出压力的关系曲线(图 5-10d)，图中表示输入压力增加时、输出压力稍有下降。通常可以忽略输入压力对输出压力的影响。

类似于直接检测式的比例溢流阀，也可做成直接检测式的比例减压阀。其静态性能优于上面介绍的间接检测式的减压阀。

五、三通比例减压阀

1. 三通比例减压阀的工作原理

上面介绍的减压阀由于只有二个主油口，被称为二通式减压阀。用它控制压力上升时其响应是足够快的。但是，用它控制压力下降时，由于结构上的原因，二次压力油只能经细小的控制流道从先导阀处流回油箱，这使响应很慢。为了克服这个缺点，发展了三通减压阀。压力下降时，压力油直接回油箱，使降压响应与升压响应一样快速。

图 5-11 所示为一个三通比例减压阀的工作原理简图。当无信号电流时，阀芯在对中弹簧作用下处于中位，各油口互不相通。当比例电磁铁通电时，相应的电磁力使阀芯右移，接通油口 P 和 A。油口 A 流出的油液去执行元件完成既定工作，并使压力升高。同时此压力经内部通道反馈到阀端，施加一个与电磁力相反的力作用在阀芯上。当油口 A 的压力足以平衡电磁力时，滑阀返回中位。这时油口 A 的压力 p_A 保持不变，并与电磁力成比例。如果 p_A 对阀芯施加的力超过电磁力，阀芯移到左面。A 口接通回油口 T 使压力下降，直至新的平衡重新建立。

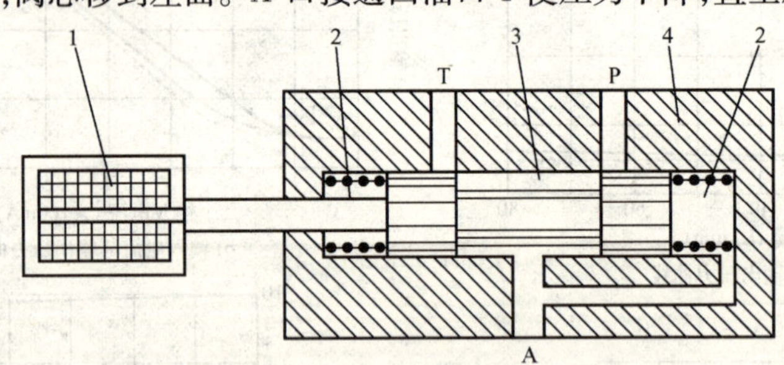

图 5-11 三通比例减压阀工作原理简图

1-比例电磁铁；2-对中弹簧；3-阀芯；4-阀体

比例三通减压阀可以用来控制二次压力油的压力及方向。它成对组合使用时，主要用作比例方向阀的先导阀。

2. 双向三通比例减压阀

当二通比例减压阀用作比例方向阀的先导级时，由于需对两个方向进行控制，则需要两个三通减压阀组合成一个双向二通比例减压阀。其工作原理与单向作用完全一样。区别是它有两个比例电磁铁，为构成反馈，它的阀芯由三件组成。

图 5-12 所示为一个双向作用三通比例减压阀。当两个电磁铁都未加信号电流时，控制阀芯在弹簧下对中，P 油口封闭，A、B 油口回油箱，即具有 Y 型的中位机能。如果比例电磁铁 6 获得输入信号，电磁力直接作用在柱塞 1 上，并使控制阀芯 2 右移。阀芯的移动使液压油从 P 口流向 A 口，使 A 口压力上升。同时，阀芯上的两个径向孔使油液从 A 口通过钻孔流入阀芯空腔内。把测压柱塞 3 推至极右面，并压住比例电磁铁 4 的操纵杆。另一方面产生压力克服电磁力，沿关闭的方向推控制阀芯 2，直到两个力达到平衡为止。这时就保持住 A 油口的压力恒定。当电磁力或油口 A 的压力变化时，测压柱塞觉察到，并使主阀芯作相应的调整，始终使

受控压力与电磁力相适应。

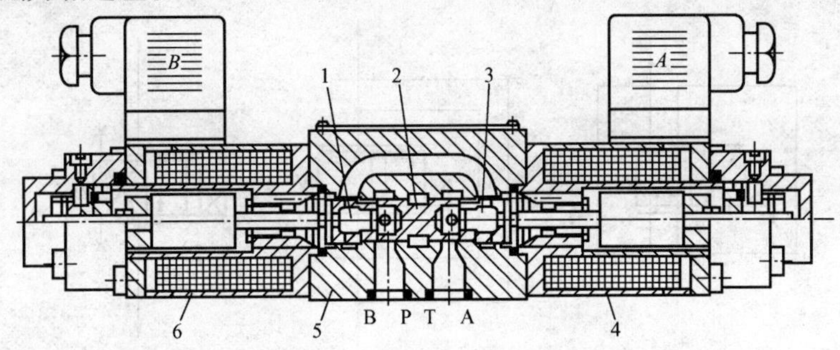

图 5-12 双向三通比例减压阀

1-左测压柱塞;2-控制阀芯;3-右测压柱塞;4、6-比例电磁铁;5-阀体

这种二通比例减压阀一般为 6 通径,最大过流量为 15L/min。实际使用可以装配成单作用或双作用式。在比例容积控制中,也常使用这种三通比例减压阀作为先导控制元件。

第二节 比例流量阀

比例流量控制阀的流量调节作用在于改变节流口的开度。它与普通流量阀的主要区别是用某种电-机械转换器取代原来的手调机构,用来调节节流口的流通面积。并使输出流量与输入信号成正比。

阀口的流量公式为

$$Q = C_d A(x)\sqrt{\frac{2\Delta\rho}{\rho}}$$

当紊流时流量系数 C_d 近似为常数。由上式可见,改变同流面积 $A(x)$ 可以改变流量,节流口的前后压差 $\Delta\rho$ 进行压力补偿分为比例节流阀和比例调速阀,也有采用流量直接反馈型的新原理比例流量阀。

比例方向阀由于具有对进口和出口流量同时节流的功能,因此,它本质上是个双路的比例节流阀。如果从外部加上压力补偿装置,就能使通过的流量与负载变化无关,具有调速阀的功能。

一、直动式比例节流阀

比例节流阀分为直动式和先导式。直动式只有一级液压放大。它的阀芯形式有转阀、滑阀或插装式。旋转节流式由伺服电动机经减速后带动。移动节流式用比例电磁铁驱动。前者习惯上称为电动式,后者称为电磁式。先导式多为二级液压放大,也有三级的特大流量阀,其通径为 63mm 以上。

直动式比例节流阀的构成是在传统节流阀的基础上,用电-机械转换装置代替手动节流机构,为了提高调解精度还可加上位置检测装置。

单纯的直动式比例节流阀产品较少见。早期产品中可见到采用伺服电动机,经减速后驱动转阀型的比例节流阀。由于比例方向阀具有节流功能,实际使用中,常用二位四通比例方向阀代替比例节流阀。比例方向阀有两条通路,因此,作为比例节流阀使用时,根据过流量的要求,可以只利用其中一个节流口,也可同时使用两个节流口。其连接情况如图 5-13 所示。二位四通比例方向阀用作比例节流阀时,如要同时利用两个通道,其无信号状态可以有多种形式供选用。

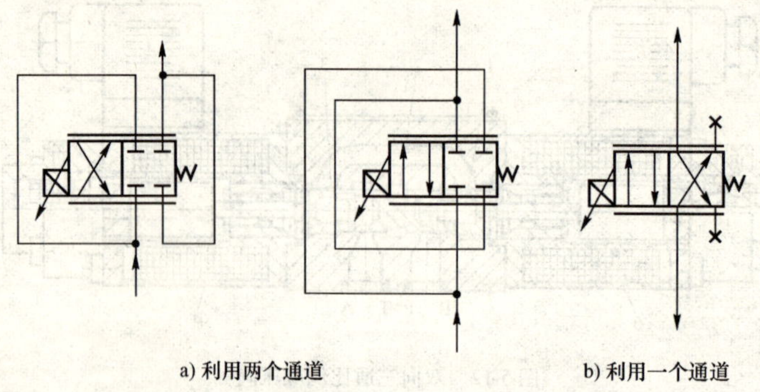

图 5-13　作比例节流阀时的四通比例阀的连接

二、定差减压型比例调速阀

在比例节流阀中，受控量只是节流口的面积。但经节流口的流量还与节流口的前后压力有关，为了补偿由于负载而引起的流量偏差，需要利用压力补偿控制原理来保持节流口前后压力恒定，从而实现对流量的单参数控制。

将直动式比例节流阀与具有压力补偿动能的定差减压阀组合在一起，就构成了直动式比例调速阀，如图 5-14 所示。因为它是在传统的调速阀的基础上加上比例电磁铁构成的，又称传统型的比例调速阀，或因它只有两个主油口，又称二通比例调速阀。

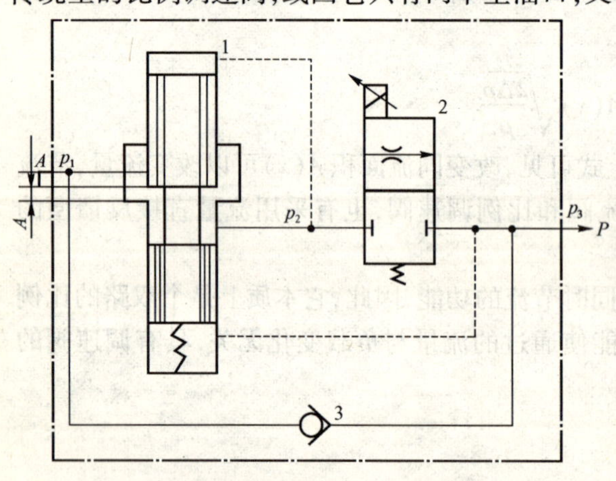

图 5-14　比例调速阀工作原理简图
1-定差减压阀；2-比例节流阀；3-止回阀

在图 5-14 中，压力补偿的减压阀位于主节流口的上游，且与主节流口串联，它由一个软弹簧保持在开启位置上。比例节流阀无输入信号时，也由一个软弹簧保持关闭。当比例电磁铁接受到输入信号后，产生电磁力直接作用在阀芯上，使阀芯向下压缩弹簧，打开阀口使液流从 A 口流向 B 口。阀的开度与控制电流对应。必要时可以加上一个位移传感器，提供位置反馈，可使开度控制更为准确。

压力补偿的获得是靠把节流口的前后压差反馈到减压阀芯的阀端，经减压阀的调节作用，近似使节流口前后压差保持恒定。从图中可以看出：

$$\Delta p = p_{\mathrm{B}} - p_{\mathrm{A}} \approx \frac{F_{\mathrm{s}}}{A}$$

式中：F_{s}——弹簧预压缩力；

A——减压阀芯截面积。

二通比例调速阀中，常常内置一个止回阀，以适应反向自由流动的需要，使流量从 B 口流向 A 口，图 5-15 所示为这种二通比例调速阀的结构图。行程限制器的作用是限制减压阀的最大开口力（图 5-15），节流口的位置由输入信号给定，位置偏差由传感器检测，而偏差通过电控器来纠正。节流口 7 的压降由压力补偿阀保持恒定。

这种比例调速阀的缺点是当节流口部分打开时有较大的起动流量超调。这是因为起动前，在弹簧力的作用下减压口处于最大开度。当加上阶跃信号时，减压阀来不及作出反应。由于没有减压损失，使 $p_1=p_2$，供油压全部加在节流口上，使通过的流量有很大的超调，导致前冲现象。克服的方法有限制减压阀的最大开启量；避免负流口的部分打开；或者利用液压的方法将压力补偿器锁定，以上方法都能有效地克服起动时的跳动现象。

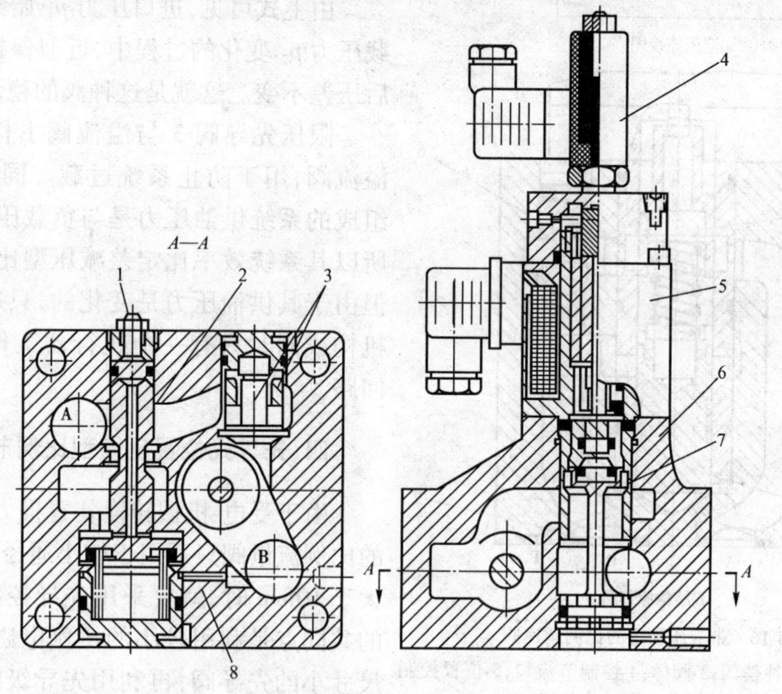

图 5-15　带位置反馈的比例调速阀

1-行程限制器；2-压力补偿阀；3-止回阀；4-位移传感器；5-比例电磁铁；6-阀体；7-控制节流口；8-阻尼孔

图 5-16 所示为一种压力补偿器与主节流阀直线布置的结构。该结构的优点是可以通过液压的办法，在起动前锁定压力补偿阀芯，避免起动冲击。该阀主要包括阀体 3、控制节流口 4、比例电磁铁 5、止回阀 6 及压力补偿阀 2。要求的流量由电传器设定。为了减小在节流口 4 部分打开时的起动冲击，采取了起动前把补偿阀芯锁定的措施。油口 A 和压力补偿阀 2 之间的内部通路用螺塞 1 堵死，把压力油经 P 口和阻尼孔 7 引入压力补偿阀 2，换向阀 8 的压力油进入补偿器后克服弹簧力，把它锁定在关闭的位置上。当换向阀 8 从 P 切换到 B 油口供油时，压力补偿阀芯从关闭位置移到调节位置。这样使供油压逐渐加在控制节流口上，避免了起动时的流量超调和前冲现象。图 5-16a）所示为该阀的液压连接图。

在输入电流值为零或当位移传感器断线时，控制节流口关闭。节流口可按比例放大器的斜坡逐渐开大或关闭。

三、比例溢流节流阀

为了保持节流阀口前后压差恒定，除了采用定差减压阀的串联型压力补偿方法外，还可以采用一个定差溢流阀与节流阀并联的方法来实现。由于前一种结构只有两个主油口，后一种结构有三个主油口 P_1、P_2 和 T，所以又分别被称为二通比例调速阀和三通比例调速阀。

比例溢流型调速阀的工作原理如图 5-17 所示。对应每一输入电流，节流阀 2 有相应的开

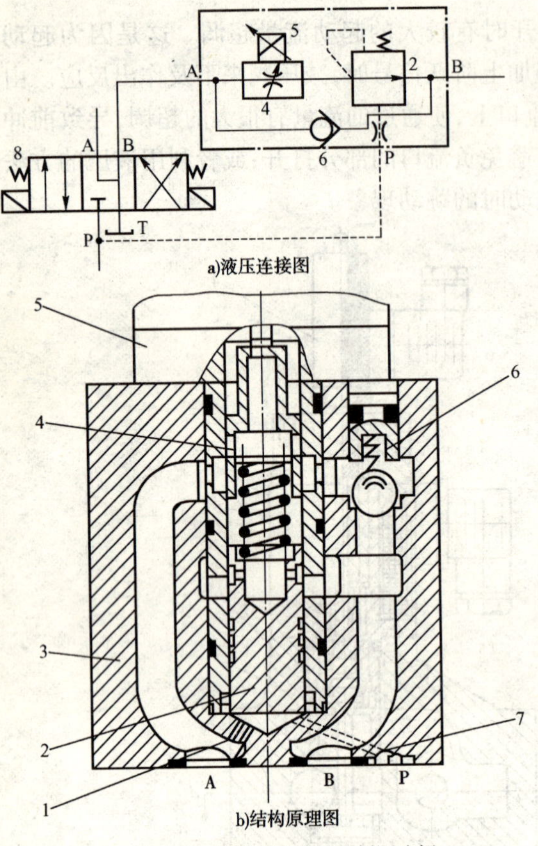

图5-16　带液压锁定的比例调速阀

1-螺塞;2-压力补偿阀;3-阀体;4-控制节流口;5-位置控制型比例电磁铁;6-止回阀;7-阻尼孔;8-换向阀

口量,进口压力油经节流口流向负载,形成负载压力 p_2,负载压力 p_2 反馈到溢流阀的弹簧腔,力图使溢流阀关闭。略去液动力及摩擦力,定差溢流阀的力平衡方程为

$$p_1A = p_2A + F$$

由上式可见,进口压力 p_1 始终处于追随负载压力 p_2 变化的过程中,近似保持节流阀口前后压差不变。这就是这种阀的稳流原理。

限压先导阀3与溢流阀1构成普通先导溢流阀,用于防止系统过载。同时,这种阀所组成的系统供油压力是与负载压力相适应的,所以其系统效率比定差减压型比例调速阀高。但由于其供油压力是变化的,只适用于单执行机构或同时只有一个执行器工作的进口调速回路。

四、先导式位置反馈型比例节流阀

由于受电-机械转换装置推力限制,直动式的比例流量阀只适用于较小通径的阀。当通径大于10mm时,就要采用先导控制形式。它们的共同点是利用较小的比例电磁铁,驱动一个尺寸小的先导阀,再利用先导级的液压放大作用,实现对主节流阀进行控制。适用于对高压大流量的液流控制。按级间反馈的形式不同,先导式比例节流阀可分为多种形式。目前可能的反馈控制方式如图5-18所示。因电液比例节流阀的直接控制量是位移,间接控制量是主节流口的流量。由图可以看出,反馈也是针对这两个量来进行的。反馈的中间变量可以是力或电量等。图5-18中虚线所示为可能的反馈方式。为广使主阀芯定位,先导式比例阀必须至少采用一种可能的反馈方式。本节主要介绍位移反馈型比例节流阀,下节将介绍流量直接反馈型的比例流量阀。

1. 直接位置反馈型

位置反馈型比例节流阀的结构原理图如图5-19所示,图中4为主阀,2为先导阀。它是一个单边控制阀。当比例电磁铁1接收到输入控倒电流时,电磁力作用在先导阀的左端面,并与右边的复位弹簧力平衡。对应每一输入电流,先导阀有一阀位移 y。先导阀的控制边是一个可变液阻,R_1 为固定液阻,两者构成液压半桥,用来对主阀差动面积 A_c 上的液压力进行控制。主阀芯实际为一差动活塞,它的左端作用着供油压,

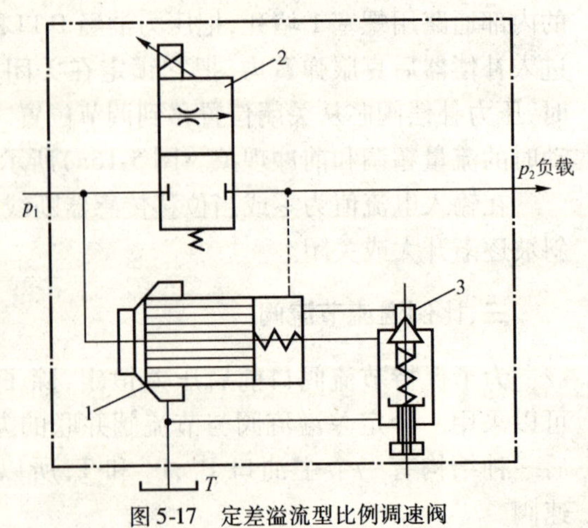

图5-17　定差溢流型比例调速阀

1-定差溢流阀;2-比例节流阀;3-限压先导阀

右端小面积上作用着供油压力和弹簧力。环形面积 A_h 为控制面积。当先导阀打开时,先导液压流经固定阻尼孔 R_1 和先导阀开口流向 B 腔,使作用在差动面积 A_c 上的压力下降。可见主阀芯与先导阀芯构成位置随动,即构成位置负反馈。但从随功理论可知,这是一个有差系统,即主阀芯与先导阀芯的位移存在一个误差。

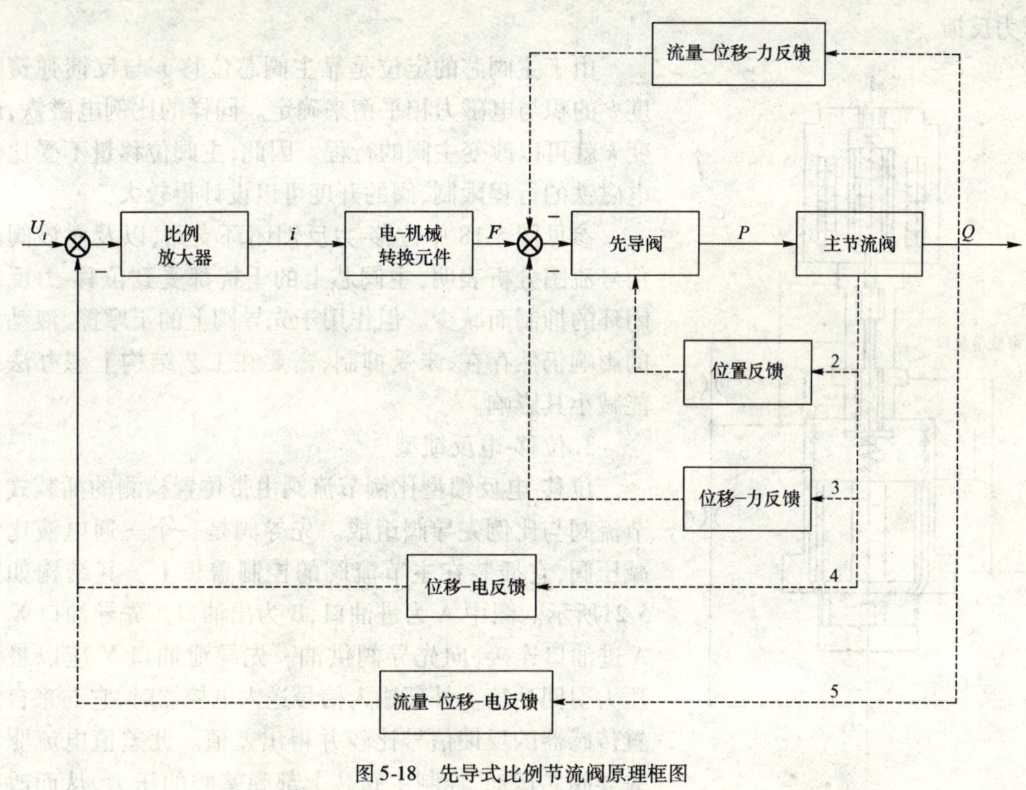

图 5-18 先导式比例节流阀原理框图

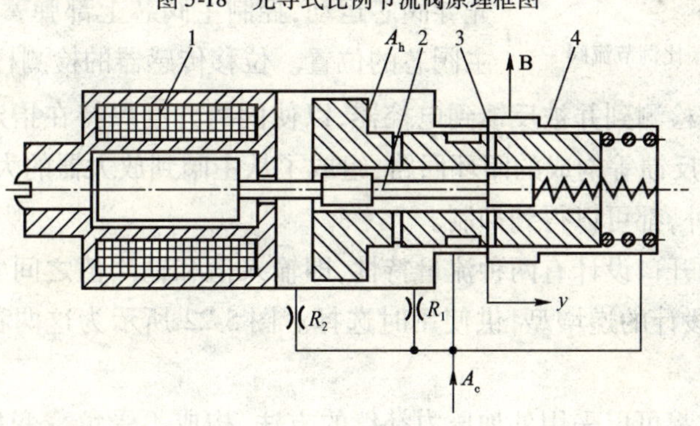

图 5-19 位置反馈型比例节流阀结构原理图

1-比例电磁铁;2-先导阀;3-主节流口;4-主阀

这种阀的最大开度受比例电磁铁的行程限制。R_1 是用来产生压降所必要的。R_2 是动态反馈液阻,增加主阀运动阻尼,先导阀芯的复位弹簧刚度与比例电磁铁的静态特性有关。主阀芯复位弹簧刚度则影响阀的谐振频率和最低工作压差。

从图 5-18 的原理框图中可见,位置反馈所构成的闭环仅局限于先导阀和主阀之间。因此对反馈回路以外的干扰没有抑制能力。但对主阀芯上的液动力影响有明显的减弱。

2. 位移-力反馈型

位移-力反馈型比例节流阀的先导阀与主阀之间的定位是通过反馈弹簧来实现的。它的工作原理如图 5-20 所示。比例电磁铁在控制电流下，产生相应推力，使先导阀克服弹簧力下移，打开可变节流口。由于固定节流口 R_1 的作用，使主阀上腔压力 p_1 下降。在压差 $p_A - p_x$ 的作用下，主阀芯上移，并打开或增大主节流口。与此同时，主阀芯的位移经反馈弹簧转化为反馈力作用在先导阀芯下部，与电磁力相比较，两者相等时达到平衡状态。R_2 的作用是产生动态压力反馈。

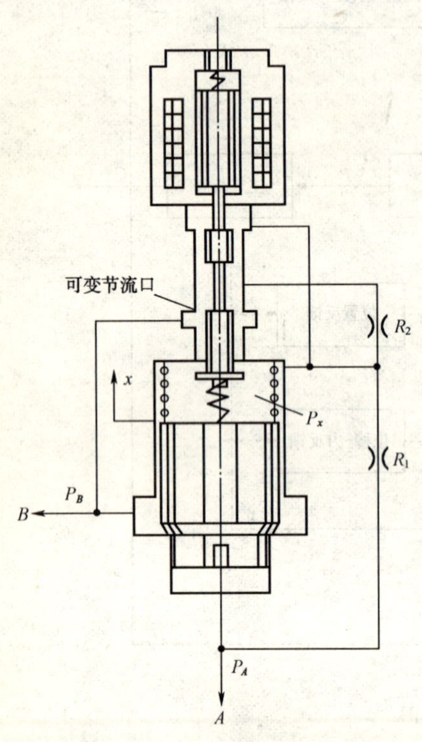

图 5-20　位置-力反馈比例节流阀

由于主阀芯的定位是靠主阀芯位移 x 与反馈弹簧刚度 k 的积与电磁力相平衡来确定。同样的比例电磁铁，改变 k 就可以改变主阀的行程。因此，主阀位移量不受比例电磁铁的行程限制，阀的开度可以设计得较大。

参见图 5-18 中位移-力反馈闭环支路，以及对该阀的信号流图分析表明，主阀芯上的干扰都受到位移-力反馈闭环的抑制而减少。但作用于先导阀上的干摩擦、液动力的影响仍然存在，未受抑制，需要在工艺结构上想办法才能减小其影响。

3. 位移-电反馈型

位移-电反馈型比例节流阀由带位置检测的插装式主节流阀与比例先导阀组成。先导阀是一个三通电液比例减压阀，它插装在主节流阀的控制盖板上。其结构如图 5-21所示。图中 A 为进油口，B 为出油口。先导油口 X 与 A 进油口连接，向先导阀供油。先导泄油口 Y 应以最低压力引回油箱。外部输入信号送入电控器时，它与来自位置传感器的反馈信号比较并得出差值。此差值电流驱动先导阀芯运动，控制主阀芯上部弹簧腔的压力，从而改变主阀芯的位置。位移传感器的检测杆 1 与主阀芯 8 相连，因而主阀芯的位置被检测到并被反馈到电控器，以使阀的开度保持在指定的开启量上。由图 5-18 可见，由位移-电反馈等构成的闭环回路，组成了从主阀到放大器的大闭环，环内的各种干扰，除了负载变化以外，都可以得到抑制。

这种阀按阀口的开口设计有两种流量特性，即输入值和输出值之间实现正比关系的线性型，以及按平方关系段计的递增型，供使用时选择。图 5-22 所示为这两种流量特性与输入电压的关系。

比例节流阀通常都可以采用外加压力补偿的方法，构成不受负载变化影响的具有恒定特性的调压阀。对于电反馈型的比例节流阀，由于电反馈信号处理方便，可以通过多种校正方式得到更好的动、静态特性。例如，采用非线性的校正方法获得等流量特性。用一种电信号控制的办法来改善普通比例节流阀的软流量特性（流量随负载增大而下降）的方法称之为面积补偿法，即压差增大时，用减小流通面积来补偿，反之亦然。这种方法利用两只压力传感器，随时检测阀口的压差变化，利用对电信号的处理，产生对比例电磁铁的控制信号，使主阀芯节流口作出相应的面积变化，以此来补偿由压差的变化引起的流量变化。从而使流量免受前后压差的影响。这种方法的缺点是电气控制比较复杂，且要两只压力传感器，零点飘移等干扰会影响流量的稳定性。

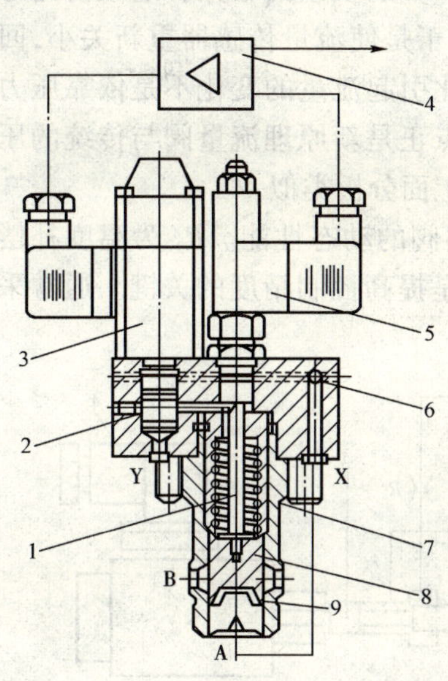

图 5-21　位移-电反馈插装式比例节流阀

1-位移检测杆；2-比例三通减压先导阀；3-比例电磁铁；4-电控器；5-位移传感器；6-控制盖板；7-阀套；8-主阀芯；9-主节流口

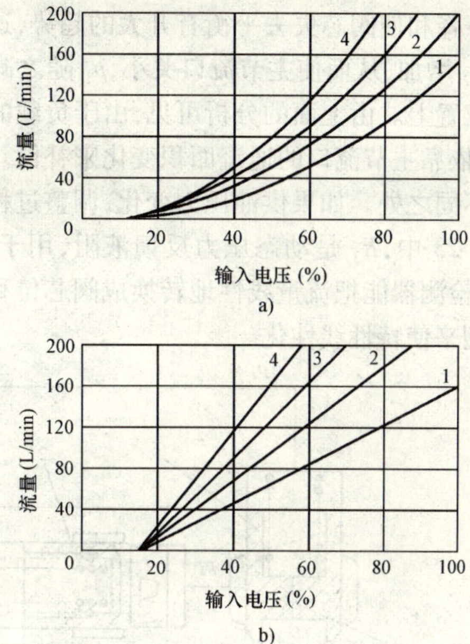

图 5-22　电液比例节流阀的流量特性

1-$\Delta p = 1\text{MPa}$；2-$\Delta p = 2\text{MPa}$；3-$\Delta p = 3\text{MPa}$；4-$\Delta p = 4\text{MPa}$

五、先导式流量反馈型电液比例流量阀

无论是压力补偿型的比例调速阀，还是主阀位置反馈的比例节流阀都没有对真正的控制对象——输出流量进行检测和反馈，因此，其控制策略属于间接控制。

因流量是流量控制阀的真正输出量，进行流量的各种代换量的反馈是最直接的控制手段。事实上，这是一种与传统型调速阀原理完全不同的调速阀，它充分利用了液阻网络和反馈控制原理，改善了阀的性能，并导致发展出一系列新原理的比例液压器件，这种流量反馈型比例阀比位置反馈型或传统压力补偿型的有更好的静态和动态特性。因流量的检测远比位移的检测困难，要增加一个流量传感器，所以流量反馈型的比例流量阀在结构上较为复杂。

流量传感器的位移可以转换成机械量或电量来反馈，按此它有多种形式，下面只介绍其中两种。

1. 流量-位移-力反馈型

图 5-23a）所示为流量-位移-力反馈型比例流量阀的工作原理图，图 5-23b）所示为结构图。它实际是一个先导式的两级阀。比例电磁铁有控制信号时，先导阀开启形成可控液阻，它与固定液阻 R_1 构成先导液压半桥，对主节流级的弹簧腔压力 p_2 进行控制。先导阀开启后，先导流量经 R_1 和 R_2 先导阀和流量传感器至负载，流经 R_1 的液流产生压降，使 p_2 下降，在 $p_1 - p_2$ 作用下主阀开启。流经主阀的流量经流量传感器检测后，也流向负载。适当地设计流量传感器的开口形式，可使流量线性地转换成阀芯的位移量 z，并通过反馈弹簧转换成力，作用在先导阀的下端，使先导阀有关小的趋向，当与电磁力平衡时稳定下来。可见流量与 z 成正比，z 与电磁力成正比，于是受控流量与输入电流成比例的控制得到实现。

系统的自我修正调整作用可简述如下：如果负载压力波动，例如 p_5 下降，使流量传感器上腔压力下降和使阀芯失去平衡有开大的趋势,这使弹簧的反馈力增大。这致使先导阀开口量减小及 p_2 增加,从而使主节流口关小,p_1 随之减小,于是使流量传感器重新关小,回复到原来设定的位置上。由上面的分析可见,由于负载的变化引起流量的变化不是依靠压力差来补偿的,而是依靠主节流口的通流面积变化来补偿。这点正是新原理流量阀与传统的压力补偿型流量阀不同之处。如果供油压力变化,调整过程与上面分析类似。

图 5-23 中,R_3 是动态压力反馈液阻,用于提高阀的动态性能。R_2 为温度补偿液阻。此外,流量检测器能把流量线性地转换成阀芯位移也是提高控制精度的关键。通常采用特殊的阀口造型来使特性线性化。

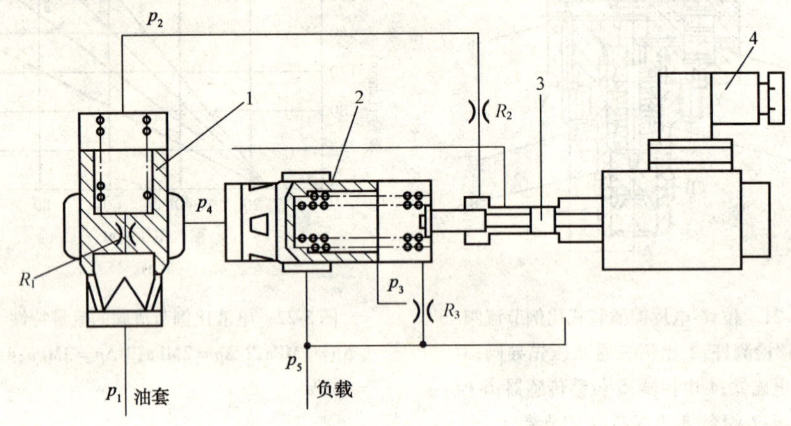

a)工作原理图

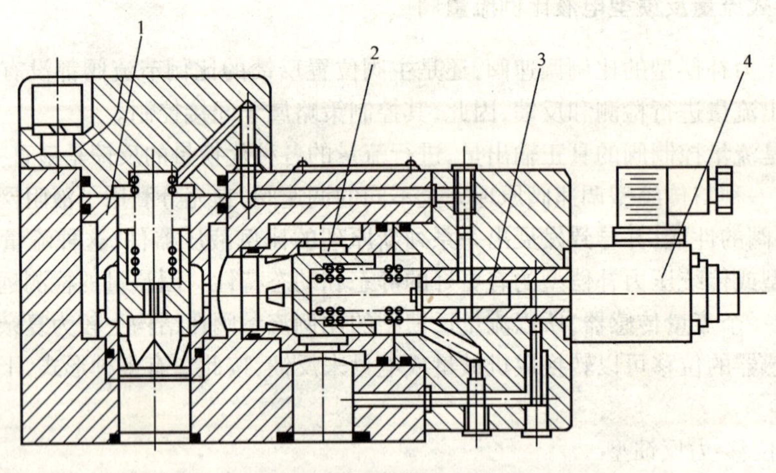

b) 结构图

图 5-23　流量-位移-力反馈型比例流量阀

1-主节流阀;2-流量传感器;3-先导阀;4-比例电磁铁

由图 5-18 的反馈路径 4 可见,由流量-位移-力反馈组成的闭环路并不把比例电磁铁和放大器包括在闭环内。因此,影响这种流量阀的控制精度主要来自比例电磁铁和先导级的摩擦力。在输入信号中叠加颤振信号的方法,可以抑制这些干扰量。

2. 流量位移电反馈型

由图 5-18 的反馈路径 5 可见,如果能实现流量-电反馈,就能把输出信号与输入信号直接相比较,构成所谓全程电反馈,把放大器和比例电磁铁也包括在大闭环内,这显然是一个更为完善的控制方案。

构成流量控制阀的全程电反馈控制的关键是要有流量传感器，一个可行的方案是把上节介绍的流量传感器与位移传感器结合在一起，可实现把液压流量，通过中间变量位移转换成相应的电量，图 5-24 所示是两种流量传感器的结构原理图。

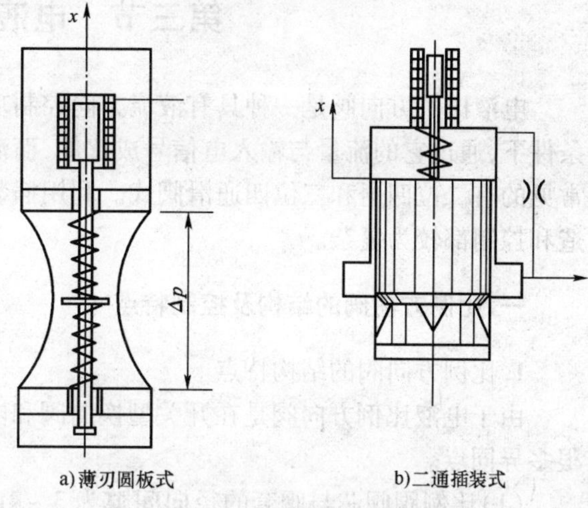

图 5-24　流量传感器结构原理图

对于薄刃圆板式流量传感器，其工作原理是利用孔壁曲面的变化来补偿棱边节流口的非线性。一个锐边圆盘支承在平衡弹簧上，与曲面孔壁配合形成面积可变的环形节流口。流量不同时压差也发生变化。根据力平衡可求得压差与圆盘位移的关系，即

$$\Delta p = \frac{k_{\xi}}{\pi r^2}x$$

式中：k_{ξ}——弹簧刚度；

r——锐边圆盘半径。

因此，通过传感器的流量为

$$Q = C_{\rm d}2\pi rb(x)\sqrt{\frac{2k_{\xi}x}{\rho\pi r^2}} = Kb(x)\sqrt{x}$$

式中：K——常数。

要使流量 Q 与位移 x 呈线性关系，必须满足：

$$b(x) = K_{\xi}\sqrt{x}$$

于是，由上两式得

$$Q = KK_1\sqrt{x}\sqrt{x} = K_2 x$$

式中：K_1、K_2——常数。

只要满足式中的任何曲线回转面，都可以使流量线性地转换成位移，这种流量传感器结构复杂，制造工艺困难，且动态响应慢。因此只能用于小压差、流量波动不大的场合。

二通插装式流量传感器可在一定程度上克服上述缺点，图 5-24b) 为其结构原理。根据薄壁流量公式，传感器的流量与压差关系为

$$Q = C_{\rm d}A(x)\sqrt{\frac{2\Delta p}{\rho}}$$

式中：$A(x)$——传感器位移 x 下的通流面积。

由上式可见，为了获得流量与位移的线性关系式，也需要对阀口作特殊的设计，目前已按此原理发展了性能良好的流量传感器。原则上，只要把流量传感器与比例节流阀串联，就可以构成流量-位移-电反馈型的比例流量阀。图 5-25 所示是这种流量电反馈的可能方案。电反馈除了有构成大闭环的优点外，它还可以采用不同的电气补偿技术来提高其动、静态特性。

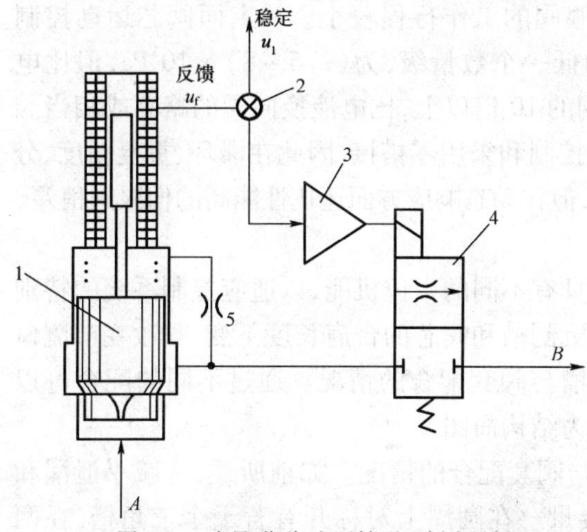

图 5-25　流量-位移-电反馈型比例流量阀

1-流量传感器；2-比较元件；3-比例放大器；4-电液比例节流阀；5-阻尼孔

第三节　电液比例方向阀

电液比例方向阀是一种具有液流方向控制功能和流量控制功能的负荷阀。在压差恒定的条件下，通过它的流量与输入电信号成比例，而流动的方向取决于比例电磁铁是否受到激励。常见的有二位四通和三位四通滑阀式。利用插装式元件组成比例方向阀需要较多的元件，制造和控制都较为复杂。

一、比例方向阀的结构及控制特点

1. 比例方向阀的结构特点

由于电液比例方向阀是在开关型换向阀和电液伺服阀的基础上发展起来的，它们之间有很多异同点。

(1) 比例阀阀芯与阀套的径向间隙为 3 ~ 4μm，与普通换向阀相当，而伺服阀的配合间隙为 0.5μm 左右。因此抗污染能力比伺服阀强得多。

(2) 为了减小中位泄漏，比例阀的阀芯通常具有一定的搭接量。搭接量一般为额定控制电流的 10% ~ 15%。这使比例阀有较大的死区，虽然死区达 10% 以上，但可在电子放大器中进行补偿，使死区最大限度地减小。

(3) 比例方向阀的阀芯形状是经特别加工和修整的，以适应同时对进、出口实行准确节流。一般方向阀阀芯台肩是直角形，而比例方向阀的阀芯则开有多至 8 个节流槽，节流槽口的几何形状为三角形、矩形、圆形或它们的组合。这些节流口有时称为控制槽，在圆周上均匀分布，且左右对称或成某一比例。通常比例系数为 1/2。用来适应控制对称执行器或非对称执行器的需要。

2. 比例方向阀的阀芯运动控制特点

一般的方向阀开启过程总是先通过死区，然后全开，直至本质上消除节流作用为止。而比例方向阀通过死区后进入节流阶段，而且节流槽的轴向长度永远大于阀芯行程。这样做可以使控制口总具有节流功能。而伺服阀阀芯与阀套的配合通常无死区，零位附近是伺服系统（特别是位置伺服系统）的主要工作点，因此，伺服阀的工作行程较小。从上面阀芯运动控制分析中可知：比例方向阀的阀口压降比伺服阀约低一个数量级，为 $(2.5 \sim 8) \times 10^5$Pa，但比电液换向阀较高。比例电磁铁的控制功率为伺服阀的 10 倍以上，比电液换向阀的略高或相当。

现代电液比例方向阀中引入了各种内部反馈控制和采用零搭接，因此在滞环、重复精度、分辨率及线性等方面的性能与电液伺服阀几乎相当，但在动态响应方面还比性能高的伺服阀稍差。

3. 比例方向阀的中位机能及应用场合

三位四通比例方向阀也像电液换向阀一样，具有不同的中位机能，以适应控制系统的特别要求。各种中位机能的获得，是通过保持阀套的沉割槽和阀芯的台肩长度不变，只改变节流口的轴向长度来实现。如图 5-26 所示为几种控制槽与阀套配合的情况。通过不同的配合可以得到不同的阀机能。图中上部为图形符号，下部为结构简图。

图 5-26a) 所示为左右对称的 O 型中闭阀芯与阀套配合的情况。如前所述，为减小泄漏和简化制造工艺，阀芯与阀套有 10% ~ 15% 的搭接量。在圆周上对称开有若干个三角槽，在两个方向上节流面积相等。节流槽的数量根据应用需要而定。这种阀主要用于对称执行器。从 P 到 A 或从 P 到 B 的压降基本一样，能对对称的液压缸或液压马达提供良好的控制。

图 5-26b)所示为对称的 P 型中位节流型阀芯。在中位时,它能使 P 到 A 和 B 油口提供节流路径,T 油孔堵死。中位的节流是靠阀芯台肩上的矩形节流槽与阀套形成一个不大的开口量而获得的,允许约 3% 的额定流过。这种阀主要用于控制液压马达,在中位时向液压马达提供必要的补充油液,因为液压马达在突然停止时会出现泄漏或抽空现象,提供补充油液后,液压马达的停止和起动都会变得平稳。

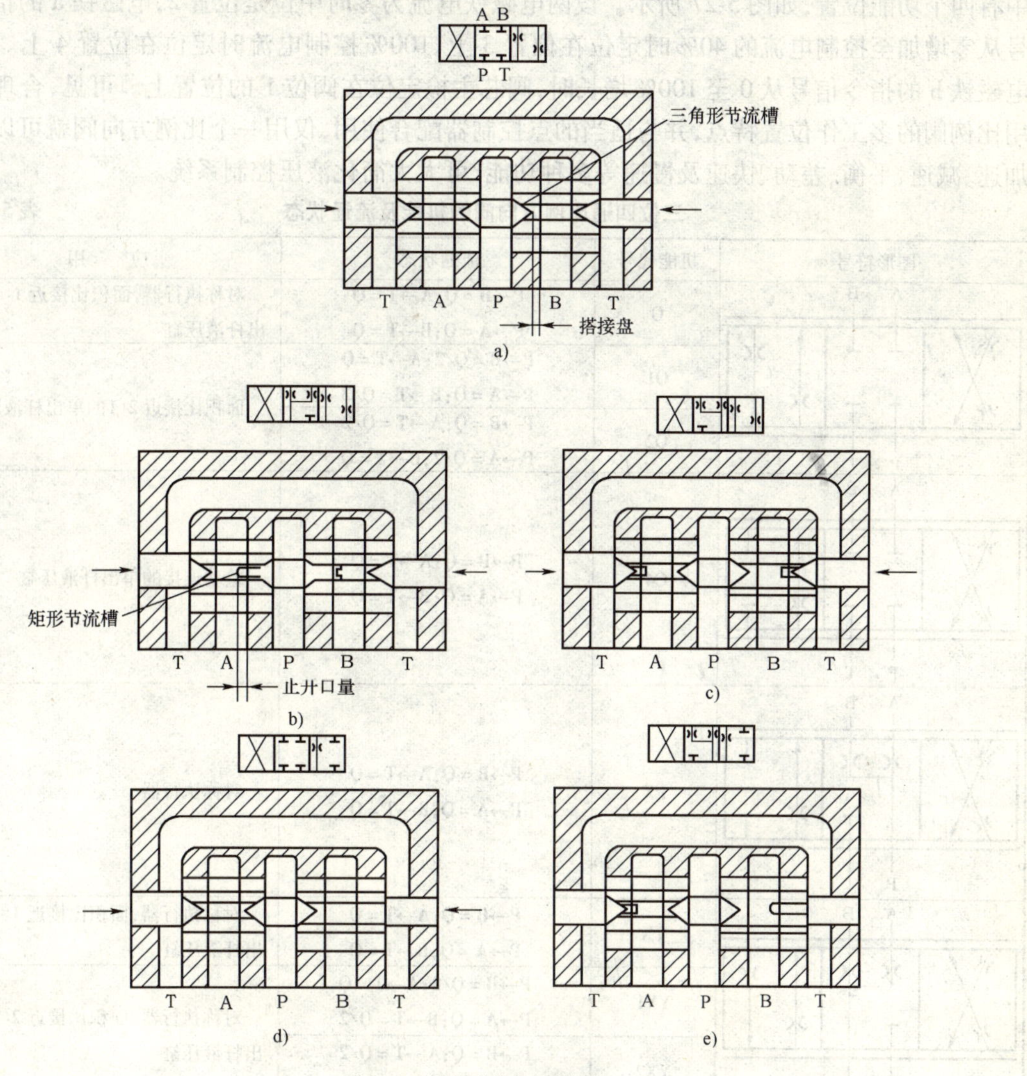

图 5-26 阀芯形状与阀的机能

图 5-26c)为对称的 YX 型中位节流型阀芯。这种阀芯处于中位时 P 油口封团,A 和 B 与 T 油口经节流孔相通。中位时,矩形节流槽的开口量可通过的流量为额定流量的3%左右。这种阀主要用于面积比接近 1∶1的单出活塞缸。它可以消除中位时由于阀芯的泄漏而引起的活塞缓慢外伸现象,也可以防止有杆腔的液压力放大作用。在单出杆缸用于超越负载的场合,或某次平衡回路、液控止回阀回路的场合,有时就必须采用这种阀芯形式。

图 5-26d)为 O_3 中闭型阀,这是因为阀芯右侧台肩的外侧没有节流开口的缘故。因此左移时 B 油口与 T 油口互不相通。图 5-26e)为 YX 型中位节流型阀芯,中位时 P 口封闭,A 和 B 与 T 口节流相通,有一矩形槽横跨在 B 与 T 口上。阀芯左移时 B 与 T 口互不相通,这两种阀

芯主要用于差动连接回路。

此外,还有多种有实用价值的中位机能。表 5-1 给出了对称阀芯及不对称阀芯的中位机能、流通状态及应用场合,可供设计时选择使用。

从本质上说,由于电液比例方向阀的阀芯可以定位在任何一位置上,即位置是无级可调的,它也就不局限于 3 位阀了,其实,可以作成四位或五位四通的形式。例如一个四位置的阀中有四个功能位置,如图 5-27 所示。设两电磁铁电流为零时中位是位置 2,电磁铁 a 的指令信号从零增加至控制电流的 40% 时定位在位置 3 上,100% 控制电流时定位在位置 4 上。而当电磁铁 b 的指令信号从 0 至 100% 增长时,阀芯主检定位在阀位 1 的位置上。可见,合理的利用比例阀的多工作位置特点,并与适当的点控制器配合使用,仅用一个比例方向阀就可以实现加速、减速、平衡、差动、快速及慢速等多种功能,可大大简化液压控制系统。

三位四通比例方向阀的机能及流通状态 表 5-1

图形符号	机能代号	流通状态	应　　用
A B / P T	O	P→B = Q; A→T = Q P→A = Q; B→T = Q	对称执行器,面积比接近 1:1的单出杆液压缸
	O1	P→B = Q/2; A→T = Q P→A = Q; B→T = Q/2	面积比接近 2:1的单出杆液压缸
	O2	P→B = Q; A→T = Q/2 P→A = Q/2; B→T = Q	
A B / P T	O4	P→B = Q; A→T = Q P→A = Q; B→T = Q	差动连接的单出杆液压缸
A B / P T	PX	P→B = Q; A→T = Q P→A = Q; B→T = Q	对称执行器
A B / P T	YX	P→B = Q; A→T = Q P→A = Q; B→T = Q	对称执行器,面积比接近 1:1的单出杆液压缸
	YX1	P→B = Q/2; A→T = Q P→A = Q; B→T = Q/2	对称执行器,面积比接近 2:1的单出杆液压缸
	YX2	P→B = Q; A→T = Q/2 P→A = Q/2; B→T = Q	
A B / P T	YX3	P→B = Q; A→T = Q P→A = Q; B→T = Q	差动连接的单出杆液压缸

4. 不对称阀芯

由于比例方向阀能对进口和出口同时进行节流控制,当用于控制不同的执行机构时会出现一些新问题。例如,对称的阀芯,即左右两边节流面积相同的阀芯,应用于控制对称执行器时不会产生大的问题,但当应用于单出杆液压缸等非对称执行器时情况就不一样。

设差动液压缸的两侧有效面积比为2:1。如果进口和出口两侧的节流面积相等时,所得的阀压力降便为1:4。

如图5-28所示,因为

$$\frac{Q_1}{Q_2}=\frac{A_1\nu}{A_2\nu}=\frac{2}{1}=\frac{\sqrt{\Delta p_1}}{\sqrt{\Delta p_2}}$$

由上式得

$$\Delta p_1\approx 4\Delta p_2$$

式中各符号的意义如图5-28所示。

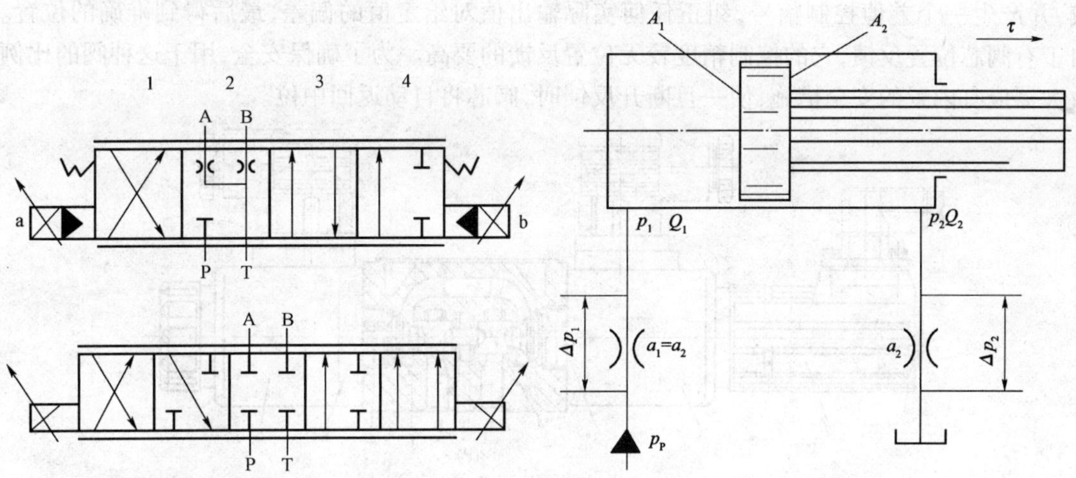

图5-27 四位及五位电液比例方向阀　　图5-28 对称阀芯控制非对称执行器

由上式可见,当有杆腔的工作背压大于供油压的1/4时,就会因为系统无法对进油腔提供足够的压差而出现抽空现象。因此产生气穴,使系统控制性能大大破坏,甚至不能工作。

设计不对称开口的阀芯,可以满足不同流量的要求。现有产品中有各种不对称阀芯供选择,来适应不同面积比的液压缸的控制要求。

二、直动式比例方向阀

直动式比例方向阀由比例电磁铁直接推动阀芯左右移动来工作。其中二位四通和三位四通两种最常见。前者只有一只比例电磁铁,由复位弹簧定位。后者有两只比例电磁铁,由两个对中弹簧定位。复位弹簧或对中弹簧同时也是电磁力-位移转换元件。由于电磁力的限制,直动式的比例方向阀只能用在流量较低的场合,比例方向阀也可分为带阀芯位置反馈和不带位置反馈两种。

1. 不带位置反馈型

不带阀芯位置反馈的直动式比例方向阀的基本结构与前面介绍的三通比例减压阀十分相似,仅阀芯内部结构不同。三通减压阀是采用三件组合式阀芯,而比例方向阀采用的是开有节流槽的整体式阀芯。当任一只电磁铁通电后,电磁力直接作用在阀芯上,并与对中弹簧力平衡而定位在与信号成正比的位置上,对于三位阀,两个电磁铁同时通电是禁止状态。而两个电磁铁同时断电时,在对中弹簧的作用下处于中位,当左面的电磁铁收到信号时,信号使阀芯右移,其位移量比例于输入信号。这时允许油液从P孔流向B孔和A孔流向T孔。如果节流口前后压差保持不变,则通过的流量仅与输入信号有关,如果另一侧的比例电磁铁通电,油孔导通的情况正好交换导通。

2. 带阀芯位置反馈型

带阀芯位置反馈的直动式比例方向阀与不带阀芯位置反馈的差别仅在于使用的比例电磁铁不完全相同。不带位置反馈的比例方向阀使用的是力控制形比例电磁铁,而带位置反馈的其中有一只使用的是行程控制比例电磁铁,如图 5-29 所示。位移传感器 1 是一个直线型的差动变压器,它的动铁芯与电磁铁的衔铁机械固连。能在阀芯的两个移动方向上移动 ±3mm。其工作过程如下:当电磁铁受激励,阀芯移动相应的距离,同时也带动了位移传感器的铁芯离开平衡位置。于是,传感器感应出一个位置信号,并反馈到比例放大器。输入信号与实际值比较,并产生一个差值控制信号,纠正任何实际输出值对给定值的偏差,最后得到准确的位置。由于有阀芯位置反馈,它的控制精度较无位置反馈的要高。为了确保安全,用于这种阀的比例放大器应有内置的安全措施,使一旦断开反馈时,阀芯将自动返回中位。

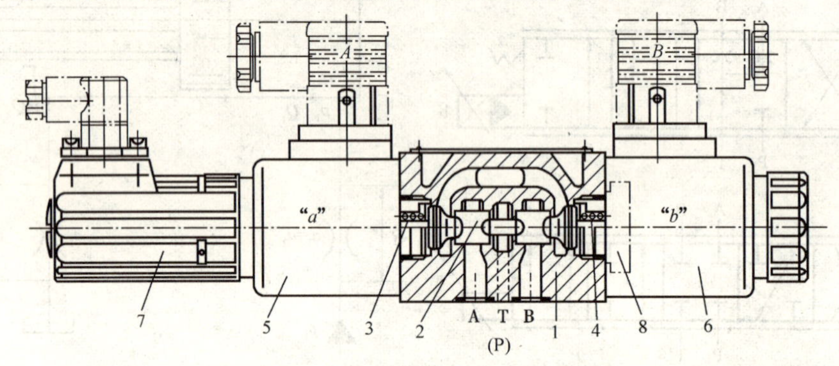

图 5-29　带位置反馈的直动式比例方向阀

1-阀体;2-阀芯;3、4-对中复位弹簧;5、6-力控制型比例方向阀;7-位移传感器;8-丝堵

由于该阀也是一种直动式控制阀,因此,只能用于中等流量及以下的场合。在超过此流量的场合,由于过大的液动力将使阀无法开启或不能完全开启。虽然,位置传感器给出反馈信号,力图使阀开得更大,但因电磁铁已耗尽所有的电磁力,所以阀芯将无法开启到给定的位置上。

三、先导式比例方向阀

先导式比例方向阀主要用于大流量的场合。较常用的是二级阀,也有三级的,三级式的阀主要用于特大流量的场合。先导级通常是一个小型的直动式三通比例减压阀,或其他类型的压力控制阀,例如喷嘴挡板阀。它的工作原理是电信号经先导级转换放大后,变成液压功率驱动主阀级工作。液压推力等于控制压力与阀芯端面积和乘积,它足以克服主阀芯上液动力的干扰。这就是为什么先导控制的比例方向阀能处理较大流量的原因。

先导式比例方向阀有两类:

第一类是从伺服阀的简化基础上发展起来的,它与伺服阀相类似,级间可能有各种各样的反馈联系,动态和静态性能都较优。这类阀有时又称为廉价伺服阀。但它的制造工艺较复杂、制造要求高、通用性差,比较不常见。

另一类是从电液换向阀的基础上发展起来的。这类阀没有级间的反馈联系,优点是装配精度和制造要求较低,通用性好,调节方便。是常见的比例方向阀,下面只对这一类阀加以介绍。

前面讨论过的双向比例三通减压阀,它的主要用途是作为比例方向阀的先导阀。它与一个液动式比例方向阀叠加在一起就构成一个先导式电液比例方向阀如图 5-30 所示。无信号状态时，主阀芯 8 由一偏置的对中弹簧 9 保持在中位上，也有些阀是用两个对称布置在阀芯两端的压力弹簧对中的。显然用一个偏置弹簧对中的优点是避免了两个弹簧对中时，由于弹簧参数不尽相同或发生变化而引起阀芯偏离中位的可能性。主阀控制腔 10 有压力时，阀芯左移压缩弹簧，相反，弹簧腔 10 有压力时，阀芯右移把弹簧拉紧在阀体上。

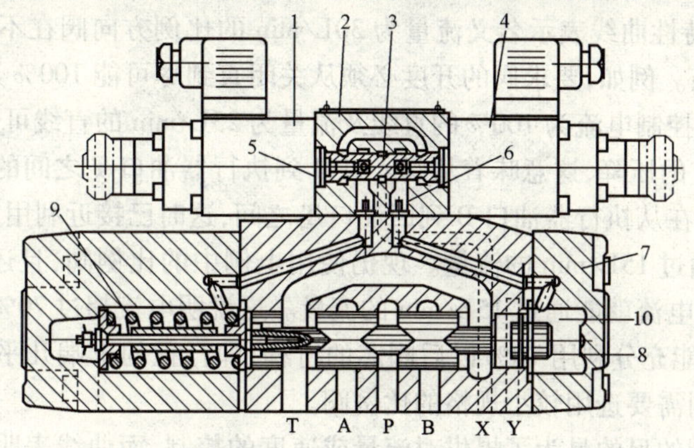

图 5-30 先导式电液比例方向阀

1、4-比例电磁铁；2-先导阀体；3-先导阀芯；5、6-先导阀口；7-端盖；8-主阀芯；9-弹簧；10-主阀控制腔

只有当阀两端的主阀控制腔中的压力升高到足以推动阀芯移动到节流位置时，方向阀才开启。移动的方向决定于哪一只电磁铁受到激励，移动距离则决定于激励信号，即输入电流的大小。设电磁铁 B 接受到控制信号，于是先导阀芯 3 右移，使主阀控制腔 10 压力升高。同时，主阀便向左移动，直到移动到设定位置为止。在开启过程中，节流槽逐渐增大，使控制流量从 P 到 A 和从 B 到 T 是渐增的。

调整输入信号的水平，可使主阀芯定位在不同的预定位置上。阀芯上的三角形节流槽会形成不同的节流面积。因此，预调阀的输入信号水平，就可以按需要设定执行器的速度。

借助于放大器的帮助，可以使阀芯的运动受时间控制，实现机构的平滑起动和停止。例如，设信号从零增加到 100% 或相反，阀芯的响应时间可以通过放大器从 0 至 5s 内可调。

由以上讨论，综述比例方向阀的控制特点如下：

(1) 比例方向阀提供两个方向上同时节流；

(2) 阀芯的最终设定位置由输入信号的水平确定；

(3) 阀芯移动的响应速度直接与执行机构的加速度或减速度成比例。它可以借助比例放大器中的斜坡信号发生电路来调整确定。

四、比例方向阀的特性曲线

比例方向阀的特性用三组特性曲线表示，这些特性曲线是使用和设计比例方向阀控制回路的重要依据。一组曲线是额定压差下输入信号电流与输出流量关系曲线，即流量控制曲线，该曲线反映比例阀的静态特性；另外两组曲线是阶跃响应曲线和频率响应曲线，这两组曲线反映阀的动态特性。下面分别讨论这些曲线与性能之间的联系。

1. 流量控制曲线

为了充分利用比例方向阀的控制能力，要求在额定压差下，进、出比例方向阀的流量要得到连续的节流。为了提高它的分辨率就要尽量利用它的最大行程。每一通径的比例方向阀都有几种名义流量可供选择,各种名义流量的获得是靠增加或减小阀芯上的节流槽的数目来获得的。而通过阀的实际流量与横跨阀的总压力差有关。总压力差是指比例方向阀两个节流口压降之总和。通常名义流量是指对应总压力差为1MPa(也有采用0.8MPa)的那条流量曲线。

对每一名义流量的比例方向阀,都有一组流量曲线给出,用来表明阀在该压降下的最大控制能力。

图5-31所示的特性曲线表示名义流量为30L/min的比例方向阀在不同的压差下流量与控制电流之间的关系。例如,要求阀的开度必须从关闭直到尽可能100%开启,而通过的最大流量为25L/min。从控制电流为100%的直线及流量为25L/min的直线可知,这时通过阀的压降应为曲线1所对应的压降,这意味着从阀入口B到执行器油口T之间的压降为0.5MPa,而另外0.5MPa压降落在从执行器油口B到回油口T之间,这时已接近利用了滑阀的全行程。

如果最大只需通过15L/min的流量。现仍使用上例中的比例阀,且还在1MPa的总压差下,只需70%的控制电流就能通过15L/min的流量。这说明电流超过70%以后已经不影响流量的变化,或者说不能充分利用70%以后阀芯的行程,即行程的末端几乎没有控制能力。这表明为了全行程控制需要选用较小规格的比例阀。

采用比例方向阀的目的是为了提供对流量或速度的控制,而曲线表明要控制就必须要节流,而节流就必定有压降落在阀口上。

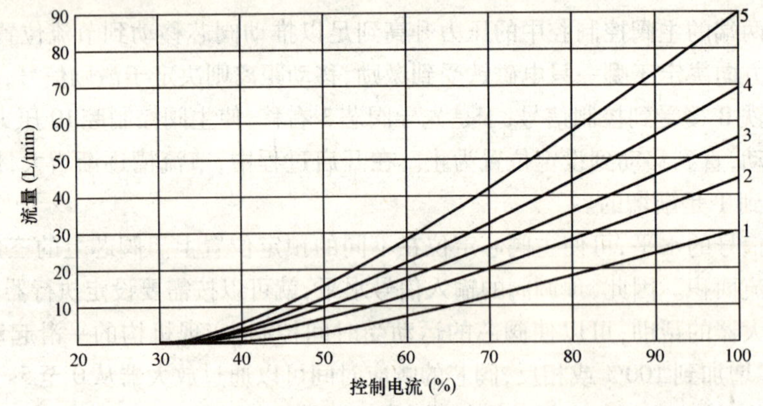

图5-31 控制电流-流量特性曲线

(30L/min上的名义流量在1MPa的压降下)

1-Δp = 1MPa;2-Δp = 2MPa;3-Δp = 3MPa;4-Δp = 4MPa;5-Δp = 5MPa

2. 阶跃响应曲线

对某一具体的液压回路,要估计它的最高工作频率(往复运动)和负载状态。有时需要考虑比例阀本身固有的转换时间(阶跃响应时间)的限制。虽然系统的自然频率是主要的限制因素,但熟悉和了解响应特性是非常有用的。特别是过程控制器或计算机用于控制某一工作循环时更应清楚地知道阶跃响应时间。因为预知该阀的可靠的响应特性后,可以利用计算机提前触发某一功能,即在该功能需要出现之前转换阀芯,用这样的方法可以消除比例阀的死区以及改善工作循环。

图5-32所示为理想阶跃信号下,即瞬时变化的阶跃信号输入到比例放大器,阀芯从一个位置转换到另一位置的最快响应情况,其中图5-32a)左面表示行程指令从零到100%时阀芯行程的变化,右面部分表示行程指令从100%到零时的变化。图5-32b)、c)相类似,但信号变化的起点和幅值不相同。图中x轴是阀芯从一个位置移到另一个位置所需的时间,这一时间

将会影响到输出响应的相位滞后。指令周期发生变化时,相位滞后也会发生变化。

图 5-32a)表明,该阀从全闭到全开时指令信号必须持续 80ms,而当控制信号移去后,使阀口全闭则需 60ms。换言之,该阀完成一个周期的运动需要的最小时间是 140ms,这意味着每秒能完成的周期数为

$$\frac{1}{140}\text{ms} \cdot 1000\text{ms/s} = 7.15\text{Hz}$$

因此要求阀芯有 100% 的开启量时的最高转换频率为 7.15Hz。当快于这个频率时,阀芯便无法跟随指令信号作完全的响应。例如,指令信号变化频率为 10Hz,虽然幅值为 0 到 100% 的指令信号要求阀芯全部开启,但尚未完全响应之前便收到要它重新关闭的指令。

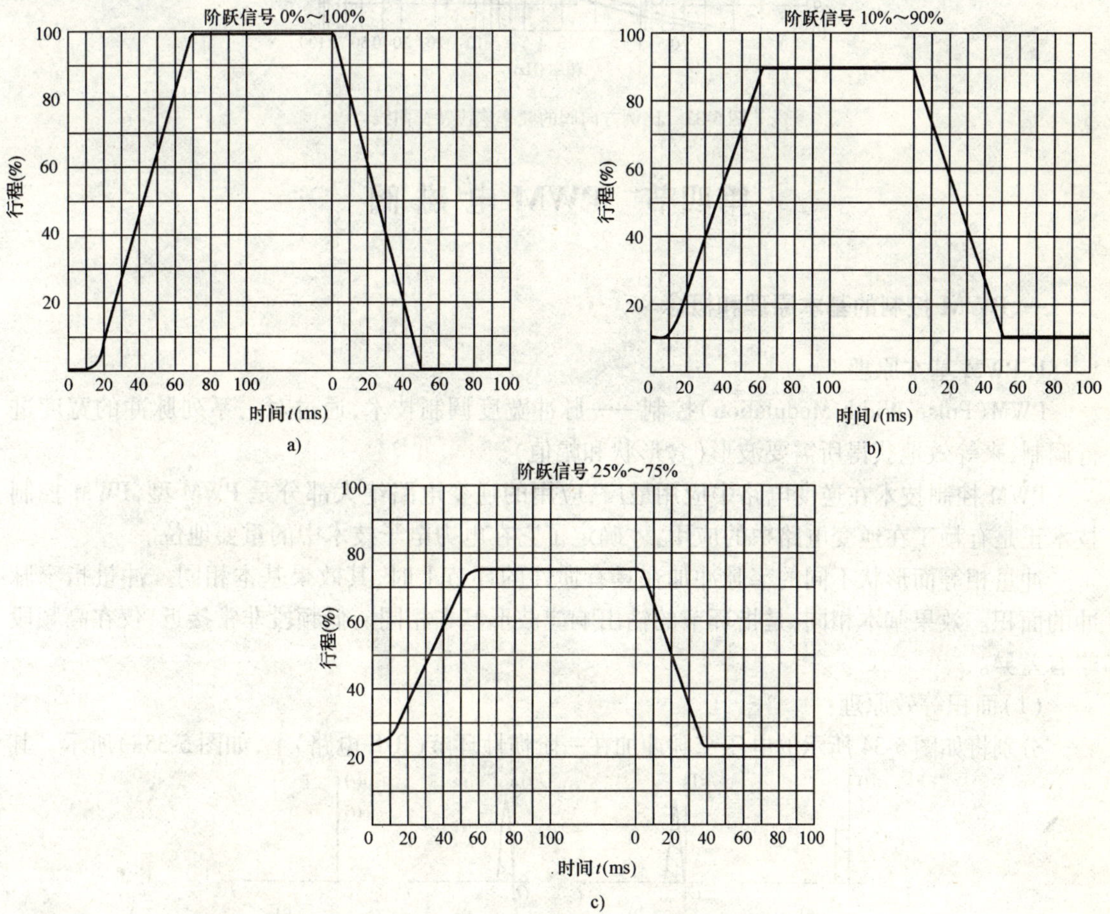

图 5-32 阀芯的阶跃响应曲线

3. 频率响应曲线

图 5-33 所示为一个比例方向阀的典型的频率响应特性曲线。其中曲线 1 和 2 是振幅响应与频率的关系,曲线 1 是输入信号的幅值为 50%,且作 ±25% 变化时的频率响应。而曲线 2 是输入为 50%,且 ±50% 变化时的响应曲线。该曲线清楚表明,随着输入信号加速,阀芯的运动幅值下降,当幅值比下降到 -3dB 时,即输出幅值与输入幅值之比为 0.707 时,便认为输出已不能跟随输入而变化。这时对应的频率称为系统的工作频宽,本例中约为 8Hz。

典型的相频特性曲线如图中曲线 3 和 4 所示。对应的信号变化如前所述。相频特性反映输出量与输入量之间的相位差别,以角度表示。随着信号频率增加相位差增大,即阀的滞后加

大,说明跟踪能力下降。比较曲线3和4可知,在相同的输入频率下,输入幅值越大,输出的相位滞后就越大。或者换句话说,在相同的输入频率下,要求阀芯的运动量增加时,相位滞后就要加大。

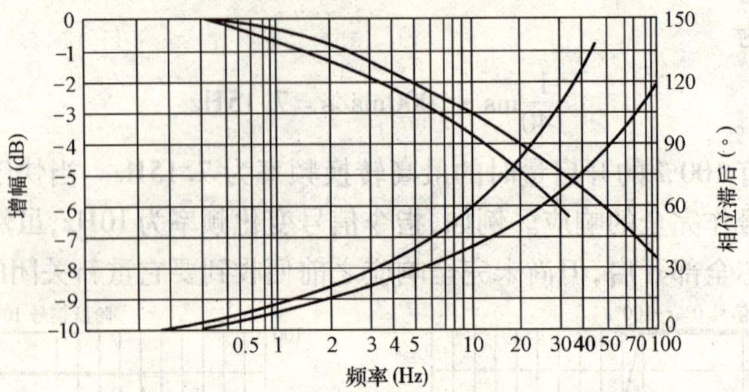

图5-33 比例方向阀的频率响应特征曲线

第四节 PWM电磁阀

一、PWM控制的基本原理和概念

1. PWM基本原理

PWM(Pulse Width Modulation)控制——脉冲宽度调制技术,通过对一系列脉冲的宽度进行调制,来等效地获得所需要波形(含形状和幅值)。

PWM控制技术在逆变电路中应用最广,应用的逆变电路绝大部分是PWM型,PWM控制技术正是有赖于在逆变电路中的应用,才确定了它在电力电子技术中的重要地位。

冲量相等而形状不同的窄脉冲加在具有惯性的环节上时,其效果基本相同。冲量指窄脉冲的面积。效果基本相同,是指环节的输出响应波形基本相同。低频段非常接近,仅在高频段略有差异。

(1)面积等效原理:

分别将如图5-34所示的电压窄脉冲加在一阶惯性环节(R-L电路)上,如图5-35a)所示。其

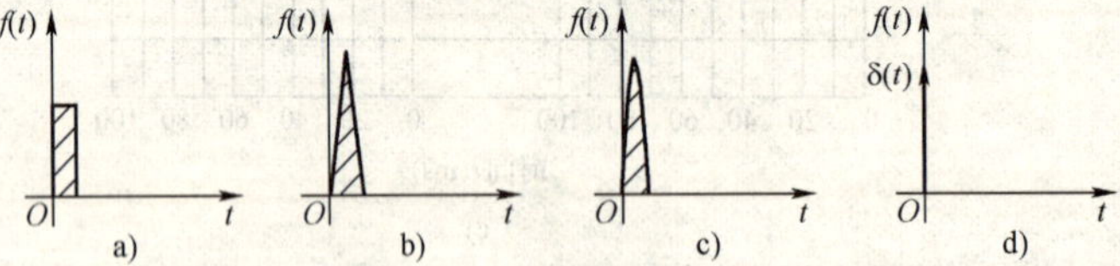

图5-34 形状不同而冲量相同的各种窄脉冲

输出电流$i(t)$对不同窄脉冲时的响应波形如图5-35b)所示。从波形可以看出,在$i(t)$的上升段,$i(t)$的形状也略有不同,但其下降段则几乎完全相同。脉冲越窄,各$i(t)$响应波形的差异也越小。如果周期性地施加上述脉冲,则响应$i(t)$也是周期性的。用傅里叶级数分解后将可看出,各$i(t)$在低频段的特性将非常接近,仅在高频段有所不同。

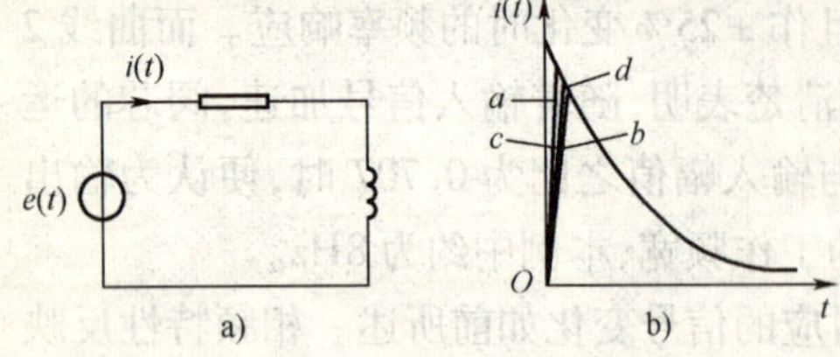

图5-35 冲量相同的各种窄脉冲的响应波形

用一系列等幅不等宽的脉冲来代替一个正弦半波(图5-36),正弦半波N等分,看成N个相连的脉冲序列,宽度相等,但幅值不等;用矩形脉冲代

替，等幅，不等宽，中点重合，面积（冲量）相等，宽度按正弦规律变化。

SPWM 波形——脉冲宽度按正弦规律变化而和正弦波等效的 PWM 波形，如图 5-36 所示。

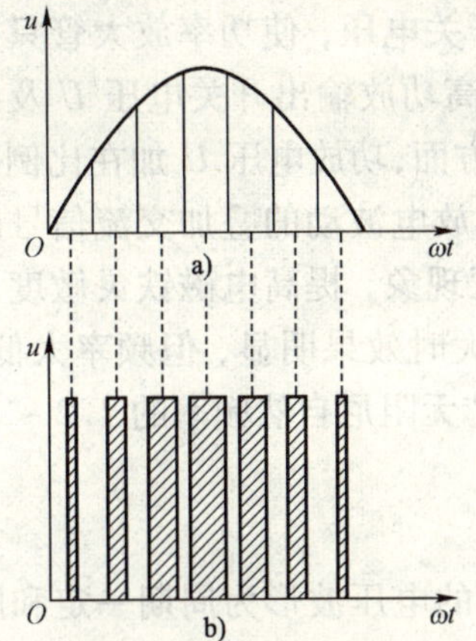

图 5-36　用 PWM 波代替正弦半波

要改变等效输出正弦波幅值，按同一比例改变各脉冲宽度即可。

（2）PWM 电流波：电流型逆变电路进行 PWM 控制，得到的就是 PWM 电流波。

PWM 波形可等效的各种波形：

①直流斩波电路：等效直流波形。

②SPWM 波形：等效正弦波形。

还可以等效成其他所需波形，如等效所需非正弦交流波形等，其基本原理和 SPWM 控制相同，也基于等效面积原理。

2. 相关概念

（1）占空比：就是输出的 PWM 中，高电平保持的时间与该 PWM 的时钟周期的时间之比。

如，一个 PWM 的频率是 1000Hz，那么它的时钟周期就是 1ms，就是 1000us，如果高电平出现的时间是 200us，那么低电平的时间肯定是 800us，那么占空比就是 200：1000，也就是说 PWM 的占空比就是 1：5。

（2）分辨率也就是占空比最小能达到多少，如 8 位的 PWM，理论的分辨率就是 1：255（单斜率），16 位的 PWM 理论分辨率就是 1：65535（单斜率）。

（3）频率就是这样的，如 16 位的 PWM，它的分辨率达到了 1：65535，要达到这个分辨率，T/C 就必须从 0 计数到 65535 才能达到，如果计数从 0 计到 80 之后又从 0 开始计到 80……那么它的分辨率最小就是 1：80 了，但是，频率也快了，也就是说 PWM 的输出频率高了。

（4）双斜率 / 单斜率：

假设一个 PWM 从 0 计数到 80，之后又从 0 计数到 80……这个就是单斜率。

假设一个 PWM 从 0 计数到 80，之后是从 80 计数到 0……这个就是双斜率。

可见，双斜率的计数时间多了一倍，所以输出的 PWM 频率就慢了一半，但是分辨率却是 1：（80 + 80） = 1：160，就是提高了一倍。

假设 PWM 是单斜率，设定最高计数是 80，我们再设定一个比较值是 10，那么 T/C 从 0 计数到 10 时（这时计数器还是一直往上计数，直到计数到设定值 80），单片机就会根据设定，控制某个 IO 口在这个时候是输出 1 还是输出 0，以此实现 PWM 控制。

二、一种 PWM 电液比例阀特性研究

1. 阀结构及其控制器特点

PWM 电液比例阀的结构如图 5-37 所示，是一个三通阀。两个比例电磁铁分别控制阀芯的双向运动，两端分别有对中复位弹簧。它也可当二通阀用作阀口，并对称的分为两组，在轴线方向相对错开一定的距离，既保持了较高的分辨率，又获得了较大的控制流量输出。比例电磁铁能根据电流的大小产生相应的电磁力，从而能按比例进行控制。

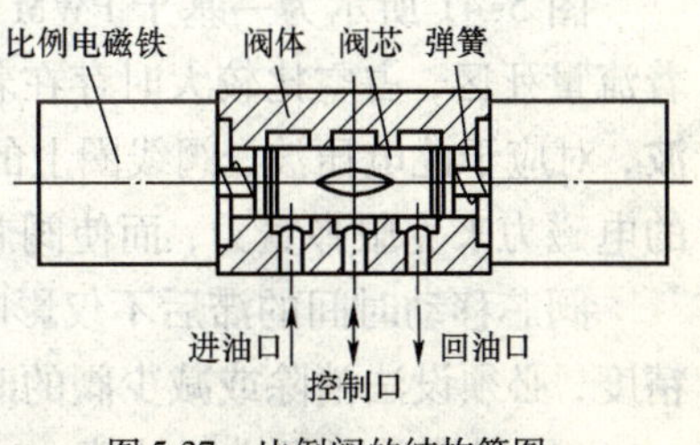

图 5-37　比例阀的结构简图

电液比例阀控制器主要解决快速性、电磁滞环和摩擦滞环以及超调量较大的问题。而其控制作用的优势，直接影响到比例阀的工作性能和可靠性。

采用先进可控的 PWM 技术，在输出电路上产生可变的开关电压，使功率放大管只处于饱和导通和截止状态，所以功率低、不需加散热片，这样可提高功放输出开关电压 U 及缩短电流上升的时间，使输出响应加快，并提高抗干扰能力，另一方面，功放电压 U 加在比例电磁铁线圈上，由于线圈上的电感作用，使其电流 I 变为小幅度充放电波动的叠加交流信号的直流电流，起到颤振作用，能够有效降低摩擦、减少磁滞和死区现象，提高电磁铁灵敏度。颤振作用的效果取决于电流波动的频率和幅值，频率低和幅值大时效果明显，但频率太低、幅值过大时又会引起系统不稳。通常将方波频率选取在电磁铁芯无阻尼自然频率的 1.2 ~ 2 倍范围。

2. 电流模型

比例阀线圈的电压波形为周期一定、脉冲宽度比例阀线圈的电压波形为周期一定和脉冲宽度小于阀芯的响应周期，所以阀芯的运动只响应 PWM 信号的平均值。PWM 电路基本的形式如图 5-38 所示。PWM 信号控制着开关的导通与截止。占空比为

$$D = \frac{t_H}{t_M}$$

式中：t_H——三极管导通时间；

t_M——PWM 周期，$t_M = t_H + t_L$（t_L 为三极管关断时间）。

由图 5-39 可知，当占空比 D 和周期 t 取值比较合适时，可使比例阀电流保持在平均值。

当占空比从 0 到 100% 变化时，平均电流 I 可以从 0 变化到稳态电流 U/R_L。取 $U=24V$，$R_L=12$，图 5-40 给出了 D、I 的仿真关系曲线。可以看出 t_M 与 t（比例阀时间参数）的比值越小，I 与 D 的关系越接近直线。当 t_M 与 t 的比值较大时，占空比只能在某个范围内取值，平均电流 I 才与占空比 D 成近似直线关系。占空比 D 的大小可通过对单片机的定时器编程来改变，t 的大小可以通过在线圈上串联电阻来改变。

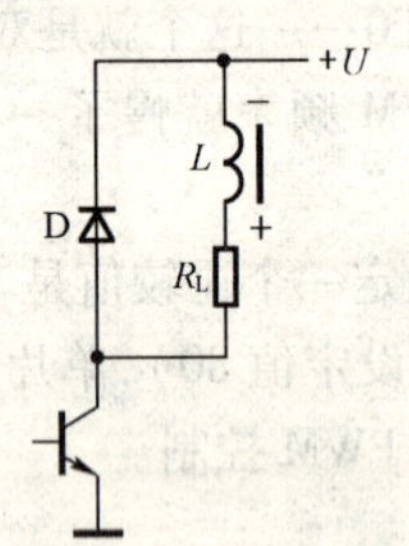

图 5-38 PWM 电路的基本形式

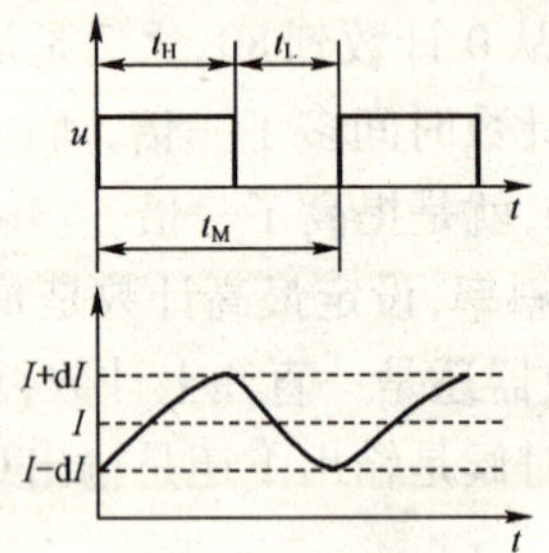

图 5-39 占空比与电流的关系

3. 流量特性曲线

图 5-41 所示为一基于 PWM 控制的电液比例阀的流量特性曲线，当占空比较小时，存在着流量死区，占空比较大时存在着流量饱和现象。这是因为施加给阀的控制信号是矩形电压波，对应于此电压波，阀线圈上的电流只能相对缓慢地增大，当大到一定程度才能产生足够的电磁力来克服弹簧力，而使阀芯移动。

阀芯移动时间的滞后不仅影响液压系统的动态性能，而且降低控制精度，为了提高控制精度，必须设法消除或减少阀的时间滞后，常用的方法如下。

(1)对滞后时间进行补偿。这一方法首先测定阀滞后时间。在决定占空比 D 时，根据滞

后时间,预先加宽调制脉冲幅以抵消滞后时间的影响。

(2)差动 PWM 控制方法。采用对时间滞后进行补偿虽然可以消除死区现象,但是阀的流量特性曲线的非线性并未得到改善。采用差动 PWM 控制方法后,有望使该问题得到改善。

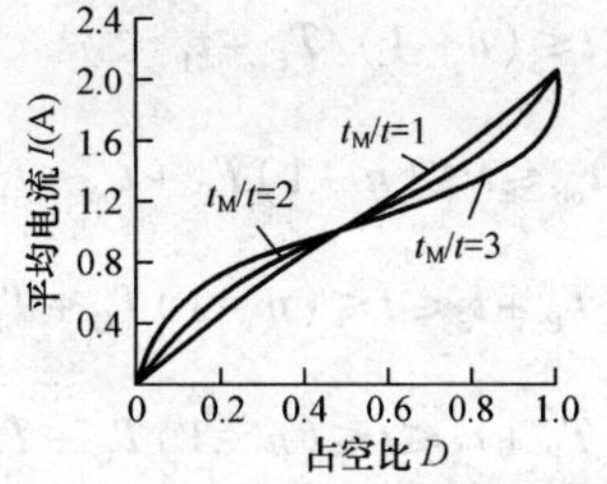

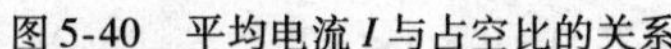

图 5-40　平均电流 I 与占空比的关系

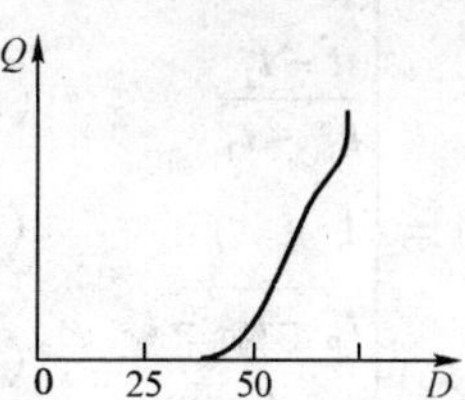

图 5-41　流量特性曲线

使用 PWM 控制的电液比例阀结构简单、成本低,对一般的工业可满足要求,对于精度及动态特性要求很高时可采用闭环控制解决。另外它还有可与计算机直接接口、抗污染性能强、增益特性改变灵活等优点,故有着广泛的应用前景。

三、一种 PWM 高速开关电磁阀控制的汽车 ABS 研究

汽车防抱死制动系统是一种越来越普及的汽车主动安全装置,一般由电子控制单元(ECU)、轮速传感器和液压制动压力调节装置三大部件组成,其中,液压制动压力调节装置中的高速开关电磁阀是汽车制动防抱死系统的关键执行元件,它通过接收来自电子控制单元的控制信号实现快速开启和关断操作,以调节制动系统油路的流量和压力。运用脉宽调制(PWM)对高速开关阀进行控制,可以实现压力增加(或降低)的精细调节。通过轮速传感器感知汽车的运动状态,由电子控制器判断制动系统的控制规律,发送控制信号到压力控制单元,从而在极短的时间内调节汽车制动系统的压力,以保证汽车在制动过程中车轮不抱死整车,从而实现尽可能不侧滑、不跑偏且可制动。

1. 高速电磁开关阀的结构形式及工作原理

所选高速电磁开关阀为推杆球阀式,其特点是借助供油口与控制口间的压差使球阀复位,取代了普通阀复位弹簧,因此结构简单,响应速度大大提高,高速开关阀结构图如图 5-42 所示。高速开关阀主要以脉宽调制信号控制。脉宽调制控制系统实质上是一采样控制系统,只是采样后脉冲幅值不变,变化的只是一周期中高电平的占空比。图 5-42 中,当电磁铁断电时,供油球阀 7 在回油压差作用下向左运动,使供油口与控制口接通;在供油球阀左移时,通过分离销的作用推动回油球阀 5 紧靠密封座面,使回油口与供油口断开,控制口为高压。当电磁铁通电时,衔铁 1 产生的电磁推力通过顶杆和分离销使回油阀与供油阀一起右移,直至供油球阀紧靠其密封座面,此时回油球阀 5 打开,供油阀关闭,控制口为低压。

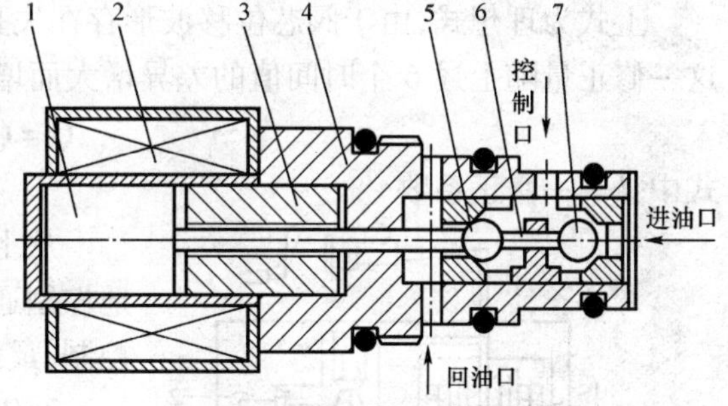

图 5-42　高速开关阀结构图

1-衔铁;2-线圈;3-极靴;4-阀体;5-回油球阀;6-分离销;7-供油球阀

当给高速开关阀作用一电压幅值为 U,时间宽度为 T 的脉冲时,线圈电流 I 与阀芯位移 X 的关系,如图 5-43 所示。作用一脉冲电压,产生与之成比例的电磁力,当电磁力大于液动力与

摩擦力之和时，阀芯开始运动。由于阀芯运动，线圈中电感发生变化，电流也发生变化。再输入信号的低电平，阀关闭。开关阀阀芯的 1 个完全开关过程可分为 5 个阶段，可用 1 个分段函数式来表示：

$$\omega(t)=\begin{cases}0 & (n-1)T_C\leqslant t\leqslant(n-1)/T_C+t_1\\ \dfrac{t-t_1}{t_{on}-t_1} & (n-1)T_C+t_{on}\leqslant t\leqslant(n-1)T_C+t_{on}-t_1\\ 1 & (n-1)T_C+T_P+t_3\leqslant t\leqslant(n-1)T_C+T_P+t_{off}\\ \dfrac{t_p-t_{off}-t}{t_{off}} & (n-1)T_C+T_P+t_3\leqslant t\leqslant(n-1)T_C+T_P+t_{off}\\ 0 & (n-1)T_C+T_P+t_{off}\leqslant t\leqslant nT_C\end{cases}$$

由此可见，阀的运动若用滞后时间与一次曲线来模型化，其开关运动就可用如下 6 个时间参数确定：t_1——开关阀开启死区；t_2——开关阀开启移动死区；t_3——开关阀关闭死区；t_4——开关阀关闭移动死区；t_{on}——开关阀开启时间；t_{off}——开关阀关闭时间。以上 6 个时间参数可由电流响应曲线直接测得。

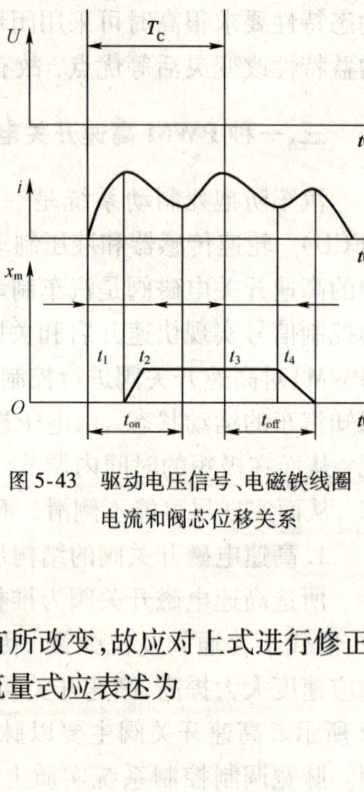

图 5-43　驱动电压信号、电磁铁线圈电流和阀芯位移关系

设每周期中通过高速开关阀的平均流量为 Q，则有

$$Q=Q_{max}gD$$

$$Q_{max}=C_dA_v\frac{2\Delta p}{\rho}$$

式中：Q_{max}——阀口全开时过阀最大流量，L/min；

D——占空比；

C_d——高速开关阀流量系数；

A_v——阀口通流面积，cm^2；

Δp——阀口压差，MPa；

ρ——油液密度，kg/cm^3。

上式为理想式，由于阀芯位移波形存在失真，实际占空比有所改变，故应对上式进行修正。这一修正量随上述 6 个时间值的差异增大而增大。实际平均流量式应表述为

$$Q=Q_{max}kD$$

式中：k——修正系数。

从上式可以看出，通过调节占空比 D，就可以连续地控制通过开关阀的平均流量，实现对流量的准确连续控制，最终实现对输出口压力的控制。

2. PWM 信号控制的 ABS

液压制动压力调节装置由一个两位三通高速电磁液压阀、电动泵总成、电动机、止回阀和储液器等组成，通过制动管路对各制动轮缸实施制动压力的调节。防抱死制动系统工作示意图如图 5-44 所示。

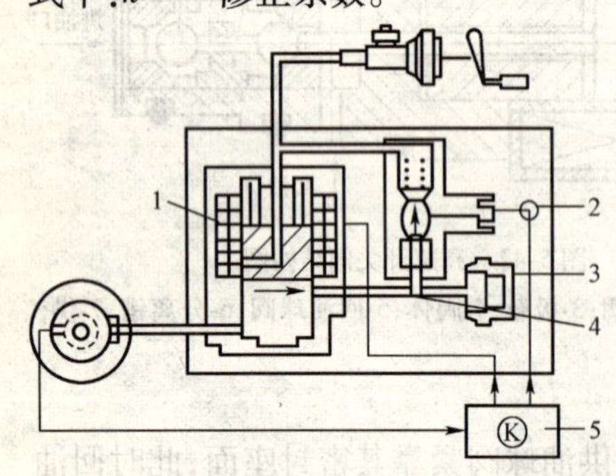

图 5-44　防抱死制动系统工作原理图

1-电磁柱塞；2-回流泵；3-降压器；4-回流通道；5-控制单元

当控制单元接收到各轮速传感器传来的相当于滑移率在 15% ~25% 之间的脉宽调制信号时，ABS 控制单元给电磁阀通一小电流，使电磁阀的电磁柱塞上移，

所有的通路都被截断，使主缸输出的制动液不再进入轮缸而使制动压力保持不变。即处于“保压”状态；当控制单元接到某一转速传感器传来的相当于滑移率超过25%的信号时，ABS控制单元为电磁阀提供较大电流，使电磁柱塞进一步上移，并打开制动回路通道，部分制动液回流进入回流泵及降压器，回流泵工作，将制动液输入制动主管路，即处于“减压”状态。回流泵工作压力在22～25MPa时，驾驶员脚上有制动踏板反弹的感觉；当车速因制动压力减小而上升时，滑移率下降到ABS工作下限15%时，ABS控制单元发出断电信号，电磁柱塞在弹簧力作用下下移，打开进油通道，关闭出油通道，制动压力又增大，即进入“增压”状态。如此反复，直至停车。这种压力波动式调节，每秒可循环4～10次，以保证各车轮经常处于被抱死状态边缘，从而发挥最大制动效能。与此同时，油泵也迅速起动，将制动缸排至蓄油箱的液压油再输进到主缸中，为下一次常规制动做好准备。随后，系统进入常规制动状态。

3. PWM信号控制

不同占空比时PWM信号的波形如图5-45所示。

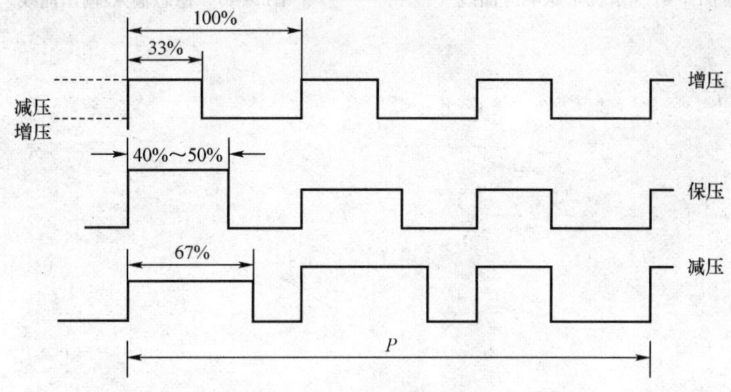

图5-45　不同占空比时PWM信号的波形

当二位三通阀接收到占空比为33%的PWM信号时，在周期T_C内，控制制动器与高压管路导通的时间为$2/3T_C$，与低压管路导通的时间为$1/3T_C$，因此使制动器的压力增高大于其压力降低。以此占空比重复几个PWM信号周期（图5-45中的P），就可获得有效的制动增压；若以占空比为45%～50%的PWM信号控制二位三通阀时，该阀控制制动器与高、低压管路导通的时间基本相等，即对于制动器压力的有效增减为零，此时制动系统为保压状态；当以占空比为67%的PWM信号控制二位三通阀时，与上同理，其最终结果是导致制动压力的有效减少。PWM信号波形的占空比在0～100%之间变化，因此可实现精确、理想的制动压力控制。

二位三通阀工作时，车轮转速与制动压力之间的变化关系如图5-46所示。

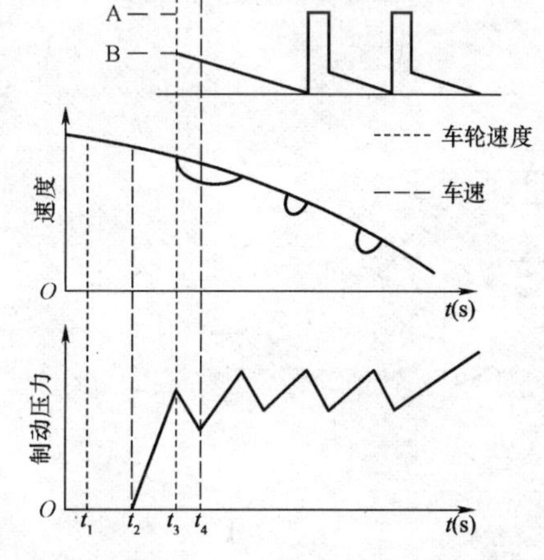

图5-46　车轮转速与制动压力之间的变化关系

采用PWM方式控制后，系统的输入为脉冲信号的占空比，输出为出口压力p，制动系统在某阶跃输入情况下的响应曲线如图5-47所示。从系统响应曲线不难看出，系统具有典型的1阶惯性环节的特征，而且具有延时。延时是制动系统的一个重要参数，通过对比输入与输出曲线，得到系统延时约为0.165s。

利用一系列阶跃输入的稳态输入/输出值，通过曲线拟合可以得到系统增益为6.75。由阶跃输入得到的稳态输入/输出离散点以及利用最小二乘法拟合出的稳态输入1输出关系曲线，如图5-48所示。由于电磁惯性和机械惯性影响，当占空比很小时，阀芯来不及触动，输出口无压力输出；只有当占空比大于一定值时，阀芯才会打开，输出口才会有压力输出。因此图5-48的曲线不经过原点，有一定偏移量。

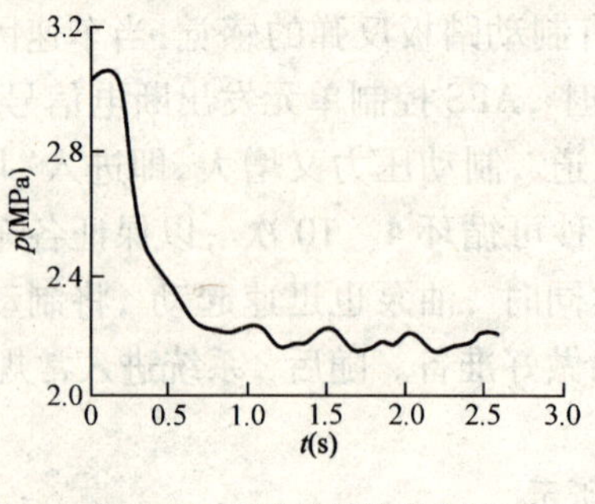

图5-47　系统阶跃响应曲线

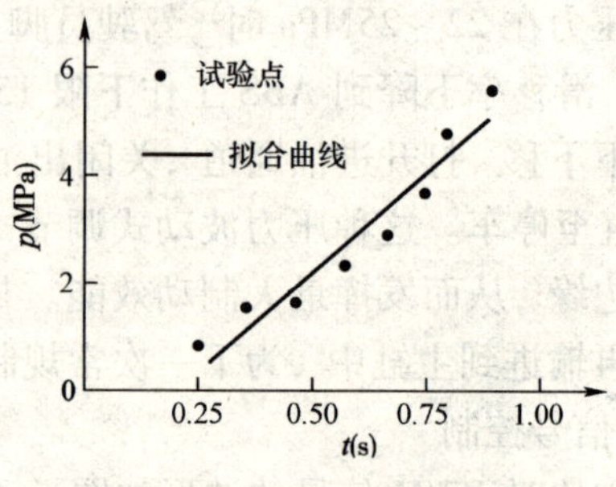

图5-48　稳态输入-输出曲线

第六章　电液伺服阀

电液伺服阀既是电液转换元件，又是功率放大元件。它能够将输入的微小电气信号转换为大功率的液压信号（流量与压力）输出。根据输出液压信号的不同，电液伺服阀可分为电液流量控制伺服阀和电液压力控制伺服阀两大类。

在电液伺服系统中，电液伺服阀将系统的电气部分与液压部分连接起来，实现电、液信号的转换与放大以及对液压执行元件的控制。电液伺服阀是电液伺服系统的关键部件，它的性能及正确使用，直接关系到整个系统的控制精度和响应速度，也直接影响到系统工作的可靠性和寿命。

电液伺服阀控制精度高、响应速度快，是一种高性能的电液控制元件，在液压伺服系统中得到广泛应用。

第一节　电液伺服阀的组成及分类

一、电液伺服阀的组成

电液伺服阀通常由力矩马达（或力马达）、液压放大器、反馈机构（或平衡机构）三部分组成。

力矩马达或力马达的作用是把输入的电气控制信号转换为力矩或力，控制液压放大器运动。而液压放大器的运动又去控制液压能源流向液压执行机构的流量或压力。力矩马达或力马达的输出力矩或力很小，在阀的流量比较大时，无法直接驱动功率级阀，这就构成二级或三级电液伺服阀。第一级的结构形式有单喷嘴挡板阀、双喷嘴挡板阀、滑阀、射流管阀和射流元件等。功率级几乎都是采用滑阀。

在二级或三级电液伺服阀中，通常采用反馈机构将输出级（功率级）的阀芯位移、或输出流量、或输出压力，以位移、力或电信号的形式反馈到第一级或第二级的输入端，也有反馈到力矩马达衔铁组件或力矩马达输入端的。平衡机构一般用于单级伺服阀或二级弹簧对中式伺服阀。平衡机构通常采用各种弹性元件，是一个力位移转换元件。

伺服阀输出级所采用的反馈机构或平衡机构是为了使伺服阀的输出流量或输出压力获得与输入电气控制信号成比例的特性。由于反馈机构的存在，使伺服阀本身成为一个闭环控制系统，提高了伺服阀的控制性能。

二、电液伺服阀的分类

电液伺服阀的结构形式很多，可按不同的方法进行分类。

1. 按液压放大器的级数分类

按液压放大器的级数分类可分为单级、两级、三级电液伺服阀。

(1)单级伺服阀。此类阀结构简单、价格低廉，但由于力矩马达或力马达输出力矩或力小、定位刚度低,使阀的输出流量有限,对负载动态变化敏感,阀的稳定性在很大程度上取决于负载动态,容易产生不稳定状态。只适用于低压、小流量和负载动态变化不大的场合。

(2)两级伺服阀。此类阀克服了单级伺服阀的缺点,是最常用的形式。

(3)三级伺服阀。此类阀通常是由一个两工作前置级控制第三级的功率级滑阀,功率级滑阀阀芯位移通过电气形成闭环控制,实现功率级滑阀阀芯的定位。三级伺服阀通常只用在大流量(200L/min 以上)的场合。

2. 按第一级阀的结构形式分类

按第一级阀的结构形式可分为滑阀、单喷嘴挡板阀、双喷嘴挡板阀、射流管阀和偏转板射流阀。

(1)滑阀放大器。此类阀作第一级,其优点是流量增益和压力增益高,输出流量大,对油液清洁度要求较低。缺点是结构工艺复杂、阀芯受力较大、阀的分辨率较低、滞环较大、响应慢。

(2)单喷嘴挡板阀。此类阀作第一级因特性不好很少使用,多采用双喷嘴挡板阀。挡板轻巧灵敏,动态响应快,双喷嘴挡板阀结构对称,双输入差动工作,压力灵敏度高,特性线性度好,温度和压力零漂小,挡板受力小,所需输入功率小。缺点是喷嘴与挡板间的间隙小,易堵塞,抗污染能力差,对油液清洁度要求高。

(3)射流管阀。此类阀作第一级的最大优点是抗污染能力强。射流管阀的最小通径尺寸较喷嘴挡板阀和滑阀大,不易堵塞,抗污染性好,另外,射流管阀压力效率和容积效率高,可产生较大的控制压力和流量,提高了功率级滑阀的驱动力,使功率级滑阀的抗污染能力增强。射流喷嘴堵塞时,滑阀也能自动处于中位,具有"失效对中"能力。缺点是射流管阀特性不易预测,射流管惯性大、动态响应较慢,性能受油温变化的影响较大,低温特性稍差。

3. 按反馈形式分类

按反馈形式可分为滑阀位置反馈、负载流量反馈和负载压力反馈三种。

所采用的反馈形式不同,伺服阀的稳态压力-流量特性也不同,如图 6-1 所示。利用滑阀位置反馈和负载流量反馈得到的是流量控制伺服阀,阀的输出流量与输入电流成比例。负载流量与负载压力反馈伺服阀由于结构比较复杂,使用的比较少,而滑阀反馈伺服阀用得最多。

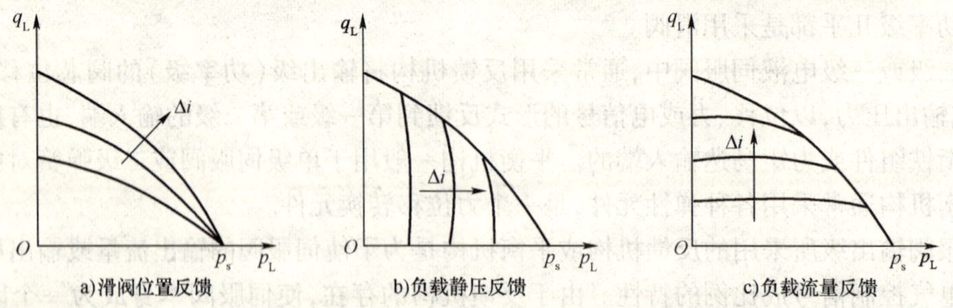

图 6-1 不同反馈形式伺服阀的压力-流量曲线

滑阀位置反馈:此类阀可分为位置力反馈、直接位置反馈、机械位置反馈、位置电反馈和弹簧对中式。

有关位置力反馈和直接位置反馈伺服阀将在后面叙述。机械位置反馈是将功率级滑阀的位移通过机械机构反馈到前置级,位置电反馈是通过位移传感器将功率级滑阀的位移反馈到伺服放大器的输入端,实现功率级滑阀阀芯定位。

弹簧对中式是靠功率滑阀阀芯两端的对中弹簧与前置级产生的液压控制力相平衡,实现滑阀阀芯的定位,阀芯位置属开环控制。这种伺服阀结构简单,但精度较低。

负载压力反馈:此类阀可分为静压反馈和动压反馈两种。通过静压反馈可以得到压力控制伺服阀和压力-流量伺服阀,通过动压反馈可以得到动压反馈伺服阀。这几种阀后面还要介绍。

4. 按力矩马达是否浸泡在油中分类

按力矩马达是否浸泡在油中可分为湿式和干式两种。

湿式的可使力矩马达受到油液的冷却,但油液存在的铁污物使力矩马达特性变坏。干式的则可使力矩马达不受油液污染的影响,且前的伺服阀都采用干式的。

第二节 力矩马达

在电液伺服阀中力矩马达的作用是将电信号转换为机械运动,因而是一个电气-机械转换器。电气-机械转换器是利用电磁原理工作的,它由永久磁铁或激磁线圈产生极化磁场,电气控制信号通过控制线圈产生控制磁场,两个磁场之间相互作用产生与控制信号成比例并能反应控制信号极性的力或力矩,从而使其运动部分产直线位移或角位移的机械运动。

一、力矩马达的分类及要求

1. 力矩马达的分类

(1)按可动件的运动形式可分为:直线位移式和角位移式,前者称为马达,后者称为力矩马达。

(2)按可动件结构形式可分为:动铁式和动圈式两种。前者可动件是衔铁,后者可动件是控制线圈。

(3)按极化磁场产生的方式可分为:非激磁式、固定电流激磁和永磁式三种。非激磁没有专门的激磁线圈,两个控制线圈差动连接,利用常值电流产生极化磁通。永磁式利用永久磁铁建立极化磁通,其特点是结构简单、体积小和质量轻,但获得的极化磁通较小。激磁式利用固定电流通过激磁线圈建立极化磁场,可获得较大的极化磁通,但需要有单独的激磁电源,结构复杂、体积大。

2. 对力矩马达的要求

作为阀的驱动装置,对力矩马达有以下要求:

(1)能够产生足够的输出力和行程,同时体积小、质量轻。

(2)动态性能好、响应速度快。

(3)直线性好、死区小、灵敏度高和磁滞小。

(4)在某些使用情况下,还要求它抗振、抗冲击、不受环境温度和压力等影响。

二、永磁动铁式力矩马达

1. 力矩马达的工作原理

图 6-2 所示为种常用的永磁动铁式力矩马达工作原理图,它由永久磁铁、上导磁体、下导磁体、衔铁、控制线圈、弹簧管等组成。衔铁固定在弹簧管上端,由弹簧管支承在上、下导磁体的中间位置,可绕弹簧管的转动中心作微小的转动。衔铁两端上、下导磁体(磁极)形成四个工作气隙①、②、③、④。两个控制线圈套在衔铁之上。上、下导磁体除作为磁极外,还为永久

磁铁产生的极化磁通和控制线圈产生的控制磁通提供磁路。

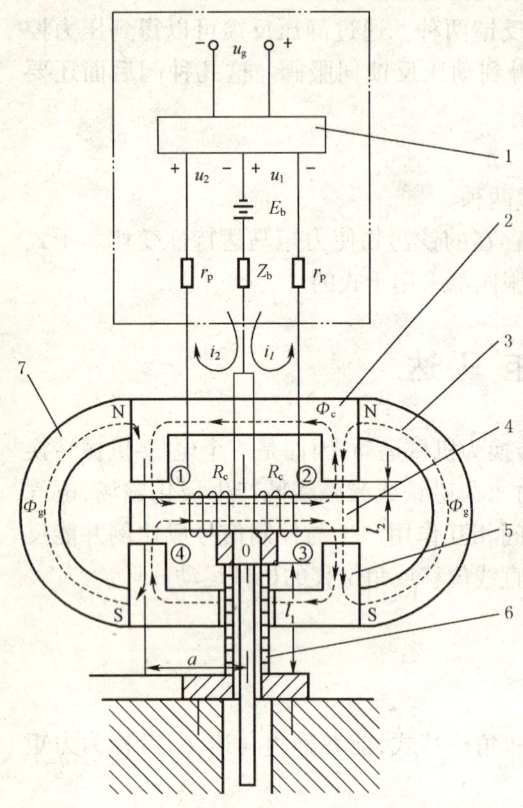

图 6-2　永磁动铁式力矩马达原理图

1-放大器;2-上导磁体;3-永久磁铁;4-衔铁;5-下导磁体;6-弹簧管;7-永久磁铁

永久磁铁将上、下导磁体磁化,一个为 N 级,另一个为 S 极。无信号电流时,即 $i_1=i_2$,衔铁上、下导磁体的中间位置,由于力矩马达结构是对称的,永久磁铁在四个工作气隙中所产生的极化磁通是一样的,使衔铁两端所受的电磁吸力相同,力矩马达无力矩输出。当有信号电流通过线圈时,控制线圈产生控制磁通,其大小和方向取决于信号电流的大小和方向。假设 $i_1>i_2$,如图 6-2 所示,在气隙①、③中控制磁通与极化磁通方向相同,而在气隙②、④中合成磁通,于是在衔铁上产生顺时针方向的电磁力矩,使衔铁绕弹簧管转动中心顺时针方向转动。当弹簧管变形产生的反力矩与电磁力矩相平衡时,衔铁停止转动。如果信号电流反向,则电磁力矩也反向,衔铁向反方向转动,电磁力矩的大小与信号电流的大小成比例,衔铁的转角也与信号电流成比例。

2. 力矩马达的电磁力矩

通过力矩的磁路分析可以求出电磁力矩的计算公式。

假定力矩马达的两个控制线圈由一个放大器供电,如图 6-2 所示。放大器中的常值电压 E_b 在每个控制线圈中产生的常值电流 I_0 大小相等方向相反,因此在衔铁上不产生电磁力矩。当放大器有输入 u_g 时,将使一个控制线圈中的电流增加,另一个控制线圈中的电流减少,两个线圈中的电流分别为

$$i_1=I_0+i \tag{6-1}$$

$$i_2=I_0-i \tag{6-2}$$

式中:i_1、i_2——每个线圈中的电流;

I_0——每个线圈中的常值电流;

i——每个线圈中的信号电流。

两个线圈中的差动电流为

$$\Delta i=i_1-i_2=2i=i_c \tag{6-3}$$

差动电流 Δi 即为输入力矩马达的控制电流 i_c,在衔铁中产生的控制磁通以及由此产生的电磁力矩比例于差动电流。

由式(6-3)看出,每个线圈中的信号电流 i 是差动电流 Δi 的一半,而常值电流 I_0 通常大约是差动电流最大值的一半。因此,当放大器的输入信号最大时,在力矩马达的一个线圈中的电流将接近于零,而另一个线圈中的电流将是最大的差动电流值。

图 6-3a)所示为力矩马达的磁路原理图。假定磁性材料的非工作气隙的磁阻可以忽略不计,只考虑四个工作气隙的磁阻,则力矩马达的磁路可用图 6-3b)所示的等效磁路表示。

当衔铁处于中位时,每个工作气隙的磁阻为

$$R_g = \frac{l_g}{\mu_0 A_g} \tag{6-4}$$

式中：l_g——衔铁在中位时每个气隙的长度；

A_g——磁极面的面积；

μ_0——空气磁导率，$\mu_0 = 4\pi \times 10^{-7}$Wb/mA。

衔铁偏离中位时的气隙磁阻为

$$R_1 = \frac{l_g - x}{\mu_0 A_g} = R_g\left(1 - \frac{x}{l_g}\right) \tag{6-5}$$

$$R_2 = \frac{l_g + x}{\mu_0 A_g} = R_g\left(1 + \frac{x}{l_g}\right) \tag{6-6}$$

式中：R_1——气隙①、③的磁阻；

R_2——气隙②、④的磁阻；

x——衔铁端部（磁极面中心）偏离中位的位移。

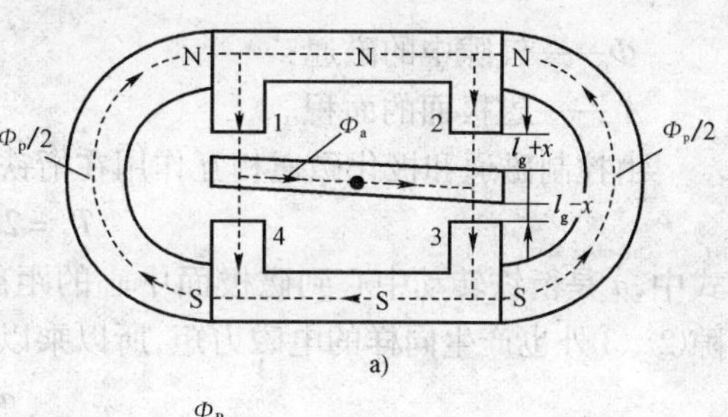

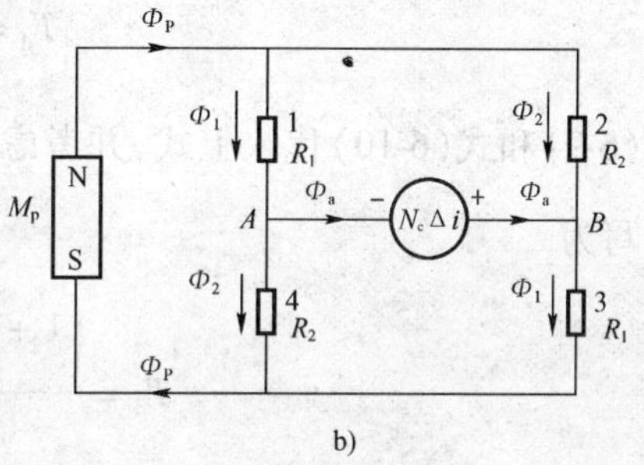

图6-3　力矩马达磁路原理图

由于磁路是对称的桥式磁路，故通过对角线气隙的磁通是相等的。对包含气隙①、③、极化磁动势 M_p 和控制磁动势 $N_c\Delta i$ 的闭合回路，应用磁路的基尔霍夫第二定律可得气隙①、③的合成磁通为

$$\Phi_1 = \frac{M_p + N_c\Delta i}{2R_1} = \frac{M_p + N_c\Delta i}{2R_g(1 - x/l_g)} \tag{6-7}$$

对气隙②、④可得合成磁通为

$$\Phi_2 = \frac{M_p - N_c\Delta i}{2R_2} = \frac{M_p - N_c\Delta i}{2R_g(1 + x/l_g)} \tag{6-8}$$

式中：M_p——永久磁铁产生的极化磁动势；

$N_c\Delta i$——控制电流产生的控制磁动势；

N_c——每个控制线圈的匝数。

利用衔铁在中位时的极化磁通 Φ_g 的控制磁通 Φ_c 来表示 M_p 和 $N_c\Delta i$ 更为方便，此时式(6-7)、式(6-8)可写成

$$\Phi_1 = \frac{\Phi_g + \Phi_c}{1 - x/l_g} \tag{6-9}$$

$$\Phi_2 = \frac{\Phi_g - \Phi_c}{1 + x/l_g} \tag{6-10}$$

式中：Φ_g——衔铁在中位时气隙的极化磁通；

$$\Phi_g = \frac{M_p}{2R_g} \tag{6-11}$$

Φ_c——衔铁在中位时气隙的控制磁通。

$$\Phi_c = \frac{N_c\Delta i}{2R_g} \tag{6-12}$$

衔铁在磁场中所受电磁吸力可按麦克斯韦公式计算，即

$$F = \frac{\Phi^2}{2\mu_0 A_g} \tag{6-13}$$

式中：F——电磁吸力；

Φ——气隙中的磁通；

A_g——磁极面的面积。

由控制磁通和极化磁通相互作用在衔铁上产生的电磁力矩为

$$T_d = 2a(F_1 - F_4)$$

式中，a 是衔铁转动中心到磁极面中心的距离，F_1、F_4 是气隙①、④外的电磁吸力。考虑到气隙②、③外也产生同样的电磁力矩，所以乘以 2 倍。根据式(6-13)，电磁力矩可进一步写成

$$T_d = \frac{a}{\mu_0 A_g}(\Phi_1^2 - \Phi_2^2) \tag{6-14}$$

将式(6-9)和式(6-10)代入上式，并考虑到衔铁转角 θ 很小，故有 $\tan\theta = \frac{x}{a} \approx \theta, x \approx a\theta$，则上式可以写为

$$T_d = \frac{\left(1 + \frac{x^2}{l_g^2}\right)K_t\Delta i + \left(1 + \frac{\Phi_c^2}{\Phi_g^2}\right)K_m\theta}{\left(1 - \frac{x^2}{l_g^2}\right)^2} \tag{6-15}$$

式中：K_t——力矩马达的中位电磁力矩系数；

$$K_t = 2\frac{a}{l_g}N_c\Phi_g \tag{6-16}$$

K_m——力矩马达的中位电磁弹簧刚度；

$$K_m = 4\left(\frac{a}{l_g}\right)^2 R_g \Phi_g^2 \tag{6-17}$$

从式(6-15)可以看出，力矩马达的输出力矩具有非线性。为了改善线性度和防止衔铁被永久磁铁吸附，力矩马达一般都设计成 $x/l_g < 1/3$，即 $(x/l_g)^2 << 1$ 和 $(\Phi_c/\Phi_g)^2 << 1$。则式(6-15)可简化为

$$T_d = K_t\Delta i + K_m\theta \tag{6-18}$$

式中，$K_t\Delta i$ 是衔铁在中位时，由控制电流 Δi 产生的电磁力矩，称为中位电磁力矩。$K_m\theta$ 是由于衔铁偏离中位时，气隙发生变化而产生的附加电磁力矩，它使衔铁近一步偏离中位。这个力矩与转角成比例，相似于弹簧的特性，称为电磁弹簧力矩。

在进行力矩马达电路分析时，将要用到衔铁上的磁通，在此先求出衔铁上的磁通表达式。

在图 6-3 中，对分支点 A 或 B 应用磁路基尔霍夫第一定律可得衔铁磁通为

$$\Phi_a = \Phi_1 - \Phi_2$$

将式(6-9)和式(6-10)代入上式，整理后得

$$\Phi_a = \frac{2\Phi_g\left(\frac{x}{l_g}\right) + 2\Phi_c}{1 - \left(\frac{x}{l_g}\right)^2}$$

由于 $(x/l_g)^2 << 1$，故上式可简化为

$$\Phi_a = 2\Phi_g\frac{x}{l_g} + \frac{N_c}{R_g}\Delta i \tag{6-19}$$

考虑到 $x \approx a\theta$，上式可写为

$$\Phi_a = 2\Phi_g\frac{x}{l_g}\theta + \frac{N_c}{R_g}\Delta i \tag{6-20}$$

三、永磁动圈式力马达

图 6-4 所示是一种常见的永磁动圈式力马达的结构原理图。力马达的可动线圈悬置于工作气隙中，永久磁铁在工作气隙中形式极化磁通，当控制电流加到线圈上时，线圈就会受到电磁力的作用而运动。线圈的运动方向可根据磁通方向和电流方向按左手定则判断。线圈上的电磁力克服弹簧力和负载力，使线圈产生一个与控制电流成比例的位移。

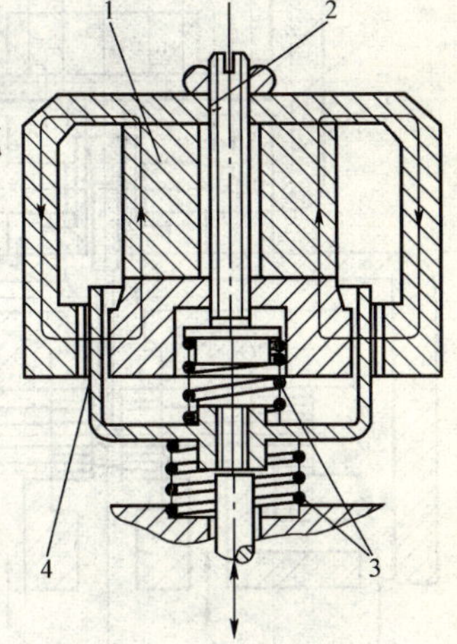

图 6-4　动圈式力马达

1-永久磁铁；2-调整螺钉；3-平衡弹簧；4-动圈

由于电流方向与磁通方向垂直，根据载流导体在均匀磁场中所受电磁力分工，可得力马达线圈所受电磁力为

$$F = B_g \pi D N_c i_c = K_t i_c \tag{6-21}$$

式中：F——线圈所受的电磁力；

B_g——工作气隙中的磁感应强度；

D——线圈的平均直径；

N_c——控制线圈的匝数；

i_c——通过线圈的控制电流；

K_t——电磁力系数，$K_t = B_g \pi D N_c$。

由式(6-21)可见，力马达的电磁力与控制电流成正比，具有线性特性。在动圈式力马达的力方程中没有磁弹簧刚度，即 $K_m = 0$，这是因为它在工作中气隙没有变化，即气隙的磁阻不变。

四、动铁式力矩马达与动圈式力马达的比较

动铁式力矩马达与动圈式力马达相比较有：

(1)动铁式力矩马达因磁滞影响而引起的输出位移滞后比动圈式力马达大。

(2)动圈式力马达的线性范围比动铁式力矩马达宽。因此，动圈式力马达的工作行程大，而动铁式力矩马达的工作行程小。

(3)在同样的惯性下，动铁式力矩马达的输出力矩大，而动圈式力马达的输出力小。动铁式力矩马达因输出力矩大，支撑弹簧刚度可以取得大，使衔铁组件固有频率高，而力马达的弹簧刚度小，动圈组件的固有频率低。

(4)减小工作气隙的长度可提高动圈式力马达和动铁式力矩马达的灵敏度。但动圈式力马达受动圈尺寸的限制，而动铁式力矩马达受静不稳定的限制。

(5)在相同功率情况下，动圈式力马达比动铁式力矩马达体积大，但动圈式力马达的造价低。

综上所述，在要求频率高、体积小、质量轻的场合，多采用动铁力矩马达，而在尺寸要求不严格、频率要求不高，又希望价格低的场合，往往采用动圈式力马达。

第三节　力反馈两级电液伺服阀

力反馈两级电液伺服阀的结构原理图如图 6-5 所示，这是目前广泛应用的一种结构形式。其第一级液压放大器为双喷嘴挡板阀，由永磁动铁式力矩马达控制，第二级液压放大器为四通滑阀，阀芯位移通过反馈杆与衔铁挡板组件相连，构成滑阀位移力反馈回路。

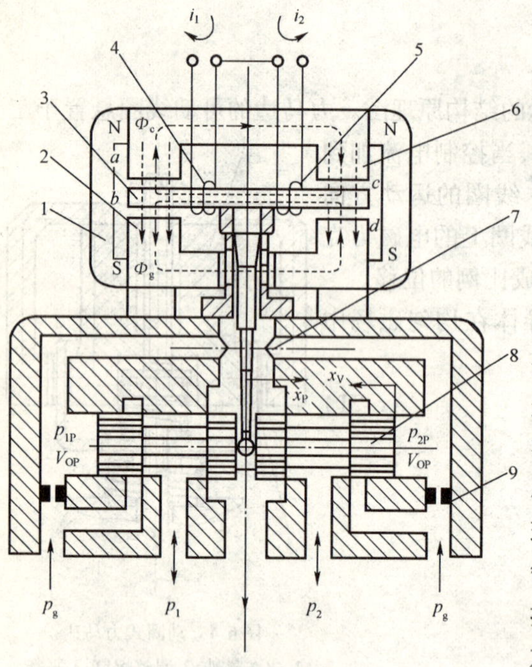

图 6-5 力反馈两级电液伺服阀

1-永久磁铁;2-下导磁体;3-衔铁;4-线圈;5-弹簧管;6-上导磁体;7-喷嘴;8-滑阀;9-固定节流孔

一、工作原理

无控制电流时,衔铁由弹簧管支承在上、下导磁体的中间位置,挡板也处于两个喷嘴的中间位置,滑阀阀芯在反馈杆小球的约束下处于中位,阀无液压输出。当有差动控制电流 $\Delta i = i_1 - i_2$ 输入时,在衔铁上产生逆时针方向的电磁力矩,使衔铁挡板组件绕弹簧转动中心逆时针方向偏转,弹簧管和反馈杆产生变形,挡板偏离中位。这时喷嘴挡板阀右间隙减小而左间隙增大,引起滑阀右腔控制压力 p_{2p} 增大,左腔控制压力 p_{1p} 减小,推动滑阀阀芯左移。同时带动反馈杆端部小球左移,使反馈杆进一步变形。当反馈杆和弹簧管变形产生的反力矩与电磁力矩相平衡时,衔铁挡板组件便处于一个平衡位置。在反馈杆端部左移进一步变形时,使挡板的偏移减小,趋于中位。这使控制压力 p_{2p} 又降低,p_{1p} 又增高,当阀芯两端的液压力与反馈杆变形对阀芯产生的反作用力以及滑阀的液动力相平衡时,阀芯停止运动,其位移与控制电流成比例。在负载压差一定时,阀的输出流量也与控制电流成比例。所以这是一种流量控制伺服阀。

这种伺服阀由于衔铁和挡板均在中位附近工作,所以线性好。对力矩马达的线性要求也不高,可以允许滑阀有较大的工作行程。

二、基本方程与框图

(一)力矩马达运动方程

力矩马达工作时包含两个动态过程,一个是电的动态过程,另一个是机械的动态过程。电的动态过程可用电路的基本电压方程表示,机械的动态过程可用衔铁挡板组件的运动方程表示。

1. 基本电压方程

参看图 6-2。推挽工作时,输入每个线圈的信号电压为

$$u_1 = u_2 = K_u u_g \tag{6-22}$$

式中:u_1、u_2——输入每个线圈的信号电压;

K_u——放大器每边的增益;

u_g——输入放大器的信号电压。

每个线圈回路的电压平衡方程为

$$E_b + u_1 = i_1(Z_b + R_c + r_p) + i_2 Z_b + N_c \frac{d\Phi_a}{dt} \tag{6-23}$$

$$E_b - u_2 = i_2(Z_b + R_c + r_p) + i_1 Z_b - N_c \frac{d\Phi_a}{dt} \tag{6-24}$$

式中：E_b——产生常值电流所需的电压；

Z_b——线圈公用边的阻抗；

R_c——每个线圈的电阻；

r_p——每个线圈回路中的放大器内阻；

N_c——每个线圈的匝数；

Φ_a——衔铁磁通。

由式(6-23)减去式(6-24)，并将式(6-22)和式(6-3)代入，则得

$$2K_u u_g = (R_c + r_p)\Delta i + 2N_c \frac{d\Phi_a}{dt} \tag{6-25}$$

这就是力矩马达电路的基本电压方程。它表明，经放大器放大后的控制电压 $2K_u u_g$ 一部分消耗在线圈电阻和放大器内阻上，另一部分用来克服衔铁磁通变化在控制线圈中所产生的反电动势。

将衔铁磁通表达式(6-20)代入式(6-25)，得力矩马达电路基本电压方程的最后形式，即

$$2K_u u_g = (R_c + r_p)\Delta i + 2K_b \frac{d\theta}{dt} + 2L_c \frac{d\Delta i}{dt}$$

其拉氏变换式为

$$2K_u u_g = (R_c + r_p)\Delta I + 2K_b s\theta + 2L_c s\Delta I \tag{6-26}$$

式中：K_b——每个线圈的反电动势常数；

$$K_b = 2\frac{a}{l_g} N_c \Phi_g \tag{6-27}$$

L_c——每个线圈的自感系数；

$$L_c = \frac{N_c^2}{R_g} \tag{6-28}$$

方程式左边为放大器加在线圈上的总控制电压，右边第一项为电阻上的电压降，第二项为衔铁运动时在线圈内产生的反电动势，第三项是线圈内电流变化所产生的感应电动势，它包括线圈的自感和两个线圈之间的互感。由于两个线圈对信号电流 i 来说是串联的，并且是紧密耦合的，因此互感等于自感。所以每个线圈的总电感为 $2L_c$。

式(6-26)可以改写为

$$\Delta I = \frac{2K_u U_g}{(R_c + r_p)\left(1 + \frac{s}{\omega_a}\right)} - \frac{2K_b s\theta}{(R_c + r_p)\left(1 + \frac{s}{\omega_a}\right)} \tag{6-29}$$

式中：ω_a——控制线圈回路的转折频率；

$$\omega_a = \frac{R_c + r_p}{2L_c} \tag{6-30}$$

2. 衔铁挡板组件的运动方程

由式(6-18)可知，力矩马达输出的电磁力矩为

$$T_d = K_t \Delta i + K_m \theta \tag{6-31}$$

在电磁力矩 T_d 的作用下，衔铁挡板组件的运动方程为

$$T_d = J_a \frac{d^2\theta}{dt^2} + B_a \frac{d\theta}{dt} + K_a \theta + T_{L1} + T_{L2} \tag{6-32}$$

式中：J_a——衔铁挡板组件的转动惯量；

B_a——衔铁挡板组件的黏性阻尼系数；

K_a——弹簧管刚度；

T_{L1}——喷嘴对挡板的液流力产生的负载力矩；

T_{L2}——反馈杆变形对衔铁挡板组件产生的负载力矩。

衔铁挡板组件受力情况如图 6-6 所示。

作用在挡板上的液流力对衔铁挡板组件产生的负载力矩为

$$T_{L1} = rp_{Lp}A_N - r^2(8\pi C_{df}^2 p_s x_{f0})\theta \tag{6-33}$$

式中：A_N——喷嘴孔的面积；

p_{Lp}——两个喷嘴腔的负载压差；

r——喷嘴中心至弹簧回转中心（弹簧管薄壁部分的中心）的距离；

C_{df}——喷嘴与挡板间的流量系数；

x_{f0}——喷嘴与挡板间的零位间隙。

反馈杆变形对衔铁挡板组件产生的负载力矩为

$$T_{L2} = (r+b)K_f[(r+b)\theta + x_V] \tag{6-34}$$

式中：b——反馈杆小球中心到喷嘴中心的距离；

K_f——反馈杆刚度；

x_V——阀芯位移。

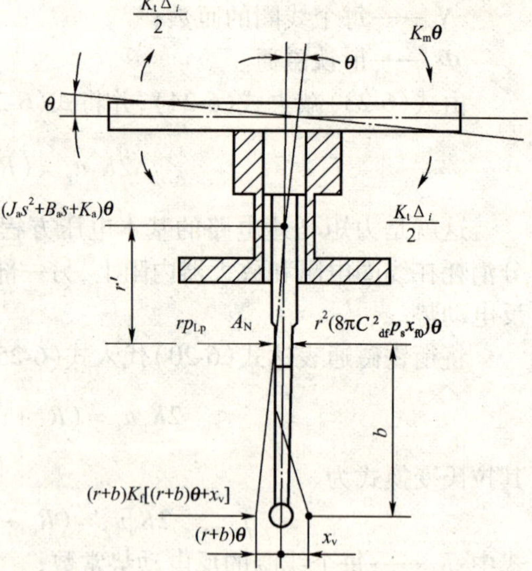

图 6-6　衔铁挡板组件受力图

将式(6-31)～式(6-34)合并，经拉氏变换得衔铁挡板组件的运动方程为

$$K_t\Delta I = (J_a s^2 + B_a s + K_{mf})\theta + (r+b)K_f X_V + rp_{Lp}A_N \tag{6-35}$$

式中：K_{mf}——力矩马达的总刚度（综合刚度）；

$$K_{mf} = K_{an} + (r+b)^2 K_f \tag{6-36}$$

K_{an}——力矩马达的净刚度；

$$K_{an} = K_a - K_m - 8\pi C_{df}^2 p_s x_{f0} r^2 \tag{6-37}$$

式(6-35)可改写为

$$\theta = \frac{\frac{1}{K_{mf}}}{\frac{s^2}{\omega_{mf}^2} + \frac{2\zeta_{mf}}{\omega_{mf}}s + 1}[K_t\Delta I - K_f(r+b)X_V - rA_N p_{Lp}] \tag{6-38}$$

式中：ω_{mf}——力矩马达的固有频率；

$$\omega_{mf} = \sqrt{\frac{K_{mf}}{J_a}} \tag{6-39}$$

ζ_{mf}——力矩马达的机械阻尼比；

$$\zeta_{mf} = \frac{B_a}{2\sqrt{J_a K_{mf}}} \tag{6-40}$$

（二）挡板位移与衔铁转角的关系

挡板位移与衔铁转角的关系为

$$X_f = r\theta \tag{6-41}$$

（三）喷嘴挡板至滑阀的传递函数

忽略阀芯移动所受到的黏性阻尼力、稳态液动力和反馈杆弹簧力，则挡板位移至滑阀位移

的传递函数为

$$\frac{X_V}{X_f}=\frac{K_{qp}/A_V}{s\left(\frac{s^2}{\omega_{hp}^2}+\frac{2\zeta_{hp}}{\omega_{hp}}s+1\right)} \tag{6-42}$$

式中:K_{qp}——喷嘴挡板阀的流量增益;

A_V——滑阀阀芯端面面积;

ω_{hp}——滑阀的液压固有频率,$\omega_{hp}=\sqrt{\frac{2\beta_e A_V^2}{V_{op}m_V}}$;

ζ_{hp}——滑阀的液压阻尼比,$\zeta_{hp}=\frac{K_{cp}}{A_V}\sqrt{\frac{\beta_e m_V}{2V_{op}}}$;

V_{op}——滑阀一端所包含的容积;

K_{cp}——喷嘴挡板阀的流量-压力系数;

m_V——滑阀阀芯及油液的归化质量。

(四)阀控液压缸的传递函数

在式(6-38)中包含有喷嘴挡板阀的负载压力 p_{Lp},其大小与滑阀受力情况有关。滑阀受力包括惯性力、稳态液动力等,而稳态液动力又与滑阀输出的负载压力有关,即与液压执行元件的运动有关。为此要写出动力元件的运动方程。

为简单起见,动力元件的负载只考虑惯性,则阀芯位移至液压缸位移的传递函数为

$$\frac{X_p}{X_V}=\frac{K_q/A_p}{s\left(\frac{s^2}{\omega_h^2}+\frac{2\zeta_h}{\omega_h}s+1\right)} \tag{6-43}$$

(五)作用在挡板上的压力反馈

略去滑阀阀芯运动时所受的黏性阻尼力和反馈杆弹簧力,只考虑阀芯的惯性力和稳态液动力,则喷嘴挡板阀的负载压力为

$$p_{Lp}=\frac{1}{A_V}\left[m_V\frac{d^2x_V}{dt^2}+0.43W(p_s-p_L)x_V\right]$$

上式中的稳态液动力是 p_L 和 x_V 两个变量的函数,需将上式在 x_{Vo} 和 p_{Lo} 处线性化。因液压缸的负载为纯惯性,所以在稳态时的 $p_{Lo}=0$,则得线性化增量方程的拉氏变换形式为

$$p_{Lp}=\frac{1}{A_V}(m_V s^2X_V+0.43Wp_sX_V-0.43WX_{Vo}p_L) \tag{6-44}$$

滑阀负载压力为

$$p_L=\frac{1}{A_p}m_t s^2 x_p \tag{6-45}$$

由式(6-29)、式(6-28)、式(6-41)~式(6-45)可画出力反馈两级电液伺服阀的框图,如图6-7所示。

三、力反馈伺服阀的稳定性分析

由图6-7可见,伺服阀的框图包含两个反馈回路,一个是滑阀位移的力反馈回路,这是个主要回路,另一个是作用在挡板上的压力反馈回路,这是个次要回路。这两个回路都存在稳定性问题,下面分别加以研究。

1. 力反馈回路的稳定性分析

力反馈两级伺服阀的性能主要由力反馈回路决定。由图 6-7 可见，力反馈回路包含力矩马达和滑阀两个动态环节。首先求出力矩马达小闭环的传递函数。为避免伺服放大器特性对伺服阀特性的影响，通常采用电流负反馈伺服放大器，以使控制线圈回路的转折频率 ω_a 很高，$\frac{1}{\omega_a}\approx 0$，则力矩马达小闭环的传递函数为

$$\Phi_1(s)=\frac{\theta}{T'_e}=\frac{\frac{1}{K_{mf}}}{\frac{s^2}{\omega_{mf}^2}+\frac{2\zeta'_{mf}}{\omega_{mf}}s+1} \tag{6-46}$$

式中：ω_{mf}——衔铁挡板组件的固有频率，$\omega_{mf}=\sqrt{\frac{K_{mf}}{J_a}}$；

ζ'_{mf}——由机械阻尼和电磁阻尼产生的阻尼比，$\zeta'_{mf}=\zeta_{mf}+\frac{K_t K_b}{K_{mf}(R_c+r_p)}\omega_{mf}$。

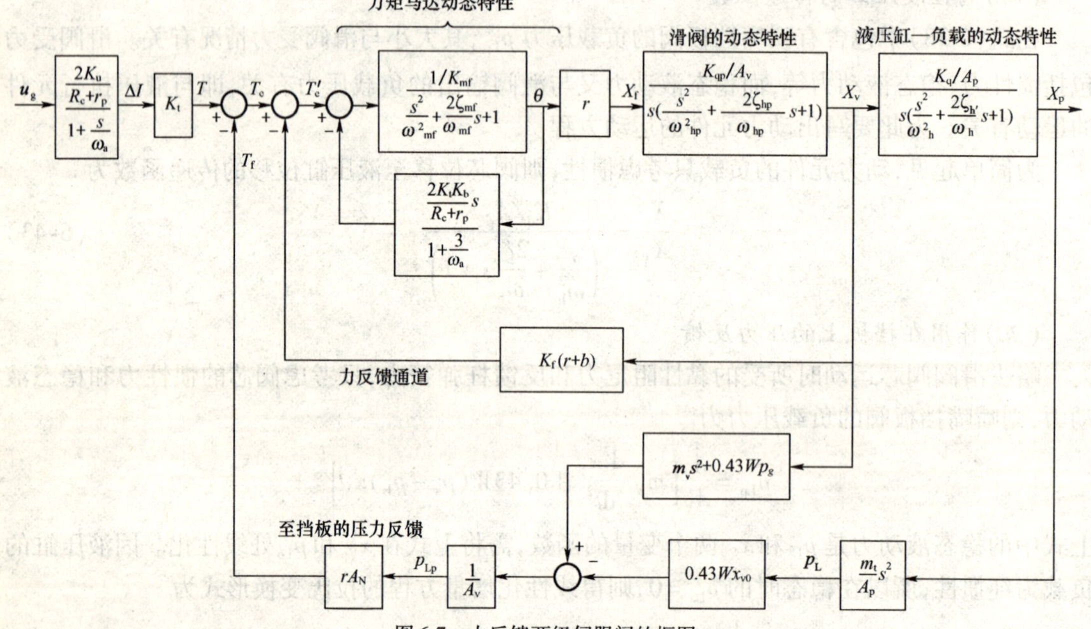

图 6-7 力反馈两级伺服阀的框图

滑阀的固有频率 ω_{hp} 很高，$\omega_{hp}>>\omega_{mf}$，故滑阀动态可以忽略。简化后的力反馈回路框图如图 6-8 所示。

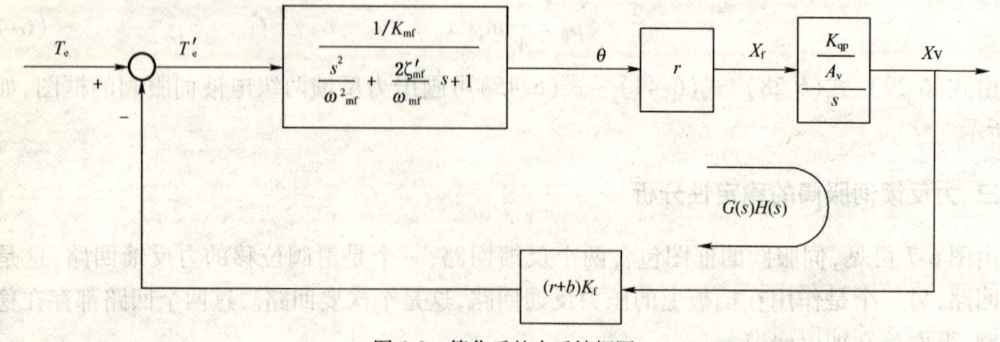

图 6-8 简化后的力反馈框图

力反馈回路的开环传递函数为

$$G(s)H(s)=\frac{K_{Vf}}{s\left(\frac{s^2}{\omega_{mf}^2}+\frac{2\zeta'_{mf}}{\omega_{mf}}s+1\right)} \tag{6-47}$$

式中：K_{Vf}——力反馈回路开环放大系数；

$$K_{Vf}=\frac{r(r+b)K_fK_{qp}}{A_VK_{mf}}=\frac{r(r+b)K_fK_{qp}}{A_V[K_{an}+K_f(r+b)^2]} \tag{6-48}$$

这是个Ⅰ型伺服回路。根据式(6-47)可画出力反馈的开环伯德图，如图6-9所示。

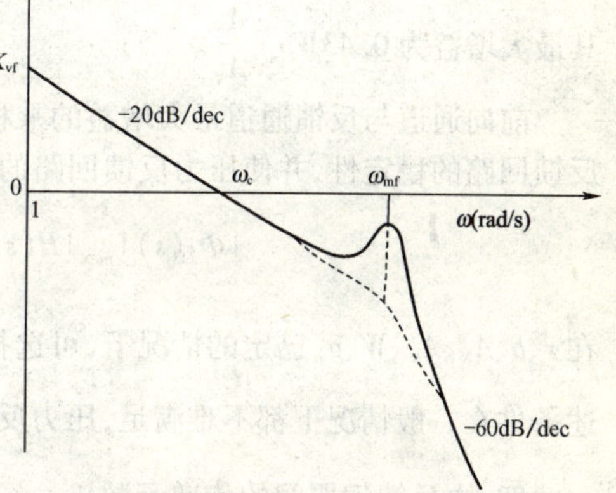

图6-9　力反馈回路的开环伯德图

回路穿越频率 ω_c 近似等于开环放大系数 K_{Vf}，即 $\omega_c\approx K_{Vf}$。

力反馈回路的稳定条件为 ω_{mf} 处的谐振峰值不能超过零分贝线，即

$$K_{Vf}<2\zeta'_{mf}\omega_{mf} \tag{6-49}$$

在设计时可取

$$\frac{K_{Vf}}{\omega_{mf}}\leqslant 0.25 \tag{6-50}$$

这一关系具有充分的稳定储备。

2. 压力回路的稳定性

由图6-7可见，作用在挡板上的压力反馈回路，是由滑阀位移和执行机构负载变化形成的。它反映了伺服阀各级负载动态的影响，显然这种影响越小越好。为此应使这个回路的开环增益在任何频率下都远小于1，使回路近似于开环状态而不起作用。

首先求出压力反馈回路前向通道的传递函数的增益，为此需求出力反馈回路的闭环传递函数。由图6-8可求力反馈回路的闭环传递函数为

$$\Phi_2(s)=\frac{X}{T_e}=\frac{\frac{rK_{qp}}{A_VK_{mf}}}{\frac{s^3}{\omega_{mf}^2}+\frac{2\zeta'_{mf}}{\omega_{mf}}s^2+s+K_{Vf}}=\frac{\frac{1}{(r+b)K_f}}{\frac{s^3}{K_{Vf}\omega_{mf}^2}+\frac{2\zeta'_{mf}}{K_{Vf}\omega_{mf}}s^2+\frac{s}{K_{Vf}}+1}$$

在 ζ'_{mf} 较小和 $K_{Vf}<2\zeta'_{mf}\omega_{mf}$ 时，上式可近似写为

$$\Phi_2(s)=\frac{X}{T_e}=\frac{\frac{1}{(r+b)K_f}}{\left(\frac{s}{K_{Vf}}+1\right)\left(\frac{s^2}{\omega_{mf}^2}+\frac{2\zeta'_{mf}}{\omega_{mf}}s^1+1\right)} \tag{6-51}$$

通常 $K_{Vf}<<\omega_{mf}$，一阶惯性环节在 ω_{mf} 处的衰减对 ω_{mf} 处的谐振峰值有一定的抵消作用，则 $\Phi_2(s)$ 的最大增益可近似为 $\frac{1}{(r+b)K_f}$。

压力反馈回路反馈通道的传递函数为

$$H(s)=\frac{T_f}{X_V}=\frac{rA_N}{A_V}\left[(m_Vs^2+0.43Wp_s)-\frac{0.43Wx_{V0}\frac{m_t}{A_p}\frac{K_q}{A_p}s}{\frac{s^2}{\omega_h^2}+\frac{2\zeta_h}{\omega_h}s+1}\right]$$

由于 $\sqrt{\dfrac{0.43Wp_s}{m_V}} >> \omega_h$，所以 m_V 可以忽略不计；又因为 $K_q = K_p K_c = \dfrac{2p_s}{x_{v0}} K_c$；在 $C_{tp} = B_p = 0$ 时，$\dfrac{2\zeta_h}{\omega_h} = \dfrac{K_c m_t}{A_p^2}$，所以上式可写为

$$H(s) = \frac{T_f}{X_V} = 0.43Wp_s r \frac{A_N}{A_V} \frac{\dfrac{s^2}{\omega_h^2} - \dfrac{2\zeta_h}{\omega_h}s + 1}{\dfrac{s^2}{\omega_h^2} + \dfrac{2\zeta_h}{\omega_h}s + 1}$$

其最大增益为 $0.43Wp_s r \dfrac{A_N}{A_V}$。

前向通道与反馈通道最大增益的乘积即是整个压力反馈回路的最大增益。为了确保压力反馈回路的稳定性，并使压力反馈回路的影响可以忽略不计，应满足以下条件：

$$|\Phi_2(s)|_{\max} |H(s)|_{\max} = \frac{r}{r+b} \frac{A_N}{A_V} \frac{0.43Wp_s}{K_f} << 1 \tag{6-52}$$

在 r、b、A_N、A_V、W、p_s 已定的情况下，可选择 K_f 来满足上述条件，由于 $\dfrac{r}{r+b} < 1$，$\dfrac{A_N}{A_V} << 1$，所以上述条件在一般情况下都不难满足，压力反馈回路可以忽略。

四、力反馈伺服阀的传递函数

在一般情况下，$\omega_a >> \omega_{hp} >> \omega_{mf}$，力矩马达控制线圈的动态和滑阀的动态可以忽略。作用在挡板上的压力反馈的影响比力反馈小得多，压力反馈回路也可以忽略。这样，力反馈伺服阀的框图可简化成图 6-10 所示的形式。

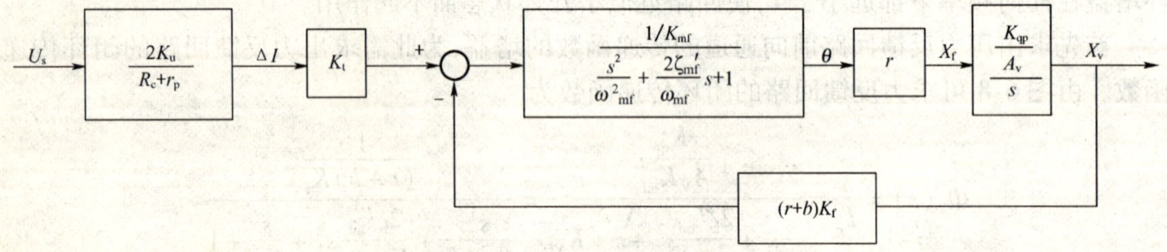

图 6-10　力反馈伺服阀的简化框图

伺服阀的简化框图图 6-10 与图 6-8 相比较，只是增加了放大器和力矩马达的增益 $\dfrac{2K_u K_t}{R_c + r_p}$。因此，由式(6-51)可以得到力反馈伺服阀的传递函数为

$$\frac{X_V}{U_g} = \frac{\dfrac{2K_u K_t}{(R_c + R_p)(r+b)K_f}}{\left(\dfrac{s}{K_{Vf}} + 1\right)\left(\dfrac{s^2}{\omega_{mf}^2} + \dfrac{2\zeta'_{mf}}{\omega_{mf}}s + 1\right)} \tag{6-53}$$

或

$$\frac{X_V}{U_g} = \frac{K_a K_{XV}}{\left(\dfrac{s}{K_{Vf}} + 1\right)\left(\dfrac{s^2}{\omega_{mf}^2} + \dfrac{2\zeta'_{mf}}{\omega_{mf}}s + 1\right)} \tag{6-54}$$

式中：K_a——伺服放大器增益，$K_a = \dfrac{2K_u}{R_c + r_p}$；

K_{XV}——伺服阀增益,$K_{XV}=\dfrac{K_t}{(r+b)K_f}$。

伺服阀通常以电流 Δi 作输入参量,以空载流量 $q_0=K_q x_V$ 作输出参量。此时,伺服阀的传递函数可表示为

$$\frac{Q_0}{\Delta I}=\frac{K_{SV}}{\left(\dfrac{s}{K_{Vf}}+1\right)\left(\dfrac{s^2}{\omega_{mf}^2}+\dfrac{2\zeta'_{mf}}{\omega_{mf}}s+1\right)} \tag{6-55}$$

式中:K_{SV}——伺服阀的流量增益,$K_{SV}=\dfrac{K_tK_q}{(r+b)K_f}$。

在大多数电液伺服系统中,伺服阀的动态响应往往高于动力元件的动态响应。为了简化系统的动态特性分析与设计,伺服阀的传递函数可以进一步简化,一般可用二阶振荡环节表示。如果伺服阀二阶环节的固有频率高于动力元件的固有频率,伺服阀传递函数还可用一阶惯性环节表示,当伺服阀的固有频率远大于动力元件的固有频率,伺服阀可看成比例环节。

二阶近似的传递函数可由下式估计:

$$\frac{Q_0}{\Delta I}=\frac{K_{SV}}{\dfrac{s^2}{\omega_{SV}^2}+\dfrac{2\zeta_{SV}}{\omega_{SV}}s+1} \tag{6-56}$$

式中:ω_{SV}——伺服阀固有频率;

ζ_{SV}——伺服阀阻尼比。

在由式(6-53)计算或由实验得到的相频特性曲线上,取相位滞后90°所对应的频率作为ω_{SV}。阻尼比ζ_{SV}可由两种方法求得:

(1)根据二阶环节的相频特性公式,即

$$\varphi(\omega)=\arctan\frac{2\zeta_{SV}\dfrac{\omega}{\omega_{SV}}}{1-\left(\dfrac{\omega}{\omega_{SV}}\right)^2}$$

由频率特性曲线求出每一相角 φ 所对应的 ζ_{SV} 值,然后取平均值。

(2)由自动控制原理可知,对各种不同的 ζ 值,有一条对应的相频特性曲线。将伺服阀的相频特性曲线与此对照,通过比较确定 ζ_{SV} 值。

一阶近似的传递函数可由下式估计:

$$\frac{Q_0}{\Delta I}=\frac{K_{SV}}{1+\dfrac{s}{\omega_{SV}}} \tag{6-57}$$

式中:ω_{SV}——伺服阀转折频率,$\omega_{SV}=K_{Vf}$或取频率特性曲线上相位滞后45°所对应的频率。

五、力反馈伺服阀的频宽

在力反馈伺服阀的闭环传递函数式(6-51)中,由于 K_{Vf}是最低的转折频率,所以力反馈伺服阀的频宽主要由 K_{Vf}决定。下面根据频宽的定义近似估计伺服阀的频宽。

设电液伺服阀输入的差动电流 Δi 为正弦信号,阀芯位移也按正弦规律运动,即

$$x_V=X_V\sin\omega t \tag{6-58}$$

式中:X_V——阀芯运动时的峰值位移;

ω——运动时的频率。

由式(6-58)可得阀芯的运动速度为

$$x_V = X_V\omega\cos\omega t$$

因为 $x_V = \dfrac{q_{Lp}}{A_V}$,所以

$$\omega = \frac{K_{qp}X_f}{A_V X_V}$$

式中:X_f——挡板的峰值位移;

$K_{qp}X_f$——喷嘴挡板阀的峰值流量。

根据频宽的定义,得

$$\omega_b = \frac{K_{qp}X_f}{0.707X_{V0}A_V} \tag{6-59}$$

式中:X_{V0}——频率很低时的阀芯峰值位移,一般 $X_{V0} = x_{vm}/4$。

根据图 6-10,可近似求得挡板峰值位移 X_f。当伺服阀工作频率 ω 大于穿越频率 ω_c 时,由于开环增益很低,图 6-10 中的反馈可以忽略。此时偏差信号 $\varepsilon = K_t\Delta I_0\sin\omega t$,忽略力矩马达动态,则有

$$X_f = \frac{rK_t\Delta I_0}{K_{an} + K_f(r+b)^2}$$

将上式代入式(6-59),得伺服阀频宽的近似表达式为

$$\omega_b = \frac{K_{qp}rK_t\Delta I_0}{0.707A_V X_{V0}[K_{an} + K_f(r+b)^2]} \tag{6-60}$$

稳态时,由图 6-10 得

$$X_{V0} = \frac{K_t\Delta I_0}{K_f(r+b)}$$

将上式代入式(6-60),得

$$\omega_b = \frac{r(r+b)K_fK_{qp}}{0.707A_V[K_{an} + K_f(r+b)^2]} \tag{6-61}$$

再引入式(6-48),得

$$\omega_b = \frac{K_{Vf}}{0.707} \tag{6-62}$$

上式表明,若已知电液伺服阀的开环增益 K_{Vf},就可以估算出伺服阀的幅频宽 ω_b。

当 $X_f = X_{f0}$时,由式(6-59)可得到伺服阀的极限频宽为

$$\omega_{b,\max} = \frac{K_{qp}X_{f0}}{0.707A_V X_{V0}} = \frac{q_c}{1.4A_V X_{V0}} \tag{6-63}$$

式中:q_c——喷嘴挡板阀零位泄漏流量,$q_c = K_{qp}X_{f0}$。

由式(6-48)可知,为了提高 K_{Vf},应减小综合刚度 K_{mf}。在设计时可使衔铁挡板的净刚度 $K_{an}=0$,即

$$K_{an} = K_a - K_m - 8\pi C_{df}^2 p_s x_{V0} r^2 = 0$$

作用在挡板上的液动力刚度一般很小,可以忽略不计。这样,弹簧管刚度 K_a 与磁弹簧刚度 K_m 近似相等,衔铁挡板组件刚好处在静稳定的边缘上。当力矩马达装入伺服阀后,反馈杆刚度 K_f 就成为主要的弹簧刚度。当 $K_{an}=0$ 时,由式(6-48)可得

$$K_{Vf} = \frac{r}{r+b}\cdot\frac{K_{qp}}{A_V} \tag{6-64}$$

为了提高 K_{Vf},除了适当提高$\frac{r}{r+b}$的比值外,主要是增大喷嘴直径(即增大 K_{qp})和减小滑阀直径,否则会出现流量饱和现象,限制伺服阀的频宽,或者只能在小振幅下达到所要的频宽。增大 K_{qp}受泄漏流量和力矩马达功率的限制,减小 A_V 受阀的额定流量和阀芯最大行程的限制。

提高 K_{Vf}受力反馈回路稳定性的限制,如式(6-49)所示。为了提高伺服阀的频宽,应提高力矩马达的固有频率 ω_{mf}和阻尼比 ζ_{mf}。力反馈伺服阀的力矩马达动态被力反馈回路所包围,由于力矩马达固有频率是回路中最低的转折频率,所以力矩马达就成伺服阀响应能力的限制因素,在大流量伺服阀中更为突出。

六、力反馈伺服阀的静态特性

在稳态情况下,由图 6-10 可得

$$x_V = \frac{K_t}{(r+b)K_f}\Delta i = K_{XV}\Delta i \tag{6-65}$$

伺服阀的功率级一般采用零开口四边滑阀,故伺服阀的流量方程为

$$q_L = C_d W\frac{K_t}{(r+b)K_f}\Delta i\sqrt{\frac{1}{\rho}(p_s-p_L)} = C_d WK_{XV}\Delta i\sqrt{\frac{1}{\rho}(p_s-p_L)} \tag{6-66}$$

电液伺服阀的压力-流量曲线与滑阀的压力流量曲线的形状是一样的,只是输入参量不同。滑阀以阀芯位移 x_V 为输入参量,而电液伺服阀是以电流 Δi 为输入参量。

力反馈伺服阀闭环控制的是阀芯位移 x_V,由阀芯位移到输出流量是开环控制,因此流量控制的精确性要靠滑阀加工精度保证。

七、力反馈伺服阀的设计计算

伺服阀的设计一般是从给定的流量、压力和动态响应等性能要求出发,从滑阀放大器的计算开始往前推到力矩马达。这个过程是反复进行的,直到得出一组匹配的参数为止。设计所得的参数应保证伺服阀稳定工作,压力反馈回路可以忽略,并满足静、动态性能的要求。在设计中,有些参数和几何尺寸可参考同类产品初步选定。下面举一个设计计算的例子。

给定条件和设计要求如下:

额定供油压力:$p_s = 210\times10^5$Pa

额定流量(最大空载流量):$q_{0m} = 15$L/min

额定电流(最大差动电流):$\Delta I_m = 10$mA

第一级泄漏流量:$q_c = 0.5$L/min

伺服阀频宽:$\omega_b \geqslant 225$Hz

根据伺服阀的使用条件,选择力反馈两级伺服阀的形式。

(一)滑阀主要结构参数的确定

根据滑阀流量方程可求出阀的最大开口面积,即

$$Wx_{0m} = \frac{q_{0m}}{C_d\sqrt{p_s/\rho}} = \frac{15\times10^{-3}/60}{0.65\times\sqrt{210\times10^5/850}}\text{m}^2 = 2.4\times10^{-6}\text{m}^2$$

根据经验取阀芯行程 $x_{0m} = 0.4\times10^{-3}$m,则

$$W = \frac{2.4\times10^{-6}}{0.4\times10^{-3}}\text{m}^{-3} = 6\times10^{-3}\text{m}$$

由于

$$\frac{W}{x_{0m}}=\frac{6\times10^{-3}}{0.4\times10^{-3}}=15<67$$

故不能采用全周开口。取阀芯直径 $d=5\times10^{-3}\text{m}$，阀杆直径 $d_r=3\times10^{-3}\text{m}$。按 $\frac{\pi}{4}(d^2-d_r^2)>4Wx_{0m}$ 验算流量饱和情况，满足要求。

(二)喷嘴挡板阀主要结构参数的确定

根据设计要求，并考虑留有一定的余地，取喷嘴挡板阀的零位泄漏流量 $q_c=0.45\text{L/min}$。根据式(6-63)可计算出伺服阀的极限频宽为

$$\omega_{b,\max}=\frac{0.45\times10^{-3}/60}{1.4\times19.6\times10^{-6}\times0.4\times10^{-3}/4}\text{rad/s}=2733\text{rad/s}=435.2\text{Hz}$$

由式(6-59)和式(6-63)可知挡板的工作范围为

$$\frac{x_f}{x_{f0}}=\frac{\omega_b}{\omega_{b,\max}}=\frac{225}{435.2}=0.517$$

符合要求。因此最终取零位泄漏流量 $q_c=0.45\text{L/min}$。

伺服阀内部油液过滤精度为20μm，为保证喷嘴挡板阀可靠工作，x_{f0} 应大于25μm，取 $x_{f0}=0.03\times10^{-3}\text{m}$。则喷嘴挡板阀的流量增益为

$$K_{qp}=\frac{q_c}{2x_{f0}}=\frac{0.45\times10^{-3}/60}{2\times0.03\times10^{-3}}\text{m}^2/\text{s}=1250\times10^{-4}\text{m}^2/\text{s}$$

喷嘴挡板阀回油溢流腔保持一定压力，可以改善喷嘴挡板间的工作条件，稳定流量系数，对抵制伺服阀回油零漂和工作平稳有利。通常取回油溢流腔压力 $p_r=20\times10^5\text{Pa}$ 左右，本设计取 $p_r=23\times10^5\text{Pa}$。

由流量增益表达式可求出喷嘴孔直径为

$$D_N=\frac{K_{qp}}{C_{df}\pi\sqrt{(p_s-p_r)/\rho}}=\frac{1250\times10^{-4}}{0.64\times3.14\times\sqrt{(210-23)\times10^5/850}}\text{m}=0.42\times10^{-3}\text{m}$$

因为 $D_N/x_{f0}=14$，可以满足要求。

取喷嘴与固定节流孔的液导比 $a=1$，则 $C_{d0}\frac{\pi D_0^2}{4}=C_{df}\pi D_N x_{f0}$，取 $(C_{df}/C_{d0})=0.8$，于是固定节流孔直径为

$$D_0=2\sqrt{\frac{C_{df}}{C_{d0}}D_N x_{f0}}=2\sqrt{0.8\times0.42\times10^{-3}\times0.03\times10^{-3}}\text{m}=0.2\times10^{-3}\text{m}$$

为了产生背压 p_r，在回油溢流腔与回油口之间设置节流孔。通过回油节流孔的流量为 q_c，则节流孔的直径为

$$D_r=\sqrt{\frac{4q_c}{C_{dr}\pi\sqrt{\frac{2}{\rho}p_r}}}=\sqrt{\frac{4\times0.45\times10^{-3}/60}{0.8\times\pi\sqrt{\frac{2}{850}\times23\times10^5}}}\text{m}=0.4\times10^{-3}\text{m}$$

(三)力矩马达设计计算

在第一级阀设计完毕后，就可以进行力矩马达设计。力矩马达设计计算的方法和步骤比较灵活。但最终都是要计算出各种刚度、力矩系数、极化磁通和控制磁通等。

1. 根据伺服阀的频宽要求确定力矩马达固有频率 ω_{mf}

根据伺服阀的频宽要求，由式(6-62)求出开环增益，即

$$K_{Vf}=0.707\omega_b=0.707\times2\pi\times225s^{-1}=999.5s^{-1}$$

由式(6-50)确定力矩马达的固有频率为

$$\omega_{mf}\geqslant4K_{Vf}=4\times999.5rad/s=3998rad/s$$

取 $\omega_{mf}=4600rad/s$。

2. 计算反馈杆刚度 K_f

参考已有结构，选取结构参数 $r=8.9\times10^{-3}m$，$b=13.3\times10^{-3}m$，$J_a=1.78\times10^{-7}kg\cdot m^2$。由式(6-39)得力矩马达综合刚度为

$$K_{mf}=J_a\omega_{mf}^2=1.78\times10^{-7}\times(4600)^2N\cdot m/rad=3.766N\cdot m/rad$$

由式(6-48)可求出反馈杆刚度，即

$$K_f=\frac{A_VK_{mf}K_{Vf}}{r(r+b)K_{qp}}=\frac{1.96\times10^{-6}\times3.766\times999.5}{8.9\times10^{-3}\times(8.9+13.3)\times10^{-3}\times1250\times10^{-4}}N/m=2987N/m$$

3. 计算力矩马达力矩系数 K_t

由式(6-65)求得

$$K_t=\frac{(r+b)K_fx_{0m}}{\Delta I_m}=\frac{(8.9+13.3)\times10^{-3}\times2987\times0.4\times10^{-3}}{10\times10^{-3}}N\cdot m/A=2.65N\cdot m/A$$

根据 K_t 就可以选择和计算极化磁通和控制磁通。

4. 计算极化磁通 Φ_g 和磁弹簧刚度 K_m

由式(6-16)可求得极化磁通，即

$$\Phi_g=\frac{K_t}{2(a/l_g)N_cf}$$

式中：f——考虑漏磁及磁路磁阻的修正系数，取 $f=1.34$。

另外，取 $A_g=8.1\times10^{-6}m^2$，$a=14.5\times10^{-3}m$，$l_g=0.25\times10^{-3}m$，$N_c=3800$ 匝。则

$$\Phi_g=\frac{2.65}{2\times(14.5\times10^{-3}/0.25\times10^{-3})\times3800\times1.34}Wb=4.486\times10^{-6}Wb$$

根据求得的 Φ_g 值可设计永久磁铁。

衔铁在中位时气隙磁阻为

$$R_g=\frac{l_g}{\mu_0A_g}=\frac{0.25\times10^{-3}}{4\pi\times10^{-7}\times8.1\times10^{-6}}H^{-1}=2.64\times10^7H^{-1}$$

则控制磁通为

$$\Phi_c=\frac{N_c\Delta I_m}{2R_g}=\frac{3800\times10\times10^{-3}}{2\times2.46\times10^7}Wb=7.72\times10^{-7}Wb$$

上式表明，在 ΔI_m、R_g 一定时，选择 N_c 就等于选择 Φ_c。验算比值 $\Phi_c/\Phi_g=\frac{7.72\times10^{-7}}{4.486\times10^{-6}}=0.172<1/3$，符合要求。

由式(6-17)可求出磁弹簧刚度，即

$$\begin{aligned}K_m&=4\left(\frac{a}{l_g}\right)^2R_g\Phi_g^2=4\times\left(\frac{14.5\times10^{-3}}{0.25\times10^{-3}}\right)^2\times2.46\times10^7\times(4.486\times10^{-6})N\cdot m/rad\\&=7.43N\cdot m/rad\end{aligned}$$

5. 计算弹簧管刚度 K_a

由式(6-36)和式(6-37)求出弹簧管刚度，即

$$
\begin{aligned}
K_a &= K_{mf} - K_f(r+b)^2 + K_m + 8\pi C_{df}^2(p_s - p_r)x_{f0}r^2 \\
&= [3.766 - 2987 \times (8.9+13.3)^2 \times 10^{-6} + 7.43 + 8\pi \times 0.64^2 \times (210-23) \times 10^5 \times \\
&\quad 0.03 \times 10^{-3} \times (8.9 \times 10^{-3})^2]\ \mathrm{N \cdot m/rad} \\
&= 10.18\ \mathrm{N \cdot m/rad}
\end{aligned}
$$

根据求得 K_a 值可以设计弹簧管。

第四节　直接反馈两级滑阀式电液伺服阀

一、结构及工作原理

动圈式直接位置反馈两级滑阀式电液伺服阀如图6-11所示。该阀由动圈式力马达和两级滑阀式液压放大器组成。前置级是带两个固定节流孔的四通阀(双边滑阀)，功率级是零开口四边滑阀。功率级阀芯也是前置级的阀套，构成直接位置反馈。

当信号电流输入力马达线圈时，线圈上产生的电磁力使前置级阀芯移动，假定阀芯向上移动 x，此时上节流口开大，下节流口关小。从而使功率级滑阀上控制腔压力减小，而下控制腔压力增大，功率级阀芯上移。当功率级阀芯位移 $x_V = x$ 时停止移动，功率级滑阀开口量为 x_V，使阀输出流量。

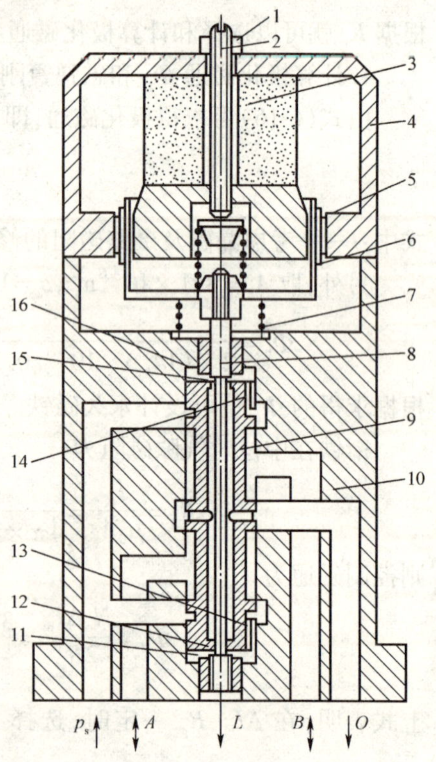

图6-11　直接位置反馈两级滑阀式伺服阀
1-锁紧螺母；2-调整螺钉；3-磁铁；4-导磁体；5-气隙；6-动圈；7-弹簧；8-一级阀芯；9-二级阀芯；10-阀体；11-下控制腔；12-下节流口；13-下固定节流孔；14-上固定节流孔；15-上节流口；16-上控制腔

二、动圈式两级滑阀伺服阀的框图

动圈式力马达控制线圈的电压平衡方程为

$$K_u u_g = (R_c + r_p)i_c + L_c \frac{di_c}{dt} + K_b \frac{dx}{dt} \tag{6-67}$$

式中：u_g——输入放大器的信号电压；

K_u——放大器增益；

R_c——控制线圈电阻；

r_p——放大器内阻；

L_c——控制线圈电感；

K_b——线圈的反电动势常数，$K_b = B_g \pi D N_c$。

式(6-67)等号左边为放大器加在控制线圈上的信号电压。等号右边第一项是在电阻上的电压降，第二项是电流变化时在控制线圈中产生的自感反电动势，第三项是线圈在极化磁场中运动所产生的反电动势。

式(6-67)的拉氏变换式可写成

$$I_c = \frac{K_u u_g - K_b sX}{(R_c + r_p)\left(1 + \dfrac{s}{\omega_a}\right)} \tag{6-68}$$

式中：ω_a——控制线圈的转折频率，$\omega_a = \dfrac{R_c + r_p}{L_c}$。

线圈组件的力平衡方程为

$$K_t i_c = m\frac{d^2x}{dt^2} + B\frac{dx}{dt} + Kx + F_L \tag{6-69}$$

式中：m——线圈组件的质量；

B——线圈组件的阻尼系数；

K——弹簧刚度；

F_L——作用在线圈组件上的负载力。

作用在线圈组件上的负载力 F_L 为第一级滑阀的稳态动力，可以忽略不计。则式(6-69)可以写成

$$\frac{X}{I_c} = \frac{K_t/K}{\dfrac{s^2}{\omega_0^2} + \dfrac{2\zeta_0}{\omega_0}s + 1} \tag{6-70}$$

前置级滑阀的开口量为

$$X_e = X - X_V \tag{6-71}$$

前置级滑阀的负载为功率级滑阀的质量和液动力，忽略液动力的影响，其传递函数为

$$\frac{X_V}{X_e} = \frac{\dfrac{K_{qp}}{A_V}}{s\left(\dfrac{s^2}{\omega_{hp}^2} + \dfrac{2\zeta_{hp}}{\omega_{hp}}s + 1\right)} \tag{6-72}$$

由式(6-68)、式(6-70)～式(6-72)可画出直接位置反馈滑阀式伺服阀的框图，如图 6-12 所示。直接位置反馈滑阀式伺服阀的简化框图如图 6-13 所示。

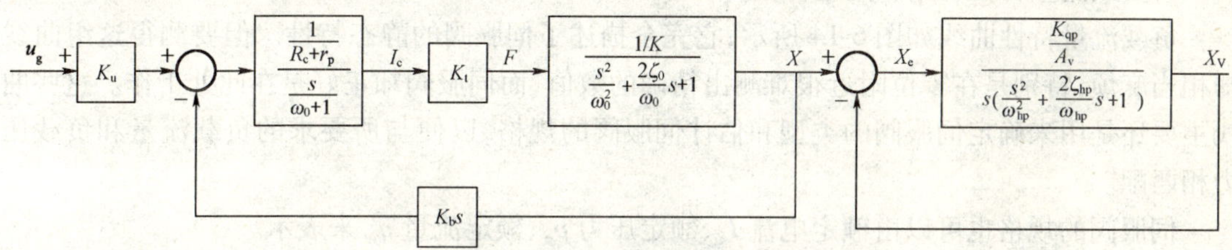

图 6-12　直接位置反馈滑阀式伺服阀的框图

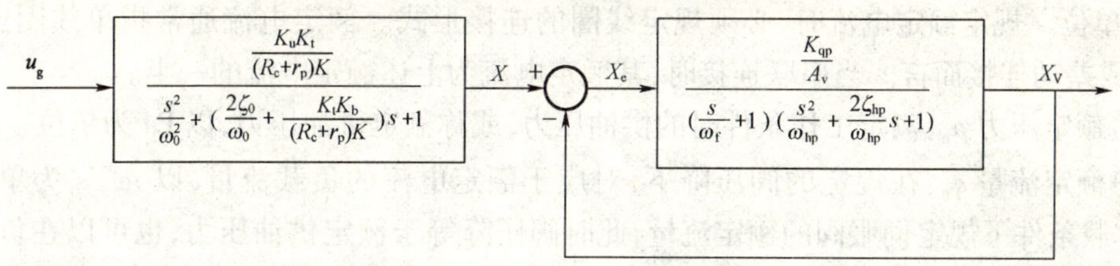

图 6-13　直接位置反馈滑阀式伺服阀简化框图

三、动圈式两级滑阀伺服阀的传递函数

伺服阀的稳定性取决于直接位置反馈回路的稳定性，稳定条件为

$$K_V < 2\zeta_{hp}\omega_{hp}$$

参考力反馈两级伺服阀传递函数的简化方法,直接位置反馈回路的闭环传递函数可写成

$$\frac{X_V}{X}=\frac{1}{\left(\frac{s}{K_V}+1\right)\left(\frac{s^2}{\omega_{hp}^2}+\frac{2\zeta_{hp}}{\omega_{hp}}s+1\right)}$$

因为 ω_{hp} 比较高,不会限制阀的频宽,因此可以忽略。则直接位置反馈两级滑阀式伺服阀的传递函数可写为

$$\frac{X_V}{u_g}=\frac{1}{\left(\frac{s}{K_V}+1\right)\left[\frac{s^2}{\omega_0^2}+\left(\frac{2\zeta_0}{\omega_0}+\frac{1}{R_c+r_p}\frac{K_bK_t}{K}\right)s+1\right]} \tag{6-73}$$

因为 ω_{hp} 很高,在保证阀稳定的前提下,允许 K_V 比较高。另一方面,一级阀为滑阀,其流量增益比喷嘴挡板阀大得多,也能提供比较高的 K_V 值。所以直接位置反馈滑阀式伺服阀频宽主要由力马达的固有频率 ω_0 所决定。由于力马达动圈组件(包括一级阀阀芯)质量比较大,而对中弹簧刚度又比较低,因此固有频率 ω_0 较低。这种阀的频宽一般为 30~70Hz。

第五节　电液伺服阀的特性及主要的性能指标

电液伺服阀是一个非常精密而又复杂的伺服控制元件,它的性能对整个系统的性能影响很大,因此要求也十分严格。下面就电液流量伺服阀的特性及主要性能指标作一介绍。

一、静态特性

电液流量伺服阀的静态性能,可根据测试所得到负载流量特性、空载流量特性、压力特性、内泄漏特性等曲线和性能指标加以评定。

1. 负载流量特性(压力-流量特性)

负载流量特性曲线如图 6-14 所示,它完全描述了伺服阀的静态特性。但要测得这组曲线却相当麻烦,特别是在零位附近很难测出精确的数值,而伺服阀却正好是在此处工作。这些曲线主要还是用来确定伺服阀的类型和估计伺服阀的规格,以便与所要求的负载流量和负载压力相匹配。

伺服阀的规格也可以由额定电流 I_n、额定压力 p_n、额定流量 q_n 来表示。

(1)额定电流 I_n:为产生额定流量对线圈任一极性所规定的输入电流(不包括零偏电流),以 A 为单位。规定额定电流时,必须规定线圈的连接形式。额定电流通常指单线圈连接、并联连接或差动连接而言。当串联连接时,其额定电流为上述额定电流的一半。

(2)额定压力 p_n:额定工作条件时的供油压力,或称额定供油压力,以 Pa 为单位。

(3)额定流量 q_n:在规定的阀压降下,对应于额定电流的负载流量,以 m^3/s 为单位。通常,在空载条件下规定伺服阀的额定流量,此时阀压降等于额定供油压力,也可以在负载压降等于 2/3 供油压力的条件下规定额定流量,这样规定的额定流量对应阀的最大功率输出点。

2. 空载流量特性

空载流量曲线(简称流量曲线)是输出流量与输入电流呈回环状的函数曲线,如图 6-15 所示。它是在给定的伺服阀压降和负载压降为零的条件下,使输入电流在正、负额定电流值之间,以阀的动态特性不产生影响的循环速度作一完整的循环所描绘出来的连续曲线。

流量曲线中点的轨迹称为名义流量曲线。这是零滞环流量曲线。阀的滞环通常很小,因

此可以把流量曲线的任一侧当做名义流量曲线使用。

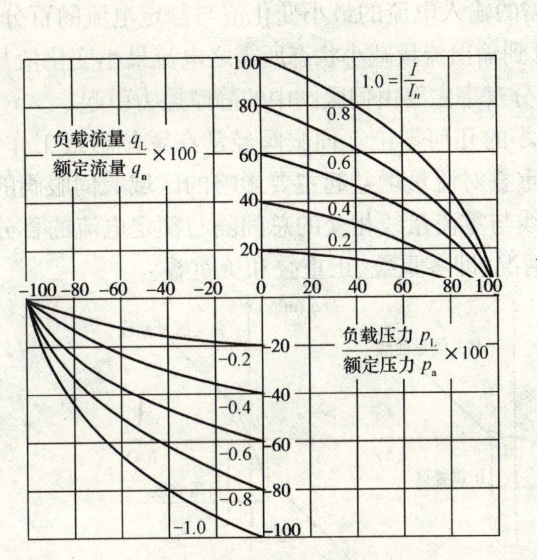

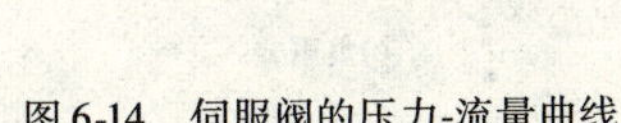

图 6-14　伺服阀的压力-流量曲线

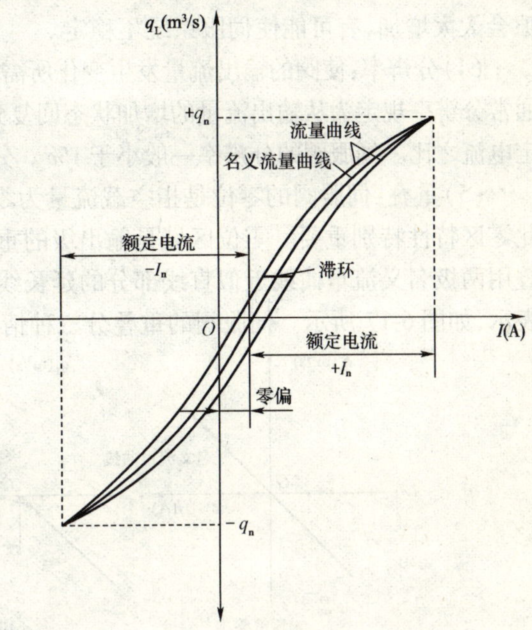

图 6-15　流量特性曲线

流量曲线上某点或某段的低斜率就是阀在该点或该段的流量增益。从名义流量曲线的零流量点向两极各作一条与名义流量曲线偏差为最小的直线，这就是名义流量增益线，如图 6-16 所示。两个极性的名义流量增益线斜率的平均值就是名义流量增益，以 $m^3/s \cdot A$ 为单位。

伺服阀的额定流量与额定电流之比称为额定流量增益。

流量曲线非常有用，它不仅给出阀的极性、额定空载流量、名义流量增益，而且从中还可以得到阀的线性度、对称度、滞环、分辨率，并揭示阀的零区特性。

(1) 线性度：流量伺服阀名义流量曲线的直线性。以名义流量曲线与名义流量增益线的偏差电流值与额定电流的百分比表示，如图 6-16 所示。线性度通常小于 7.5%。

(2) 对称度：阀的两个极性的名义流量增益的一致程度。用两者之差对较大者的百分比表示，如图 6-16 所示。对称度通常小于 10%。

(3) 滞环：在流量曲线中，产生相同输出流量的往、返输入电流的最大差值与额定电流的百分比，如图 6-15 所示。伺服阀的滞环一般小于 5%。

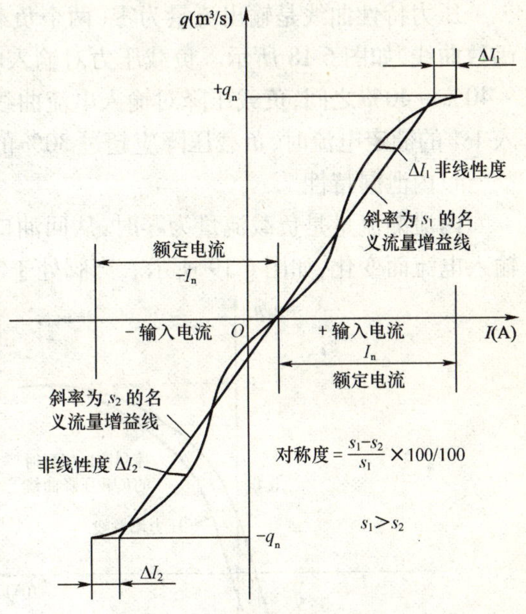

图 6-16　名义流量增益、线性度、对称度

滞环产生的原因，一方面是力矩马达磁路的磁滞，另一方面是伺服阀中的游隙。磁滞回环的宽度随输入信号的大小而变化。当办公设备信号减小时，磁滞回环的宽度将减小。游隙是

由于力矩马达中机械固定处的滑动以及阀芯与阀套间的摩擦力产生的。如果油是脏的,则游隙会大大增加,有可能使伺服系统不稳定。

(4)分辨率:使阀的输出流量发生变化所需的输入电流的最小变化值与额定电流的百分比。通常分辨率规定为从输出流量的增加状态回复到输出流量减小状态所需之电流最小变化值与额定电流之比。伺服阀的分辨率一般小于1%。分辨率主要由伺服阀中的静摩擦力引起。

(5)重叠:伺服阀的零位是指空载流量为零的几何零位。伺服阀经常在零位附近工作,因此零区特性特别重要。零位区域是输出级的重叠对流量增益起主要影响的区域。伺服阀的重叠用两极名义流量曲线近似直线部分的延长线与零流量线相交的总间隔与额定电流的百分比表示,如图6-17所示。伺服阀的重叠分三种情况,即零重叠、正重叠和负重叠。

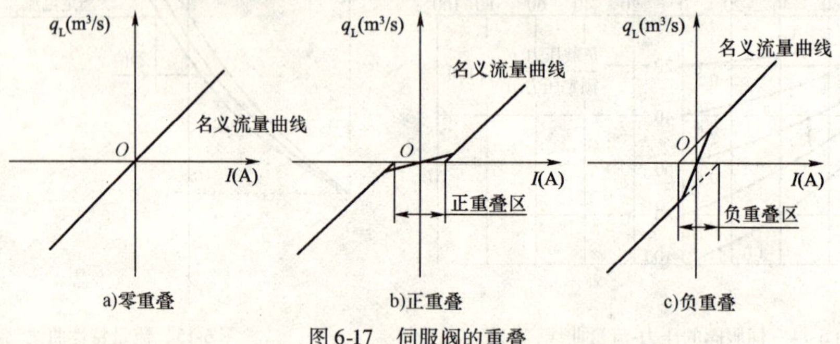

图6-17　伺服阀的重叠

(6)零偏:为使阀处于零位所需的输入电流值(不计阀的滞环的影响),以额定电流的百分比表示,如图6-15所示。零偏通常小于3%。

3. 压力特性

压力特性曲线是输出流量为零(两个负载油口关闭)时,负载压降与输入电流呈回环状的函数曲线,如图6-18所示。负载压力对输入电流的阀的压力增益通常规定为最大负载压降的-40%~40%之间,负载压降对输入电流曲线的平均斜率如图6-18所示。压力增益指标为输入1%的额定电流时,负载压降应超过30%的额定工作压力。

4. 内泄漏特性

内泄漏流量是负载流量为零时,从回油口流出的总流量,以 m³/s 为单位。内泄漏流量随输入电流而变化,如图6-19所示。当阀处于零位时,内泄漏流量(零位内泄漏流量)最大。

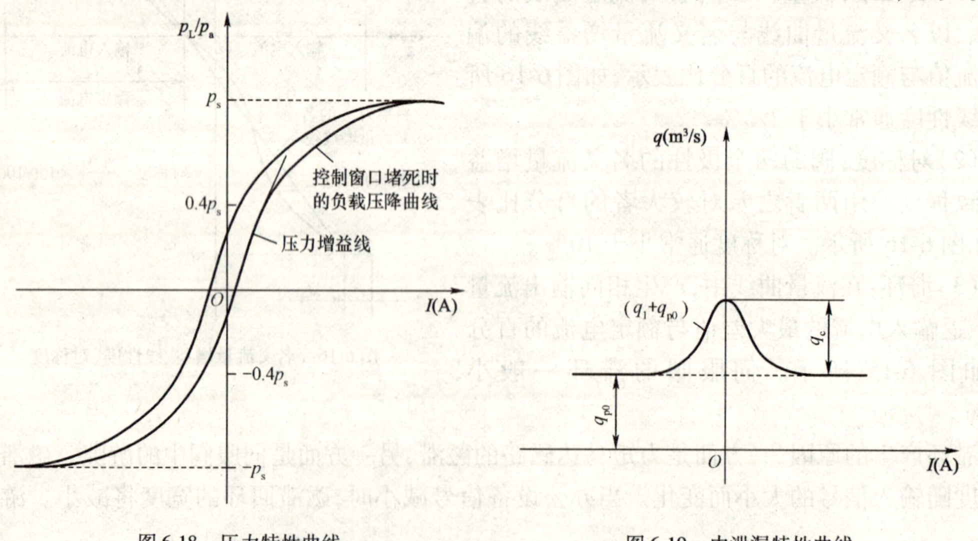

图6-18　压力特性曲线　　图6-19　内泄漏特性曲线

对两极伺服阀而言,内泄漏流量由前置级的泄漏流量 q_{p0} 和功率级泄漏流量 q_1 组成。功率滑阀的零位泄漏流量 q_c 与供油压力 p_s 之比可作为滑阀的流量-压力系数。零位泄漏流量对新阀可作为滑阀制造质量的指标,对旧阀可反映滑阀的磨损情况。

5. 零漂

零漂是工作条件或环境变化所导致的零偏变化,以其对额定电流的百分比表示。通常规定有供油压力零漂、回油压力零漂、温度零漂、零值电流零漂等。

(1)供油压力零漂:供油压力在 70% ~100% 额定供油压力的范围内变化时,零漂小于2%。

(2)回油压力零漂:回油压力在0~20%额定供油压力的范围内变化时,零漂应小于2%。

(3)温度零漂:工作油温每变化40℃时,零漂小于2%。

(4)零值电流零漂:零值电流在0~100%额定电流范围内变化时,零漂小于2%。

二、动态特性

电液伺服阀的动态特性可用频率响应或瞬态响应表示,一般用频率响应表示。

电液伺服阀的频率响应是输入电流在某一频率范围内作等幅变频正统变化时,空载流量与输入电流的复数比。频率响应如图 6-20 所示。

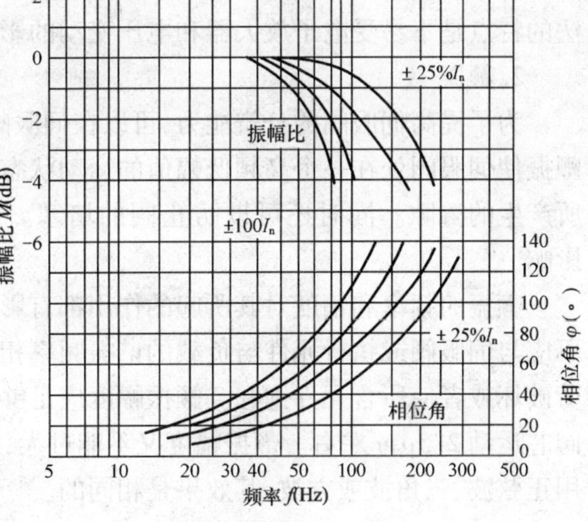

图 6-20 伺服阀的频率特性

伺服阀的频率响应随供油压力、输入电流幅值、油温和其他工作条件而变化。通常在标准试验条件下进行试验,推荐输入电流的峰值为额定电流的一半(±25%额定电流),基准(初始)频率通常为5Hz或10Hz。

伺服阀的频宽通常以幅值比为 −3dB(即输出流量为基准频率时的输出流量的70.7%)时所对应的频率作为幅频宽,以相位滞后90°时所对应的频率作为相频宽。

频宽是伺服阀响应速度的度量。伺服阀的频宽应根据系统的实际需要加以确定,频宽过低会限制系统的响应速度,过高会使高频干扰传到负载上去。

伺服阀的幅值比一般不允许大于 +2dB。

三、输入特性

1. 线圈接法

伺服阀有两个线圈,可根据需要采用图 6-21 中的任何一种接法。

(1)单线圈接法:输入电阻等于单线圈电阻,线圈电流等于额定电流,电控功率 $P=I_n^2R_c$。单线圈接法可以减小电感的影响。

(2)双线圈单独接法:一只线圈接输入,另一只线圈可用来调偏、接反馈或引入颤振信号。

(3)双线圈串联接法:输入电阻为单线圈电阻 R_c 的 2 倍,额定电流为单线圈时的一半,电

控功率为 $P=\frac{1}{2}I_n^2R_c$。串联连接的特点是额定电流和电控功率小，但易受电源电压变动的影响。

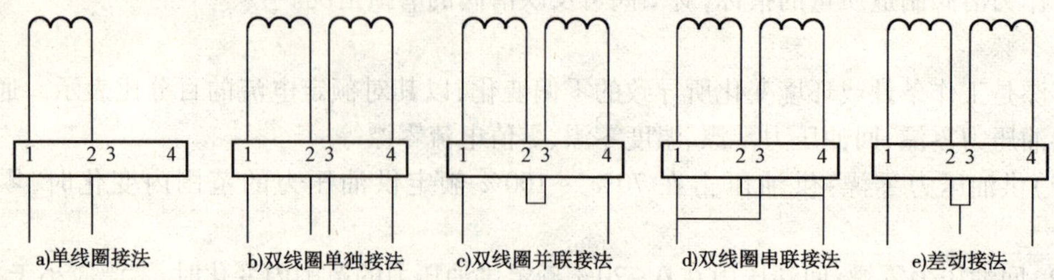

图 6-21　伺服阀线圈的接法

(4)双线圈并联接法：输入电阻为单线圈电阻的一半，额定电流为单线圈接法时的额定电流，电控功率 $P=\frac{1}{2}I_n^2R_c$。其特点是工作可靠性高，一只线圈坏了也能工作，但易受电流、电压变动的影响。

(5)差动接法：差动电流等于额定电流，等于2倍的信号电流，电控功率 $P=I_n^2R_c$。差动接法的特点是不易受电子放大器和电压变动的影响。

2. 颤振

为了提高伺服阀的分辨能力，可以在伺服阀的输入信号上叠加一个高频低幅值的电信号，颤振使伺服阀处在一个高频低幅值的运动状态之中，这可以减小或消除伺服阀中由于干摩擦所产生的游隙。同时还可以防止阀的堵塞。但颤振不能减小力矩马达磁路所产生的磁滞影响。

颤振的频率和幅度对其所起的作用都有影响。颤振频率应大大超过预计的信号频率，而不应与伺服阀或执行元件与负载的谐振频率相重合。因种种原因这类谐振的激励可能引起疲劳破坏或者使所含元件饱和。颤振幅度应足够大以使峰间值刚好填满游隙宽度，这相当于主阀芯运动2.5μm左右。颤振幅度又不能过大，以致通过伺服阀传到负载。颤振信号的波形采用正弦波、三角波或方波，其效果是相同的。

第六节　电液伺服阀选择方法及使用注意事项

一、伺服阀选择方法

根据液压执行元件所需的最大负载流量 Q_{Lm} 及最大负载压力 p_{Lm}，计算伺服阀的阀压降 Δp_V，再根据 Q_{Lm}、Δp_V，计算伺服阀样本对应参数 Δp_{Vs}、Q_{Ls}，最后按样本给出的阀压降 Δp_{Vs} 和样本给出的额定负载流量 Q_{Ls} 选伺服阀型号及规格。计算方法如下：

(1)计算伺服阀供油压力，计算公式为

$$p_s=\frac{3}{2}p_{Lm}$$

(2)计算阀压降，计算公式为

$$\Delta p_V=p_s-p_{Lm}=\frac{1}{3}p_s$$

(3)根据伺服阀样本给出的阀压降 Δp_{Vs},及 Q_{Lm}、Δp_V、Q_{Ls},其计算公式为

$$Q_{Ls}=Q_{Lm}\sqrt{\frac{\Delta p_{Vs}}{\Delta p_V}}$$

(4)选定伺服阀电流 i_{cm}。最后根据伺服阀额定电流 i_{cm}、阀压降 Δp_{Vs}及额定负载流量 Q_{Ls},查伺服阀型号。

二、使用注意事项

使用注意事项如下:

(1)油管采用冷拔钢管、钢管或不锈钢管。管接头处不能用黏结剂。通常高压管流速不超过3m/s,回油管流速不超过1.5m/s。油管必须进行酸洗、中和和纯化处理,并用干净压缩空气吹干。

(2)油路安装完之后,在装伺服阀前,对油路进行冲洗,其油液清洁度应达到 SAE 中的5级或 NAS 中的6级。

(3)向油箱注入油液时,要先经过一个名义过滤精度为5u 的过滤器。

(4)在靠近伺服阀入口处应设置一个名义过滤精度为5~10u 的过滤器。

第七节　伺服放大器

电液伺服阀在系统中由电子放大器(又称伺服放大器)将电压信号变成电流信号输入伺服阀的控制线圈。因此,必须考虑伺服阀控制线圈电阻 R_c 及电感 L_c 形成的惯性环节转折频率。伺服放大器可采用电压并联负反馈线路,也可采用电流并联负反馈线路,前者对伺服阀控制线圈而言为一个恒压源,后者为一个恒流源。

一、运算放大器并联电压负反馈式伺服放大器

运算放大器并联电压负反馈式伺服放大器原理图,如图6-22所示。

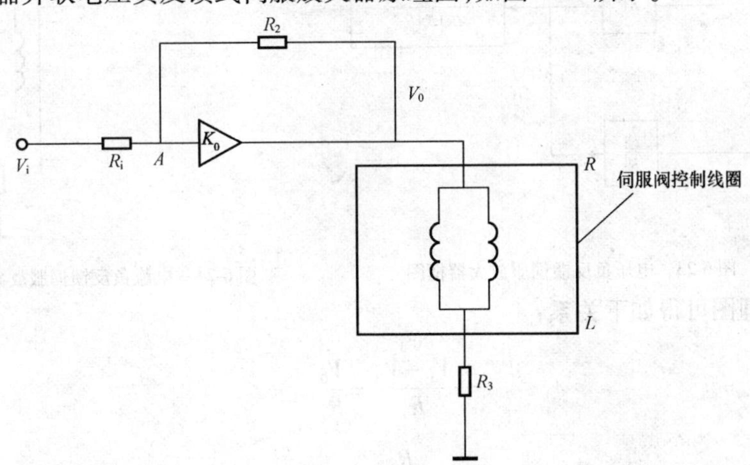

图6-22　电压负反馈伺服放大器

根据原理图有如下关系:

$$\frac{V_i-V_A}{R_1}=\frac{V_0}{R_2}\tag{6-74}$$

则
$$V_i - \frac{R_1}{R_2}V_0 = V_A \tag{6-75}$$

设运算放大器开路时输入输出电压比为

$$\frac{V_0}{V_A} = K_0 \tag{6-76}$$

则伺服放大器的输出电压 V_0 与伺服阀控制线圈中电流 i_c 之关系为

$$\frac{I_c}{V_A} = \frac{1}{L_S + R + R_3} \tag{6-77}$$

由式(6-75)、式(6-76)、式(6-77)得框图,如图 6-23 所示。

因 K_0 很大,可由图 6-23 得出运算放大器并联电压负反馈伺服放大器的传递函数为

$$\frac{I_c}{V_i} = \frac{R_2/R_1(R+R_3)}{\dfrac{s}{\omega_\alpha}+1} \tag{6-78}$$

式中
$$\omega_\alpha = (R+R_3)/L \tag{6-79}$$

如果假设每个控制线圈的电阻 $R_c = 220\Omega$、电感 $L_c = 0.2\text{H}$,则两个控制线圈并联的电阻 $R = \frac{1}{2}R_c = 110\Omega$,电感 $L = L_c = 0.2\text{H}$,若 $R_3 = 10\Omega$

则
$$\omega_\alpha = \frac{R+R_3}{L} = \frac{110+10}{0.2}\text{rad/s} = 600\text{rad/s} \approx 100\text{Hz}$$

二、运算放大器并联电流负反馈伺服放大器

运算放大器并联电流负反馈式伺服放大器原理图,如图 6-24 所示。

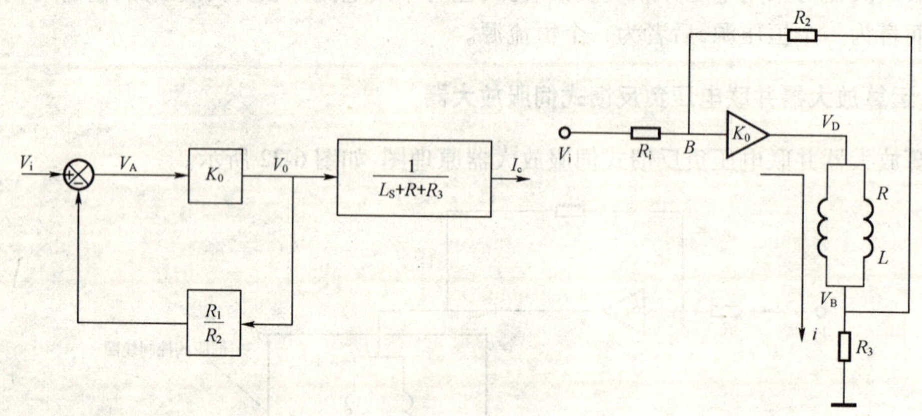

图 6-23 电压负反馈伺服放大器框图　　图 6-24 电流负反馈伺服放大器

根据其原理图可得如下关系:

$$\frac{V_i - V_B}{R_1} = \frac{V_0}{R_2} \tag{6-80}$$

则
$$V_i - \frac{R_1}{R_2}V_0 = V_B \tag{6-81}$$

设运算放大器开路时输入输出电压之比为

$$\frac{V_D}{V_B} = K_0 \tag{6-82}$$

则在伺服阀控制线圈中产生的电流为

$$I_c = \frac{V_D}{L_S + R + R_3} \tag{6-83}$$

近似认为

$$V_0 \approx iR_3 \tag{6-84}$$

由式(6-81)、式(6-82)、式(6-83)、式(6-84)可得运算放大器并联电流负反馈式伺服放大器框图,如图 6-25 所示。其等效框图,如图 6-26 所示。

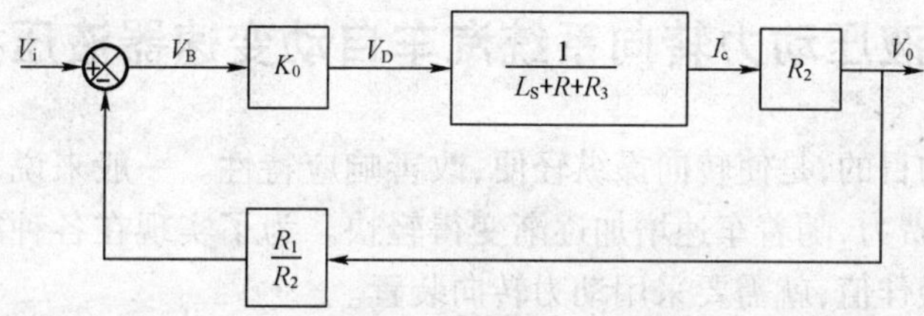

图 6-25 电流负反馈伺服放大器框图

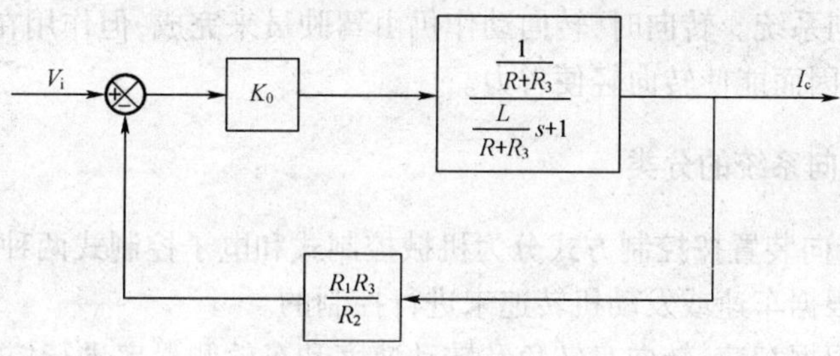

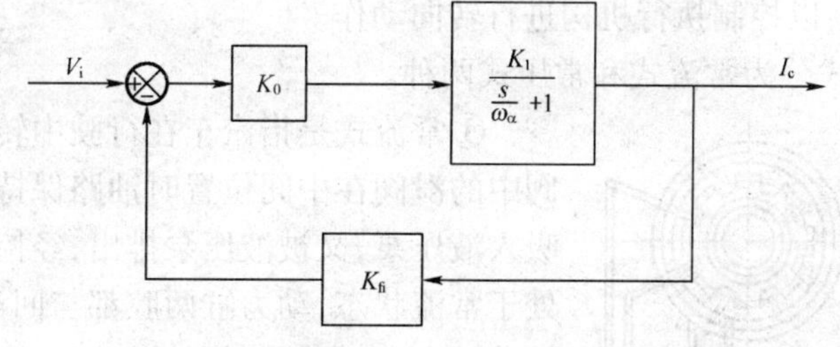

图 6-26 等效框图

根据图 6-26 得运算放大器并联电流负反馈式伺服放大器传递函数为

$$\frac{I_c}{V_i} = \frac{K_\alpha}{\frac{s}{\omega'_\alpha} + 1} \tag{6-85}$$

式中

$$\omega'_\alpha = \omega_\alpha K_0 K_1 K_{fi} \tag{6-86}$$

$$K_1 = 1/(R + R_3) \tag{6-87}$$

$$K_{fi} = R_1 R_3 / R_2 \tag{6-88}$$

$$K_\alpha = 1/K_{fi} = R_2 / R_1 R_3 \tag{6-89}$$

比较式(6-85)与式(6-86)可知,由于 $K_0K_1K_{fi}$ 之积远大于 1,所以 $\omega'_\alpha \gg \omega_\alpha$。假如 $R_c = 220\Omega$、$L_c = 0.2\text{H}$、$K_0 = 100000$,则 $\omega'_\alpha = 75 \times 10^7 \text{rad/s} \approx 12 \times 10^7 \text{Hz}$。因此,采用电流负反馈伺服放大器,由于其响应频率很高,即 $1/\omega'_\alpha \approx 0$,对系统特性影响可以忽略。

第七章 汽车液压控制系统

第一节 液压动力转向系统汽车自动变速器液压控制系统

采用动力转向的目的,是使转向操纵轻便,改善响应特性。一般来说,在停车或车速较低时,转向盘的操纵很费力,随着车速增加逐渐变得轻快。为了实现在各种行驶条件下,操纵转向盘所需的力都在最佳值,就需要采用动力转向装置。

液压动力转向系统利用液压泵供应液压源,再经过控制阀来调节液压油的流量,根据汽车的行驶状态控制转向系统。转向时,转向动作仍由驾驶员来完成,但作用在转向机构的力则由液压动力装置提供,因而能使转向轻便省力。

一、液压动力转向系统的分类

(1)液压动力转向装置按控制方式分为机械控制式和电子控制式两种。

机械控制式是根据车速或发动机转速来进行控制的。

电子控制式是根据车速、转向盘转角及转动速度和车轮侧滑率进行控制的,由电控制装置精确控制液压油流量,以控制执行机构进行转向动作。

(2)按液流的形式分为常流式和常压式两种。

①常流式是指汽车在行驶中转向盘保持不动,控制阀中的滑阀在中间位置时油路保持畅通,即油液从油罐吸入液压泵,又被液压泵排出,经控制阀回到油罐,一直处于常流状态,动力缸两腔都与回油路相通。当驾驶员转动转向盘时,控制阀的滑芯移动,关闭了常流油路,液压泵排出的油经控制阀进入动力缸的一腔,推动动力缸活塞起助力作用。这种动力转向系统机构比较简单,液压泵常处在卸荷工作状态,泵寿命长、功率消耗也小,如图 7-1 所示。

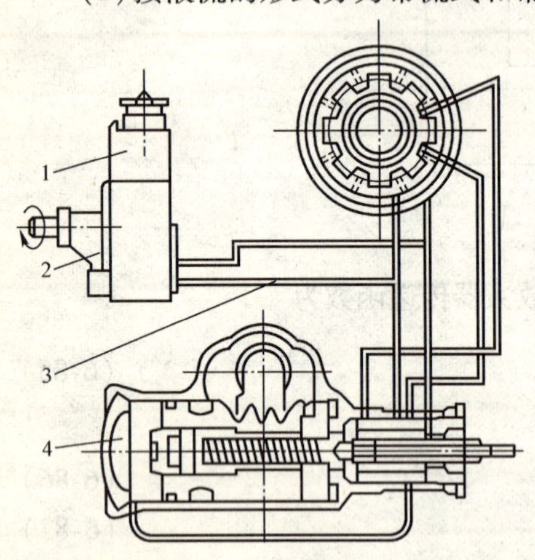

图 7-1 常流式动力转向系统

1-转向油罐;2-转向液压泵;3-转向管路;4-动力转向器

②常压式是指汽车行驶中,无论转向盘转动或不转动,整个液压系统一直保持高压。通常用蓄能器保持压力,控制阀是常闭的。液压泵向蓄能器供压力油,达到最大工作压力后,液压泵自动卸荷转动。当驾驶员转动转向盘时,通过转向摇臂带动控制阀中的滑阀芯移动,高压油便进入动力缸的一腔,推动动力缸活塞起助力作用。

与常流式相比,常压式液压元件多,结构复杂;蓄能器用氮气作工作介质,增加了充氮工序;对系统的密封要求高;液压泵的磨损较大;转向时不论转向阻力大小,使用压力总是蓄能器压力,转向阻力较小时,消耗功率较大。由此限制了常压式动力转向系统的使用。

(3)按控制阀形式分为滑阀式和转阀式两种。

(4)按动力缸、控制阀和转向器的相互位置分为整体式和分置式两种。

(5)按控制阀的位置分为控制阀装在转向器上的半整体式、控制阀装在动力缸上的联阀式、控制阀装在转向器和动力缸之间拉杆上的联杆式三种形式。

二、整体式液压动力转向系统

图 7-1 所示为整体式动力转向系统。控制阀可以是滑阀式,也可以是转阀式,图 7-1 所示为转阀式。

直线行驶时,转向液压泵随发动机转动,由于无转向动作,控制阀处于常开的中间位置,两边均有间隙,油液通过控制阀直接回到转向油罐。

当转向轴(也就是阀芯)输入转向指令时,转向轴与螺杆经扭杆连接,转向螺杆又通过转向螺母(齿条活塞)、齿扇轴、摇臂、直拉杆与车轮连在一起,而此时若地面转向阻力大,则转向螺杆以下各器件不动;转向轴(即转阀芯)在外力作用下将克服扭杆弹性产生一个相对阀套的角位移,使转阀每个台肩一侧油路全开,另一侧全闭。这样液压泵供来的油沿打开的油路向油缸中相应的一腔供油,充满油的一腔推动齿条活塞移动。通过齿扇轴、摇臂、直拉杆与车轮相连,由于地面转向阻力阻止其移动,使该腔油压升高,直到油压在活塞一侧产生的推力足够大,超过地面转向阻力在活塞上形成的负载,活塞开始移动,通过这些中间传力件带动车轮转向。车轮转向阻力减小,在活塞上产生的阻力也会减小,工作腔油压也会相应降低,降到仍能维持车轮继续转动。此时,另一腔的油在活塞推动下沿回油路回到转向油罐。

因此,动力转向系统是一个典型的液压伺服系统,所有的工作过程都是在动态下实现的。

电动的动力转向在助力缸活塞上装有 1~2 个二位二通的常闭式电磁阀,在未通电时保持密封。电控单元根据车速传感器提供的信号,在车速较高时,给电磁阀通电,使动力缸的左右腔相通,动力转向变成了手动转向,以加强工作的安全性,防止转向过于灵敏,这就是高速轿车车速越高、转向越重的原因。

三、半整体式动力转向系统

如图 7-2 所示,该转向系统中的转向器大都是滑阀式结构。当转向盘保持不动时,控制阀中的滑阀 12 在定心弹簧作用下位于阀体 11 的中间常开位置,如图 7-2a)所示。从转向液压泵 10 供来的油液经管路流入控制阀进油孔、中间台肩两侧与阀体台肩之间的缝隙,再经回油孔和回油管流回油罐 9。

这时,动力缸活塞两边均与油罐相通,活塞两边无压力差,不产生移动,不起转向助力作用。

当向左转动转向盘时,如图 7-2b)所示,由于地面转向阻力较大,在开始转动时,与车轮刚性连接的转向螺母 4 保持不动,使转向螺杆 3 受到转向螺母 4 的轴向作用力,在克服定心弹簧张力之后带动滑阀 12 向左移动;这样就关闭了滑阀中间台肩左侧的缝隙,开大了右侧的缝隙,使转向液压泵 10 供来的油液通过分配阀,沿管路流入动力缸 2 活塞的右腔;活塞在受外界阻力作用建立起压力,并被推动左移,带动转向摇臂 6 摆动和带动直拉杆使车轮左转:同时,动力缸活塞左侧的油液被排出,经管路流到控制阀,再经阀体回油孔和回油管路流回油罐。同理,在转向盘向右转动时也如此。

这种形式的动力转向系统，传递"路感"的反作用室多在控制阀内。在紧急情况下，液压助力装置失灵时，这种形式的动力转向系统均有构成小循环回路的装置，使油液得以流通而不致造成阻力，以免影响强制手动转向。

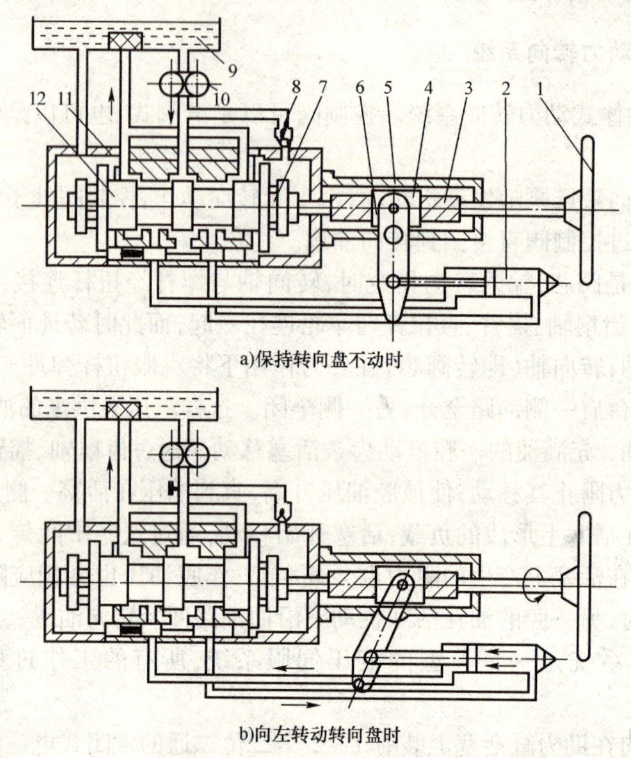

图 7-2　半整体式动力转向系统原理

1-转向盘；2-动力缸；3-转向螺杆；4-转向螺母；5-摇臂轴；6-转向摇臂；7-复位装置；8-止回阀；9-油罐；10-转向液压泵；11-阀体；12-滑阀

四、联阀式动力转向系统

如图 7-3 所示，该系统的控制阀与动力缸合为一体。当转向盘 1 保持不动时（直线行驶或固定前轮转角），动力缸前部控制阀中的滑阀 12 在复位装置 13 中的定心弹簧作用下，位于阀体的中间常开位置，如图 7-3a）所示，油液从液压泵 9 供来，经油管流入阀体 11 的进油孔，再经过滑阀 12 中间台肩与阀体台肩之间的缝隙、回油孔、回油管流回到油罐 8。此时，动力缸活塞两边均与油罐 8 相通，活塞两边无压力差，不起转向助力作用。

向左转动转向盘时，如图 7-3b）所示，转向盘 1 的转动通过转向器使摇臂 5 摆动，带动副拉杆 7 操纵动力缸前部的控制阀。由于地面阻力较大，与车轮刚性连接的动力缸前端控制阀阀体 11 先保持不动，而副拉杆 7 带动滑阀 12 克服定心弹簧的张力向左移动，关闭了滑阀中间台肩左侧的缝隙，开大了右侧的缝隙，油液经阀体上的孔道直接流进动力缸前腔，因受外界阻力的作用建立起压力，推动缸体左移，从而带动中间摇臂 6 摆动，通过直拉杆使车轮向左转动。同时，动力缸后腔的油液被排出，经动力缸外侧的管路回到阀体，经阀体上的回油孔和回油管流回油罐。转向盘向右转向也是如此原理。

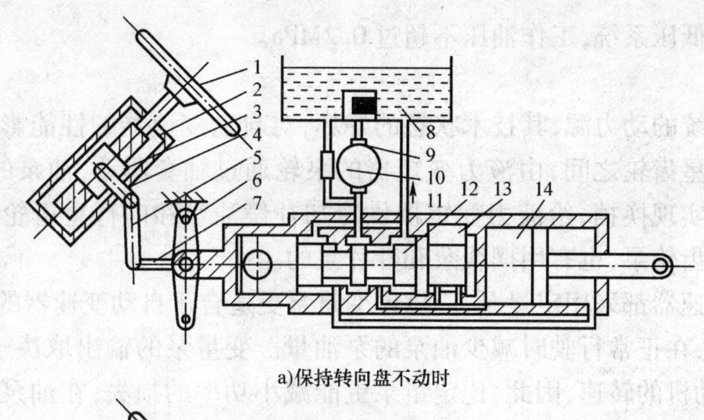

a)保持转向盘不动时

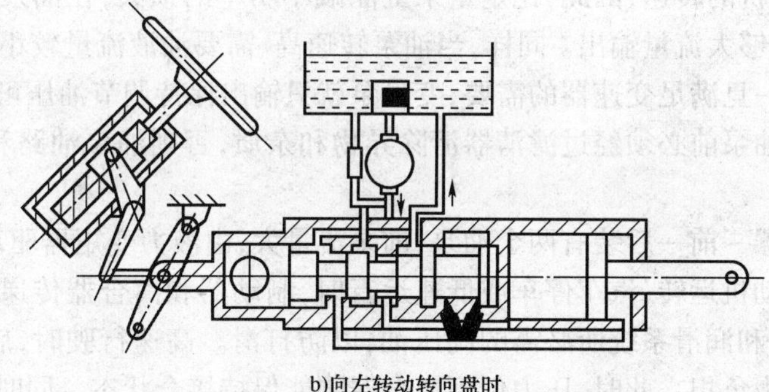
b)向左转动转向盘时

图 7-3　联阀式动力转向系统工作原理

1-转向盘;2-螺杆;3-螺母;4-摇臂轴;5-摇臂;6-中间摇臂;7-副拉杆;8-油罐;9-液压泵;10-溢流阀;11-阀体;12-滑阀;13-复位装置;14-动力缸

第二节　自动变速器液压控制系统

汽车传动系统中的变速器控制自动化是汽车发展的较高级阶段,自动变速器能根据车速与发动机负荷的变化情况及时自动地进行传动比变换(换挡),从而使操作简单省力,将驾驶人从频繁的换挡操作中解脱出来,减轻驾驶人的疲劳强度,最大程度地消除驾驶人换挡技术的差异,使乘坐更加舒适,在车流大的道路上有利于行车安全,使发动机经常处于经济转速区域内运转,使油耗和排气污染降低。

汽车自动变速器可分为三种类型:电控液力机械自动变速器(automatic transmission,简称AT)、电控机械式自动变速器(automated mechanical transmission,简称AMT)和连续可变传动比自动变速器(continously variable transmission,简称CVT)。电控液力机械自动变速器(AT)目前使用较普遍,主要由液力变矩器、行星齿轮变速器和电子液压换挡控制系统三部分组成。其中,电子液压换挡控制系统由电控单元、传感器、液压控制回路和执行器组成。

一、液压控制系统的组成

自动变速器的自动控制是依靠由动力组件、执行机构和控制机构组成的液压控制系统完成的。动力组件是油泵;执行机构包括各离合器的油缸、制动器的油缸;控制机构包括调压阀、手动阀、换挡阀及锁止离合器的控制阀等。这些都安装在自动变速器上。

二、液压控制系统各部件的结构与工作原理

液压控制系统是与电子控制系统配合使用的,可把它们合称为电液控制系统。自动变速

器的液压系统属于低压系统，工作油压不超过0.2MPa。

（一）油泵

油泵是液压系统的动力源，其技术状态的好坏，对自动变速器的性能影响非常大，油泵位于液力变矩器和行星齿轮之间，由液力变矩器的泵轮通过轴套驱动，油泵的转速与发动机同速。油泵供压力油实现换挡，给液力变矩器供冷却补偿油量和向行星齿轮变速器供润滑油。油泵通常用内啮合齿轮泵，也有用摆线泵和叶片泵的。

大多数自动变速器都采用定量泵，应该说变量泵更适合于自动变速器的要求：在换挡过程中提供较多的油液，在正常行驶时减少油泵的泵油量。变量泵的输出取决于自动变速器的需要，而不取决于发动机的转速，因此，比定量泵更能减小功率的损失，在油泵转速低、需要油液流量大时，变量泵能够大流量输出。同样，当油泵转速高、需要油液流量较小时，变量泵的输出可以相应地减少。一旦满足变速器的需要，变量泵就只输出保持调节油压可需要的流量。

变速器油进入油泵前必须经过滤清器清除异物和杂质，否则油泵油路和各个控制阀会过早磨损或发生堵塞。

很多自动变速器一前一后装有两个油泵，前泵流量大，由液力变矩器驱动，后泵由变速器输出轴驱动。当发动机运转、汽车停车或低速运行时，制动器和离合器传递的转矩较大，前泵产生供变矩器、冷却和润滑系统所必需的高压油，以防打滑。高速行驶时，后泵产生足够的流量以分担前泵的压力负担。此时，压力低到离合器刚能保持接合状态。同时，前泵只使循环工作液返回油盘或前泵的进口，处于待工作状态。如果汽车行驶速度下降，前泵立即承担系统的主流量和压力。前泵和后泵转换靠回路中设置的两个逆止阀来协调，使系统不损失流量和压力。

双泵液压系统的优点：

一是汽车只要一运转，后泵就转动，减少了发动机功率消耗，减少了变矩器驱动前泵的动力消耗。

二是用了后泵，只要变速器输出轴转动就会有油压输出，汽车可助推起动。

液压控制阀分解图如图7-4所示。

（二）主油路系统

1. 主油路调压阀

油泵由发动机直接驱动，输出流量和压力受发动机运转转速影响，怠速为1000r/min，最高为5000r/min。主油路压力过高，会引起换挡冲击或产生大量泡沫，油泵和发动机功率消耗增加；如主油路压力过低，又会使离合器、制动器等执行组件打滑。主油路调压阀将主油路压力控制在一定范围内。

主油路调压阀的主要作用是根据车速和发动机负荷的变化，将油泵的压力精确地调至规定值，形成稳定的工作油压再输入主油路。

（1）油路不同油压的功能。

①当发动机节气门开度较小时，自动变速器所传递的转矩较小，此时执行机构中的离合器、制动器不容易发生打滑，主油路压力可以适当降低；而当发动机节气门开度较大时，因传递的转矩增大，为防止离合器、制动器打滑，主油路压力需升高才能满足要求。

②汽车以中、低速行驶时，可传递的转矩较大，为防止离合器和制动器打滑，主油路需有较高的压力，大约为1.05MPa；而在高速行驶时，自动变速器传递的转矩较小，主油路油压可降低，以减小油泵运转阻力。

③使用倒挡的机会较少,为减小自动变速器尺寸,将倒挡执行机构做得较小,需提高操纵油压,约为1.75MPa,从而避免出现打滑。

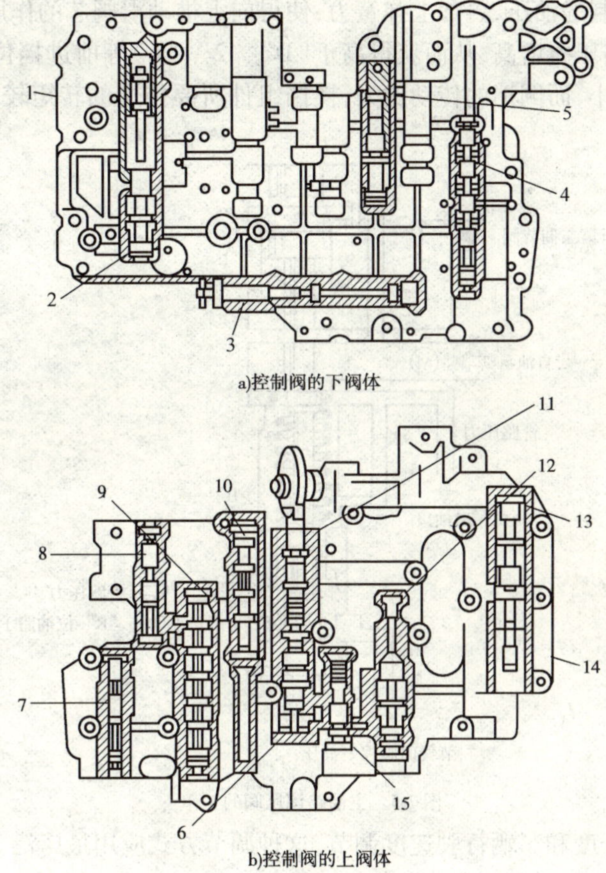

图7-4 液压控制阀分解图

1-下阀体;2-主调压阀;3-手控制阀;4-1,2换挡阀;5-蓄压器控制阀;6-节气门调压阀;7-低挡滑行调压阀;8-节滑行调压阀;9-2,3换挡阀;10-3,4换挡阀;11-强制降挡阀;12-次级调压阀;13-锁止继动阀;14-上阀体;15-反向阀

(2)主油路压力的调节方式。

①由变速杆的位置调节。

②由挡位及节气门开度调节,相应的主油路调压阀通常采用阶梯形滑阀,如图7-5所示。它由上部的细阀芯、下部的柱塞套筒及调压弹簧组成。阀芯所处的位置由A、C两端液压力共同作用决定:上端A来自油泵;下部C来自调压电磁阀所控制的节气门及调压弹簧作用。

当油泵不工作时,由于弹簧的作用,调压阀芯处于最上端。若油泵压力升高,作用在A处向下的液压力推动阀芯下移,打开出油口减压,油泵输出的部分ATF(自动变速器油)经出油口排回油底壳或油泵入口,使工作油压调整到额定值。当踩下加速踏板时,大负荷,节气门开度大,发动机转速增加,油泵转速随之加快,由其产生的液压力也升高,向下的液压力增大,但此时加速踏板控制的节气门阀油压也增大,即推动滑阀芯向上的力也增大,推动滑阀芯上移,关闭出油口,使管路压力上升,满足大负荷工况的需要。直到滑阀芯上端面积产生的压力与下端弹簧力及加速踏板控制向上推的液压力的合力平衡时,输出稳定的管路压力,满足发动机功率增加时主油路压力增大的要求。

倒挡工况，变速杆置于“R”位，手动阀打开另一条油路，将压力油由管路2引入调压阀下部，因主调压阀阀芯的B腔截面积大于C腔，B腔与C腔的面积差乘上管路油压，加上C腔截面积乘上加速踏板控制的油压，再加上弹簧力，使得向上推动滑阀芯的作用力增加，阀芯上移，出油口被关小，主油路压力增高，从而获得高于“D”、“2”、“L”等前进挡位的管路压力。尽管倒挡执行机构做得较小，而倒挡的传动比大，换挡组件所要传递的转矩较大，需要提高操纵油压来避免出现打滑。

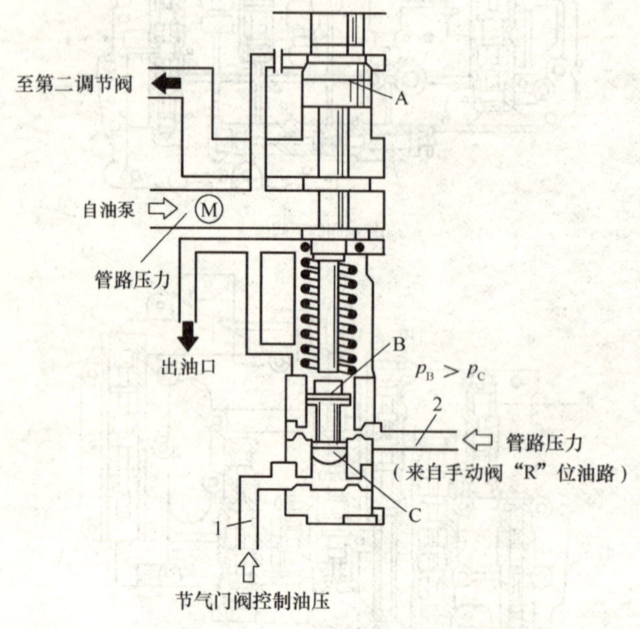

图7-5 主油路调压阀的工作

由挡位、节气门开度和车辆行驶速度调节，这种调节方式应用最广泛。

2. 主油路副调压阀

副调压阀，又称变矩器阀，其作用是根据汽车行驶速度和节气门开度的变化，自动调节液力变矩器的油压，并保证各摩擦副润滑的油压和流向液压油冷却装置的油压，实际上是一个限压滑阀。当发动机熄火后，主油路副调压阀在弹簧力的作用下，把液力变矩器的油路关闭，防止ATF从液力变矩器外流而导致液力变矩器打滑或变速器换挡时间滞后，以保证下一次起动时，液力变矩器正常传递转矩。当发动机以怠速或以较低转速运转时，主油路副调压阀在弹簧力的作用下，切断通向液压油冷却装置的油路，液力变矩器的油压为0.2MPa。另外，当发动机转速升高时，油温会随着液力变矩器油压的升高而升高，摩擦损失增大，此时主油路副调压阀打开通向液压油冷却装置的油路以便进行冷却，保证ATF的正常油温（80～900℃）。

3. 换挡阀组

换挡阀组包括手动阀和换挡阀。通过换挡阀组来改变油液流向，控制执行机构工作，使自动变速器完成换挡动作。

（1）手动阀。手动阀是安装在控制系统阀板总成中的多路换向阀。驾驶员操纵变速杆带动手动阀移动，根据不同的变速杆位置，依次将管路压力油接入相应的“P”、“R”、“N”、“D”或“L”位油路。变速杆的作用与普通手动变速器的操纵杆不同，手动变速器操纵杆的工作位置就是变速器的挡位，手动变速器有几个挡位，手动变速器操纵杆就有几个工作位置。而自动变速器的工作方式由自动变速器变速杆位置决定，挡位数并不一一对应。对四挡自速变速器，如将变速杆置于前进挡“D”位时,变速器可根据换挡信号在1~4挡之间自动变换;如将变速杆置于前进低挡“2”位或“S”位时,自动变速器只能在1~2挡间自动变换;当变速杆置于前进低挡“1”位或“L”位时,自动变速器只能限制在1挡工作。图7-6所示为自动变速器手动阀结构简图,该阀的左端通过连杆与变速杆相连。进油道与油路相连,操纵变速杆,移动手动换挡阀使其分别处于“P”、“R”、“N”、“D”、“2”和“L”位(变速杆位置因车而异),压力油通向换挡执行组件,当变速杆位于“N”和“P”位时,由手动换挡阀通往操纵油路的油道被关闭,操纵油路中无控制油压。当变速杆分别处于“D”、“2”、“L”或“R”位时,手动换挡阀分别接通来自油泵的管路压力至各挡位的操纵油路,则液压系统按照驾驶员选择的挡位完成相应的工作。

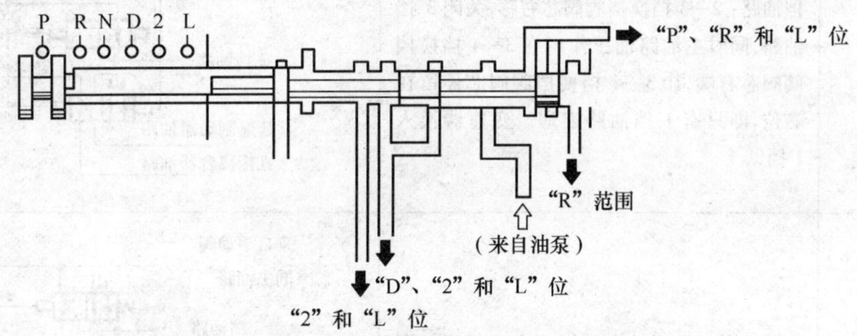

图7-6　自动变速器手动阀结构简图

(2)换挡阀。电液控制系统换挡阀,即变速阀,其工作原理如图7-7所示。压力油经电磁阀后到换挡阀的左端。当电磁阀关闭时,没有油压作用在换挡阀左端,换挡阀芯在右端弹簧力的作用下,移向最左端(图7-7a)。当电磁阀开启时,压力油作用在换挡阀左端,使换挡阀阀芯克服弹簧力右移(图7-7b),从而改变油路,实现换挡变换动作。

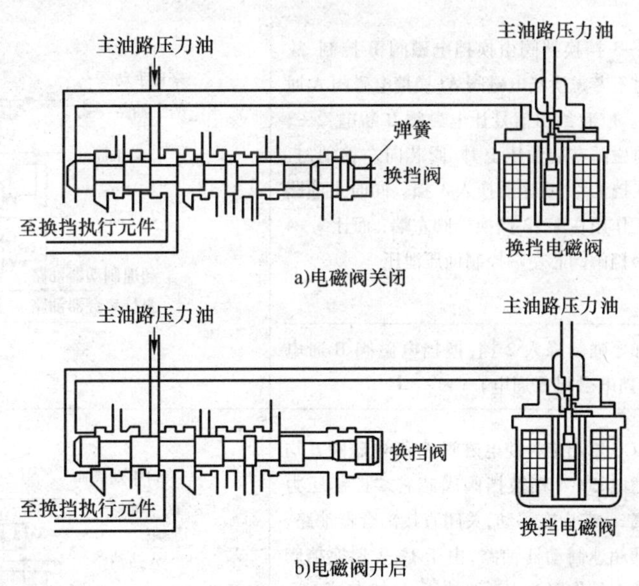

图7-7　电液控制系统换挡阀的工作原理

换挡阀是液控换向阀,有两个工位,在升挡和降挡之间变换。目前自动变速器大多为四挡变速器,设置三个换挡阀,分别由三个电磁阀控制,三个换挡阀之间油路互锁,实现了四个挡位的变换。也有采用两个电磁阀操纵三个换挡阀的控制方式,因为两个电磁阀可以有$2^2=4$种组合。这种换挡控制的工作原理见表7-1(采用泄压控制方式)。电磁阀A控制1—2挡换挡阀和3—4 挡换挡阀,电磁阀 B 控制 2—3 挡换挡阀。电磁阀断电时泄油孔处于关闭状态,来自手动阀的主油路压力油通过节流孔后作用在各换挡阀右端(参看图 7-7 所示位置),使阀芯左移。电磁阀通电时泄油孔被打开,换挡阀右端压力油被泄压,阀芯右移。

电磁阀与换挡阀工作情况 表 7-1

换挡阀	挡位	换挡情况	原理图
1—2 换挡阀	1	ECU 给出信号关闭电磁阀 A,让电磁阀 B 通电,1—2 挡换挡阀阀芯向左移动,关闭 2 挡油路;2—3 挡换挡阀阀芯右移,关闭 3 挡油路,同时主油路油压作用在 3—4 挡换挡阀阀芯右端,让 3—4 挡换挡阀阀芯停留在右位,即只有 1 挡油路连通。变速器换入 1 挡	来自手动阀的主油路 3 挡油路 2 挡油路 A 超速制动器油路 直接离合器油路
	2	ECU 给出信号让电磁阀 A 和电磁阀 B 同时通电,1—2 挡换挡阀右端油压下降,阀芯向右移动,打开 2 挡油路,变速器换入 2 挡	来自手动阀的主油路 3 挡油路 2 挡油路 A 超速制动器油路 直接离合器油路
2—3 换挡阀	3	2—3 挡换挡阀由换挡电磁阀 B 控制,故此时不考虑换挡电磁阀 A(换挡电磁阀 A 通电)。ECU 给出信号让电磁阀 B 断电,2—3 挡电磁阀右端油压上升. 阀芯向左移动,打开 3 挡油路,变速器换入 3 挡。同时主油路油压作用在 1—2 挡换挡阀左端,而让 3—4 挡换挡阀阀芯左端控制油压泄压	来自手动阀的主油路 3 挡油路 2 挡油路 A 超速制动器油路 直接离合器油路
	2	如要强制降入 2 挡,换挡电磁阀 B 通电(换挡电磁阀 A 通电)	
3—4 换挡阀	4	ECU 给出信号使电磁阀 A 和 电磁阀 B 均不通电,3—4 挡换挡阀阀芯右端控制压力升高,阀芯向左移动,关闭直接离合器油路,接通超速制动器油路,由于 1—2 挡换挡阀阀芯左端作用着主油路油压,虽然右端有压力油作用,但阀芯仍然保持在右端不能左移	来自手动阀的主油路 3 挡油路 2 挡油路 A 超速制动器油路 直接离合器油路
	3	如要强制换入 3 挡,换挡电磁阀 A 通电,换挡电磁阀 B 不通电	

4. 锁止控制系统

锁止控制系统的作用是控制液力变矩器油压以及控制锁止离合器的工作。在新型的电控自动变速器上，锁止离合器控制阀是脉冲式电磁阀（pulse width modulated solenoid），ECU 利用脉冲信号占空比（在一个脉冲周期内，通电时间占脉冲周期的百分数，变化范围为 0～100%）大小来调节锁止电磁阀的开度，控制锁止离合器控制阀右端的油压，调节锁止离合器控制阀左移时排油孔的开度，从而控制锁止离合器活塞右侧油压的大小，如图 7-8 所示。

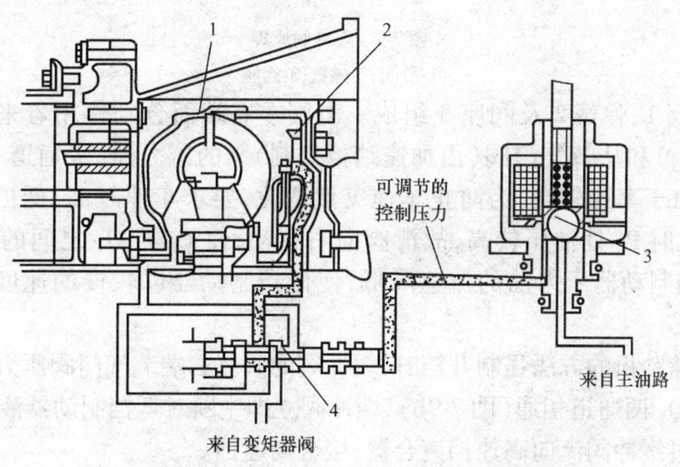

图 7-8　电控系统锁止离合器控制阀工作原理

1-变矩器；2-锁止离合器；3-脉冲线性锁止电磁阀；4-锁止离合器控制阀

（1）锁止离合器处于分离状态。当作用在锁止电磁阀上的脉冲电信号的占空比为 0 时，ECU 没有对电磁阀通电，电磁阀关闭，锁止离合器控制阀的右端无油压，锁止离合器活塞左右两侧的油压相等，离合器与变矩器分离，锁止离合器处于分离状态。自动变速器为液力传动工况，发动机动力全部经变矩器传递。

（2）锁止离合器处于半接合状态。当作用在锁止电磁阀上的脉冲电信号较小时，电磁阀的开度小，锁止离合器控制阀右端的油压较小，锁止控制阀左移，打开的排油孔开度也较小，所以锁止离合器活塞左右两侧的油压差以及由此产生的锁止离合器接合力也较小，使锁止离合器处于半接合状态。

（3）锁止离合器处于接合状态。脉冲信号的占空比越大，锁止离合器活塞左右两侧的油压差以及锁止离合器接合力也越大。当脉冲信号的占空比达到一定数值时，流入变矩器的压力油作用于锁止离合器，使离合器与前盖一起旋转，锁止离合器即可完全接合。自动变速器为机械传动工况，发动机动力经锁止离合器直接传至行星齿轮变速器输入轴。锁止离合器锁止时对应的车速称锁止工作点。

这样，ECU 在控制锁止离合器接合时，通过改变脉冲电信号的占空比，让锁止电磁阀的开度逐渐变大，从而调节其接合速度，使接合力逐渐增大，减小锁止离合器接合时产生的冲击，使接合过程柔和，为防止锁止离合器因车速在锁止工作点附近变化而出现反复的锁止、解锁，必须使锁止工作点与解锁工作点的车速不同，即有一个滞后，避免自动变速器频繁换挡，减少锁止、解锁冲击，使车辆行驶更平稳。

5. 缓冲安全系统

自动变速器换挡品质和汽车乘坐舒适性，取决于执行机构各组件的工作性能。在液压系统中设置缓冲安全系统，以保证换挡的可靠性和平顺性。缓冲安全系统包括缓冲阀、蓄压器。

(1)缓冲阀。缓冲阀的作用是改善换挡的平顺性，如图7-9所示。

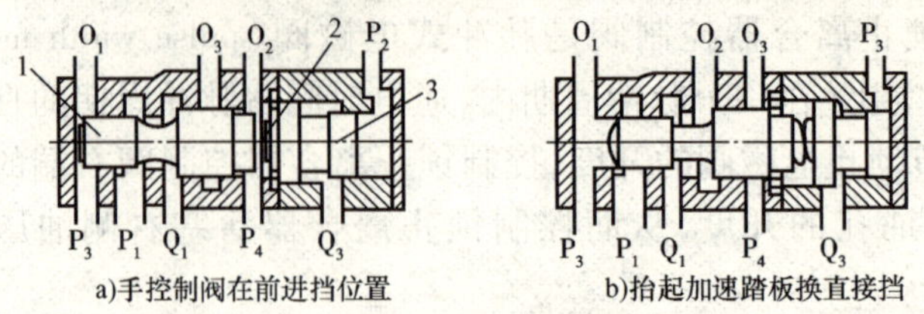

图7-9　缓冲阀原理

1-滑阀；2-弹簧；3-阀座

缓冲阀由滑阀1、弹簧2及阀座3组成。滑阀左右端面分别作用着来自离心调速阀的压力油(经通道P_3)和从节气门阀(由加速踏板控制)来的压力油(经通道P_2)。当强制降挡(超车工况)时，由于车速较高，为防止车速突然变化，要求车速越高，低挡制动器起作用的速度就要越慢，此时P_3处油压较高，故滑阀向右移动，使P_1与Q_1之间的通道(图7-9a)面积减小，进入低挡制动器压力油的流速降低，使低挡制动器以较慢的速度工作，减少动载，使换挡平衡。

当用松开加速踏板的方法强制升挡时，缓冲阀的阀座右端节气门阀压力突然降低，阀座迅速右移，使Q_1与Q_2两通道相通(图7-9b)，缓冲阀立即中断对低挡制动器液压缸的供油，主油路压力油迅速通过缓冲阀流向高速挡离合器，接合高速挡。

(2)蓄能器。蓄能器由减振活塞B和弹簧组成(图7-10)活塞B两端面积不相等，面积小的一端装入弹簧，称为背压腔。蓄能器与离合器或制动器并联安装。压力油进入离合器或制动器活塞A工作腔的同时也进入蓄能器，将蓄能器活塞B压下，给蓄能器充油，以此方式降低活塞A工作腔的压力，防止离合器片或制动器片快速接合时引起的冲击。

丰田A40、A130系列自动变速器装有3个蓄能器(图7-11)，分别与三个前进挡换挡执行元件(两个离合器和一个制动器)的油路相通，在各挡动作时起作用，当变速器换挡时，主油路在进入离合器等换挡执行元件的同时也进入蓄能器的活塞下部。在压力油刚通入执行元件时，油压迅速增长，消除离合器、制动器等执行元件摩擦片间的自由间隙，随后压力增长到一定程度后，克服蓄能器弹簧力使蓄能器活塞上升，蓄能器充油，来自油泵的油压增长速度减缓，摩擦片逐渐接合，使离合器接合过程中液压缸压力增长先快后慢，从而减小了换挡冲击，使其接合柔和。

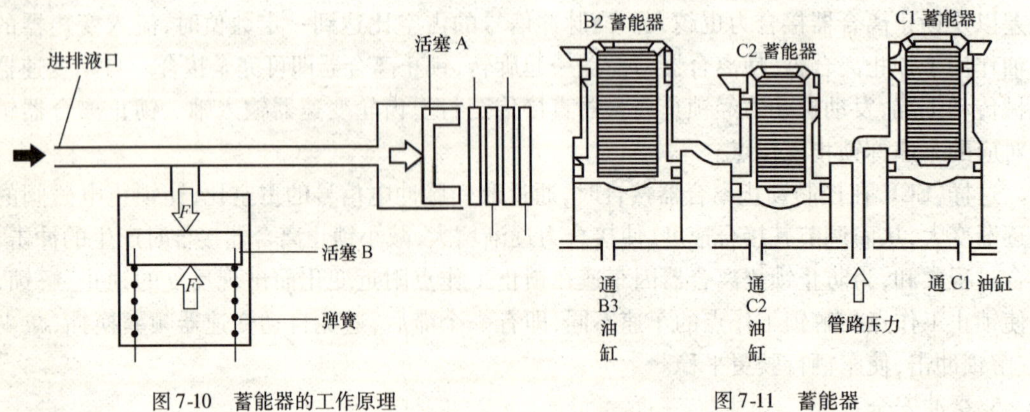

图7-10　蓄能器的工作原理　　　图7-11　蓄能器

第三节　DSG 直接换挡变速器系统

直接挡变速器 DSG(Direct Shift Gearbox),是目前世界上很先进的变速器系统。它是基于手动变速器发展而来的,很好地结合了手动变速器和自动变速器的优势,不但具有手动变速器的经济性、高传动效率,又具有自动变速器的舒适性、易用性。

DSG 变速器的突出特点就是由液压控制的湿式双离合器系统代替了变矩器。其中的离合器 1 负责控制奇数齿轮和倒挡齿轮,离合器 2 负责控制偶数齿轮,实际上可以说这是由两个平行的变速器配合组成的一个变速器。DSG 有一个由两组离合器片集合而成的双离合器装置,同时有一个由实心轴及其外部套筒组合而成的双传动轴机构,并由电子控制及液压装置同时控制两组离合器及齿轮组的动作与分离在此过程中同时进行,产生上述所说的平稳转换。这个转换过程只需在极短的几毫秒中完成。

一、DSG 系统的组成与工作原理

1. DSG 系统的组成

DSG 变速器主要由传动机构、液压控制系统、电控系统等组成,电控系统的功能与其他类型电控自动变速器类似。DSG 变速器如图 7-12 所示。

DSG 变速器基本上由两个相互独立的传动单元组成,每个传动单元都相当于一个手动变速器,且每个传动单元有一个多片式离合器。如图 7-13 所示,两个多片式离合器工作在 DSG 油中,由电液控制单元对离合器进行调整控制,通过分离、接合不同的离合器实现挡位的变换。1、3、5 挡和倒挡由离合器 K1 控制;2、4、6 挡由离合器 K2 控制。

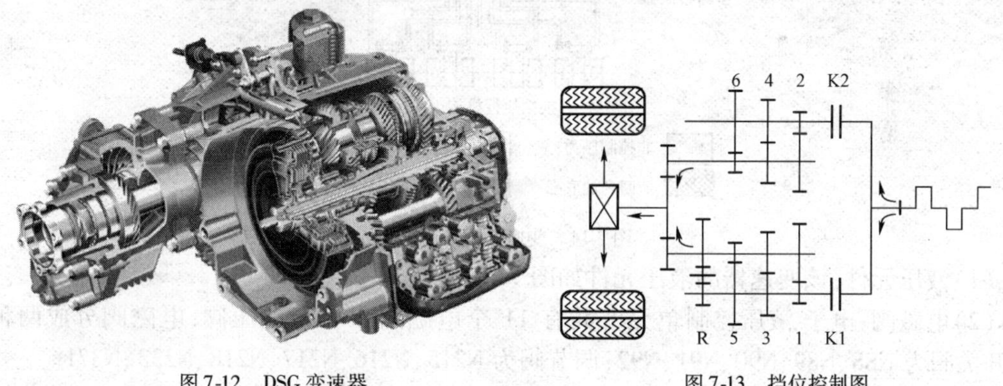

图 7-12　DSG 变速器　　　　图 7-13　挡位控制图

2. DSG 变速器的工作原理

DSG 变速器的工作原理:发动机动力可通过 2 个离合器传送给变速器。在汽车用 1 挡加速时,K1 离合器接合;此时 2 挡已经换上,但相应的另一个 K2 离合器未接合。当达到下一个换挡点时,当将正处于接合状态的离合器 K1 分离,处于分离状态的离合器 K2 同时接合,即切换两个离合器的工作状态,就可以完成换挡动作,其他挡位的变化依此类推。DSG 变速器在降挡时,同样有 2 个挡位是接合的,如果 4 挡正在工作,则 3 挡作为预选挡位而接合。DSG 变速器的升挡或降挡是由 ECU 进行判断的,踩加速踏板时,ECU 判定为升挡过程,作好升挡准备;踩制动踏板时,ECU 判定为降挡过程,作好降挡准备。一般变速器升挡总是一挡一挡地进行,而降挡经常会跳跃地降挡,DSG 变速器在手动控制模式下也可以进行跳跃降挡,例如,从 6

挡降到3挡，连续按3下降挡按钮，变速器就会从6挡直接降到3挡，但是如果从6挡降到2挡时，变速器会降到5挡，再从5挡直接降到2挡。双离合器的最大好处是可以实现动力的不间断输出。每个挡位齿轮上都有同步齿套和挡位变换元件。

二、液压控制系统

一种大众6挡DSG变速器油路概况如图7-14所示。

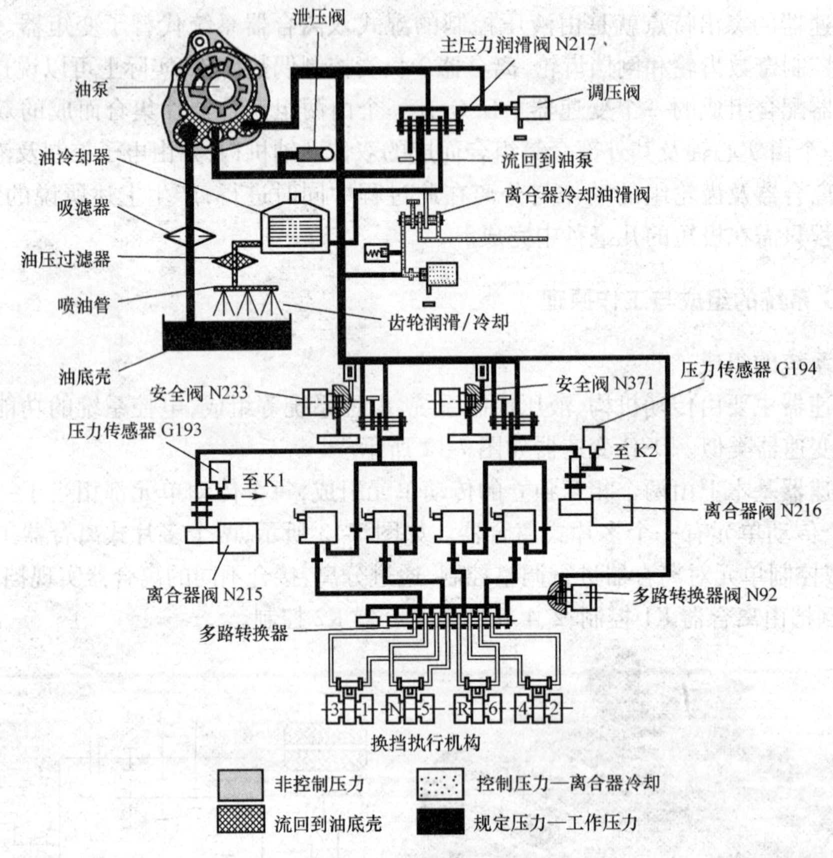

图7-14　变速器油路示意图

(1)液压元件：该变速器的液压元件如图7-15所示。

(2)电磁阀：电子-液压控制单元上共有11个电磁阀和1个泄压阀，电磁阀分成两种类型：开关阀为N88、N89、N90、N91、N92；调节阀为N215、N216、N217、N218、N233、N371。

①开关电磁阀：N88、N89、N90和N91均为换挡执行机构阀，这些阀是阀门通过多路转换器阀控制至所有换挡执行机构的油压。未通电时电磁阀处于闭合位置，使得压力油无法到达换挡执行机构。电磁阀N88控制1挡和5挡的选挡油压；电磁阀N89控制3挡和空挡的选挡油压；电磁阀N90控制2挡和6挡的选挡油压；电磁阀N91控制4挡和倒车挡的选挡油压。开关阀N92控制液压部分接通不同的油道即多路控制器，当该电磁阀未动作时，接通1、3、5挡和倒挡供油油路；当该电磁阀动作时，接通2、4、6挡和空挡供油油路。通过控制N92通电与否，同时控制N88－N91电磁阀，便形成了对各个挡位的控制。

②主油压力控制阀N217：反比例阀，控制整个液压系统内的压力，其最重要的任务是根据发动机转矩来控制离合器油压，其调节参数为发动机转矩及发动机温度，控制单元根据当前的工作情况连续地调节主油压。

③压力控制阀 N215 和 N216：分别控制多片式离合器 K1 和离合器 K2 的压力。

④离合器冷却压力控制阀 N218：反比例阀，通过滑阀控制冷却油的流量，控制单元通过采集 G519 离合器油温度传感器的信号来控制该阀，如失效则系统以最大流量对多片式离合器进行冷却。

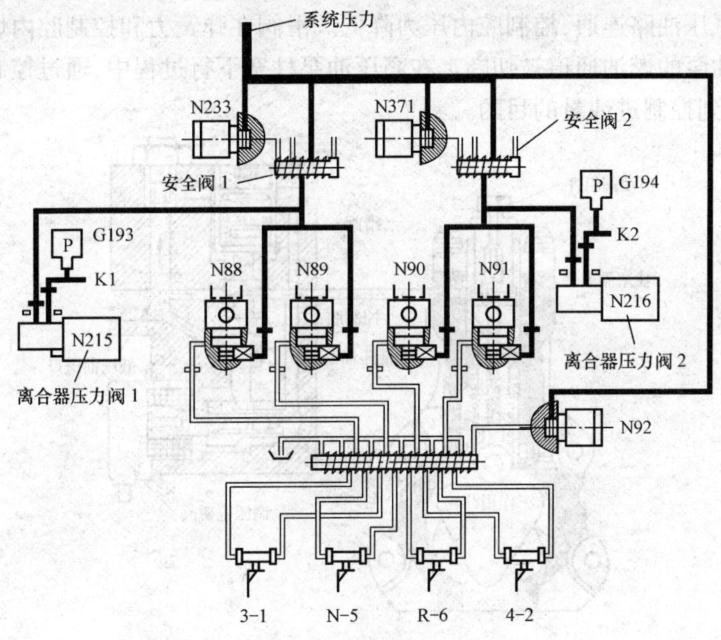

图 7-15　变速器液压元件

⑤安全控制电磁阀 N233 和 N371：分别控制变速器传动部分 1 和传动部分 2，N233 失效，变速器只能以 2 挡行驶，N371 失效，变速器只能以 1 挡和 3 挡行驶。

第四节　柴油机高压共轨系统

一、高压共轨系统的组成及原理

高压共轨系统由电控喷油器、共轨、电控高压油泵以及高压油管组成，如图 7-16 所示。电控喷油器在控制电流的激励下打开，向汽缸内喷油。激励电流持续时间决定了喷射持续期 T。高压共轨是一个高压容积腔，起到存储、分配高压燃油并抑制高压燃油压力波动的作用。共轨上安装有压力安全阀和流量安全阀，分别在共轨压力超压和喷油器发生泄漏时起安全保护作用。共轨上还安装有压力传感器，供 ECU 检测共轨压力。电控高压油泵将计量后的燃油压缩并输送至共轨。电控高压油泵是共轨压力控制的关键部件。

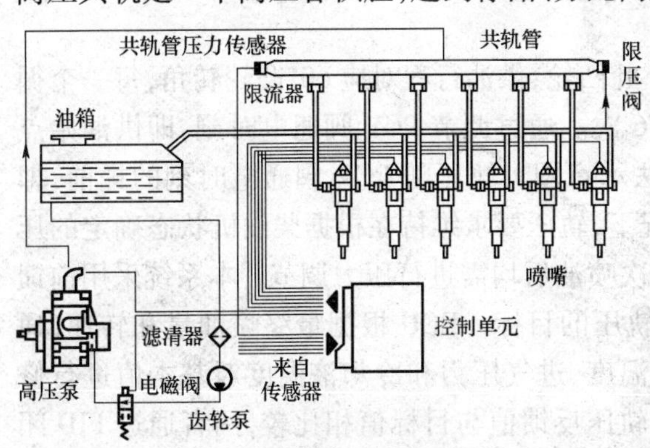

图 7-16　高压共轨系统简图

电控高压油泵由两对进出油阀偶件、两对柱塞副偶件、两个三作用凸轮、两个控制阀组件以及预供泵组成。电控高压油泵基本结构如图 7-17 所示。控制阀组件起高压油泵进油量控制作用。低压燃油由预供泵经低压油进口送至滑阀体和阀组件控制腔。

阀组件上的调压电磁阀如果不通电,则阀组件控制腔与低压油路的连接被切断,控制腔内压力升高。滑阀在控制腔内燃油压力和弹簧力的作用下向上运动,流向高压油泵的燃油通道被打开。如果柱塞正在下行过程中,则燃油被吸入柱塞腔内。阀组件上的调压电磁阀一旦通电,则控制腔与低压油路连通,控制腔内压力降低。滑阀在弹簧力和控制腔内燃油压力作用下下降,流向高压油泵的燃油通道被切断。在高压油泵柱塞下行过程中,通过控制调压电磁阀断电时间即可以达到控制进油量的目的。

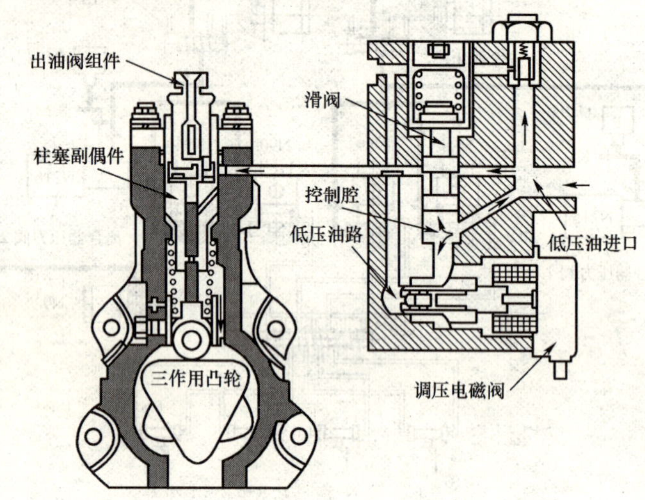

图 7-17　电控高压油泵基本结构

高压油泵调压电磁阀控制信号示意图如图7-18所示。每个上止点信号对应一个柱塞下行吸油始点和另一个柱塞上行压油始点。每个上止点到来之后,控制阀组件调压阀停止通电,柱塞下行的偶件开始吸油。柱塞上行的偶件,由于出油阀偶件中的进油止回阀关闭,调压电磁阀通断电不会影响柱塞压油过程。控制阀组件调压阀通电,下行柱塞副停止吸油,进油量计量过程完成。ECU 通过控制调压电磁阀控制信号的占空比就可以控制进油量,达到调节共轨压力的目的。

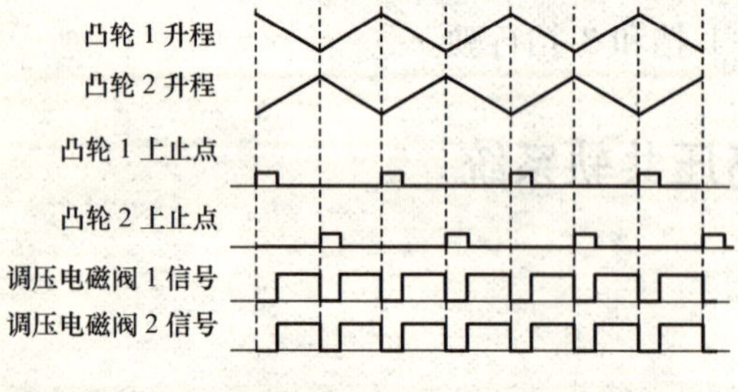

凸轮 1 升程
凸轮 2 升程
凸轮 1 上止点
凸轮 2 上止点
调压电磁阀 1 信号
调压电磁阀 2 信号

图 7-18　高压油泵调压电磁阀控制信号示意图

二、高压油泵的压力控制

ECU—U2 共轨系统高压油泵采用双柱塞 3 叶凸轮,供油行程对应 60°凸轮转角,每一个循环中两个 PCV 阀交替工作 3 次,向共轨管供油 6 次。通过调节 PCV 阀通电时刻,即供油始点以控制轨压。图 7-19 所示为共轨压力控制方法示意图。轨压随 PCV 阀通电时刻的提前,即凸轮预行程(时间 T_p)的减小而增大。稳态工况下,轨压要求维持在根据柴油机状态确定的压力值上,由于喷油器喷油和燃油泄漏的影响,每次喷油后均需进行压力调节。本系统采用前馈加 PID 闭环反馈的控制方法,以达到稳定控制轨压的目标。ECU 根据最终喷油量和转速,通过查油压 MAP 确定目标轨压基本值,结合进气温度、进气压力和冷却液温度对基本值进行修正,得到的结果即为最终目标轨压;然后将当前轨压反馈值与目标值相比较,两者通过 PID 闭环控制计算求得凸轮预行程量,输出至 PVC 阀调节供油始点,完成共轨压力控制。串联的前馈控制用于消除喷油量突然改变导致的轨压波动，相对于单纯的闭环控制而言具有更好的响应特性。

轨压的闭环控制采用增量式变参数 PID 算法，即

$$\Delta u(k) = K_{p}ge_{c} + K_{1}ge(k) + K_{D}g[e_{c}(k) - e_{c}(k-1)]$$

$$u(k) = u(k-1) + \Delta u(k)$$

式中，$u(k)$、$\Delta u(k)$分别为控制器的输出和输出增量，对应 PVC 阀通电持续时间，即有效供油行程。$e(k) = p_{set}(k) + p(k)$，表示目标轨压与实际轨压的偏差。$e_{c}(k) = e(k) - e(k-1)$，反映目标轨压与实际轨压的偏差变化率。K_{P}、K_{1}、K_{D}，分别为比例、积分和微分系数，为达到较好的控制效果，应根据轨压偏差及偏差变化率查 MAP 及时调整这些参数。

三、喷油定时控制

高压共轨系统中，喷油定时是由作用于喷油器电磁阀的喷射脉冲定时所决定的。图 7-20 所示为喷油定时控制方法示意图。ECU 首先根据最终喷油量和转速，通过查定时 MAP 确定喷油定时基本值，结合进气温度、进气压力和冷却液温度对基本值进行修正，得到的结果即为最终喷油定时；然后根据柴油机当前的瞬时转速，将定时转换成整数曲轴齿和延时时间，从而触发喷油脉冲的输出，完成喷油定时控制。对于带预喷射的控制，预喷间隔和主喷定时同样可分别根据该方法获得。

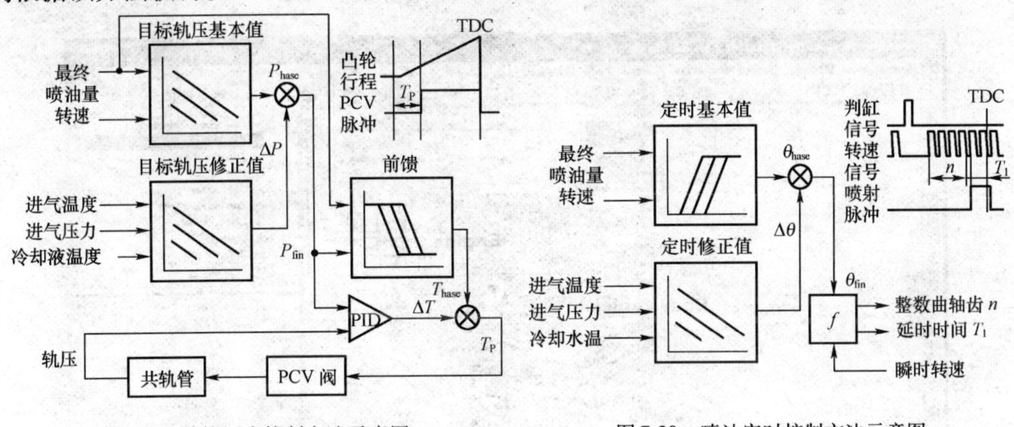

图 7-19　共轨压力控制方法示意图　　　　图 7-20　喷油定时控制方法示意图

第八章　液压系统仿真

第一节　仿真平台 AMESim 简介

近年来，国外尤其是欧洲陆续开发出一系列实用的液压机械仿真软件，AMESim 就是其中之一。AMESim 是法国 IMAGINE 公司于 1995 年推出的液压与机械系统建模仿真及动力学分析软件，全称为工程系统仿真高级建模环境。该软件的主要特点是模型库丰富，包括机械库、控制信号库、液压元件设计库（HCD）、电磁库等众多应用库，覆盖了机电、动力、制动等多个工程领域，用户可以直接利用这些模型库中的基本模型单元构造仿真模型和自定义模型，达到迅速建模仿真的最终目标。同时 AMESim 具有与其他软件包的丰富接口，便于用户使用它们进行联合仿真。并且，AMESim 为用户提供了标准化、规范化和图形化的二次开发平台，用户可以开发自定义模型。AMESim 系统界面如图 8-1 所示。

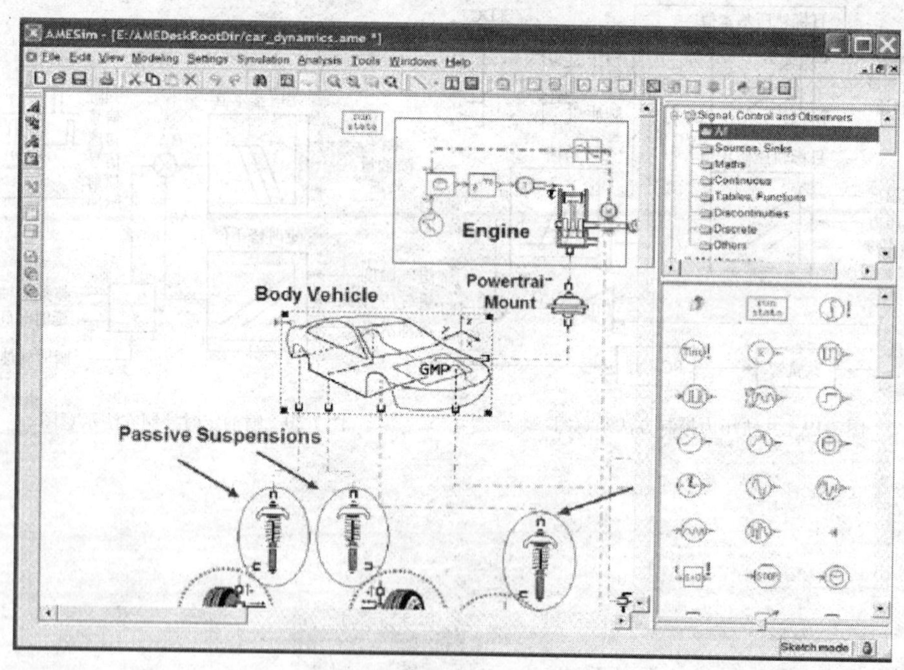

图 8-1　AMESim 系统界面

一、AMESim 软件介绍

现代机电一体化系统涉及自动化、机械、液压、气动、电、磁以及热等多学科领域的集成和相互作用，为了准确地仿真此类系统，就需要适合系统工程设计的仿真平台。AMESim 系统仿真平台，提供了系统工程设计的完整环境和多学科领域系统的各类模型库，以帮助企业实现复杂系统的仿真。

AMESim（Advanced Modeling and Simulation Environment for Systems Engineering）是世界著名的工程系统高级建模与仿真平台，它提供了一个系统级工程设计的完整平台，使得用户可以在单一的平台上建立复杂的一维多学科领域的机电液一体化系统模型，并在此基础上进行仿真计算和深入的分析。工程师在一个基于工程应用的 AMESim 友好环境下可研究任何元件或者系统的稳态和动态性能。AMESim 的图形化用户界面使得用户可以在完整的应用模型库中选择需要的模块来构建复杂系统的模型。建模仿真过程分为四个步骤：构建方案的模型，选择模型复杂程度，设定模型的参数，仿真计算分析。简便易用的操作使得用户可以迅速有效地进行产品的设计开发。大量的用户群使得 AMESim 已经成为世界范围内的车辆、发动机、越野设备、航天航空、船舶、轨道交通、冶金设备、海洋工程以及重型设备等工业领域内的多学科专业，包括控制、流体、机械、热分析、电、磁以及能源等复杂工程系统建模与仿真的首选平台。工程师完全可以应用集成的一整套 AMESim 应用模型库来设计一个系统或一个流体元部件，这些所有来自不同物理领域的模型，都是经过严格的测试和实验验证的。AMESim 使得工程师迅速达到建模仿真的最终目标：分析和优化工程师的设计，从而帮助用户降低开发的成本和缩短开发的周期。

AMESim 使得用户从繁琐的数学建模中解放出来，从而专注于其专业物理系统本身的设计。基本元素的概念，即从所有模型中提取出的构成工程系统的最小单元，使得用户可以在模型中描述所有系统和零部件的功能，而不需要编写任何程序代码。

AMESim 正处于不断的快速发展中，AMESim 软件目前在中国销售的主要产品模块有：4 个操作平台、1 个三维动画前后处理工具、28 个应用模型库（共有 3,500 个模型）、5 个接口工具、1 个优化设计工具包以及 10 个实时仿真代码生成功能。现有的应用模型库有：机械库、信号控制库、液压库（包括管路模型）、液压元件设计库、液阻库、注油库（如润滑系统）、气动库（包括管路模型）、气动元件设计库、热库、热液压库、热液压元件设计库、热气动库、冷却系统库、二相流库、空气调节库、电磁库、电机及驱动库、IFP 整车性能库/驾驶库、IFP 发动机库、IFP 排放库、IFP C3D 三维燃烧计算功能及平面机构库、动力传动库、车辆动力学库、换热器布置工具库、混合气体库、湿空气库。作为在设计过程中的一个主要工具，AMESim 还具有与其他软件包丰富的接口，例如 Simulink、Adams、LabVIEW、Simpac、Flux2D、RTLab、dSPACE、iSIGHT 等。

二、AMESim 软件特点

1. 多学科领域的建模仿真

AMESim 在统一的平台上，实现了多学科领域的系统工程的建模和仿真，其中包括机械、液压、气动、热、电和磁等物理领域。不同领域的模块之间直接的物理连接方式，使 AMESim 成为多学科领域系统工程建模和仿真的标准环境。

2. 连续性极强的智能求解器

AMESim 的智能求解器，能够根据所建模型的数学特性自动选择最佳的积分算法，并根据在不同仿真时刻的系统特点，动态地切换积分算法、调整积分步长，以缩短仿真时间、提高仿真精度。显性微分方程组和隐性微分方程组均可求解，内嵌式自动的数学不连续性处理工具，解决了数字仿真杀手——间断点问题。

3. 基本元素的理念

AMESim 基本元素的理念,即从物理系统中提取构成工程系统的最小要素,使工程师可以用尽可能少的要素,建立尽可能详细地反映工程系统、零部件功能的复杂模型。

液压基本元素和电磁基本元素建立的电磁阀模型,如图 8-2 所示。

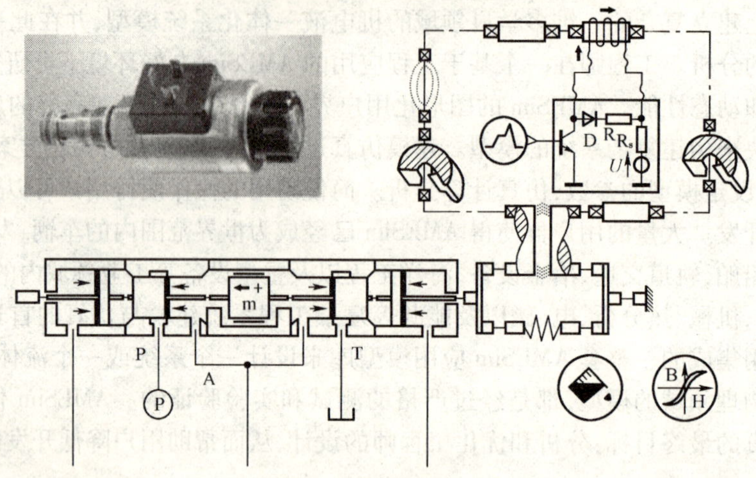

图 8-2 电磁阀模型

4. 图形化物理建模方式

AMESim 采用工程技术语言建模,仿真模型的扩充、改变都是通过图形用户界面(GUI)进行,不需要编写任何程序代码,使工程师能够从繁琐的数学建模中解放出来,更专注于物理系统本身的设计。

5. 强大的二次开发能力

AMESim 系列产品中的 MESET,为工程师提供标准化、规范化及图形化二次开发平台。工程师不仅可以直接调用 AMESim 所有模型的源代码,还可以把自己的 C、FORTRAN 代码模型以图形化模块的方式,综合汇入 AMESim 软件包。AMESET 可以将工程师在 AMESim 上建立的模型,生成标准化的 C、FORTRAN 代码,并生成相应的标准的说明文档。

6. 四个层次的建模方式

AMESim 保留了四个层次的建模方式,即数学方程级、框图级、基本元素级和元件级。工程师可以选择适合自己的建模方式,或者综合使用多种方式。

7. 齐全的分析工具

AMESim 提供了齐全的分析工具,方便用户分析、优化自己的系统。这些分析工具包括线性化分析工具(系统特征值的求解、Bode 图/ Nichols 图/Nyquist 图和根轨迹分析)、模态分析工具、频谱分析工具(快速傅里叶转换 FFT、阶次分析 Order Analysis 和频谱图 Spectral maps)以及模型简化工具(Activity Index)。

三维可视化功能(AMEAnimation),使 AMESim 能够将平面机构库建立的模型,自动转换为三维可视模型,用户可以在 AMEAnimation 中清晰地看到所设计的机构的动作情况。内嵌的设计分析功能模块,可以帮助用户直接在 AMESim 中进行试验分析(DOE)、优化分析和质量分析(蒙特卡洛)。

8. 多种仿真运行模式

AMESim 具有多种仿真运行模式,包括动态仿真模式、稳态仿真模式、间断连续仿真模式以及批处理仿真模式。

第二节　电液伺服速度控制系统仿真分析

在实际工程中，经常需要进行速度控制，如机床进给装置的速度控制，雷达天线、炮塔、转台的姿态跟踪以及发电机、气轮机和水轮机的调速系统等。在电液位置伺服系统中也经常采用速度局部反馈回路来提高系统的刚度和减小伺服阀等参数变化的影响，提高系统的刚度。电液速度控制系统按控制方式可分为：阀控液压马达速度控制系统和泵控液压马达速度控制系统 。阀控液压马达速度控制系统一般用于小功率系统，而泵控液压马达速度控制系统一般用于大功率系统。

一、电液伺服速度系统

如图 8-3 所示，电液伺服速度系统由伺服放大器、电液伺服阀、液压马达、测速电动机等组成。测速电动机轴与负载轴相连，用于检测负载轴的速度，检测到的速度信号与指令信号差（误差信号）经伺服放大器进行功率放大，产生的电流用来控制电液伺服阀的阀芯位置，电液伺服阀输出压力油驱动液压马达及负载旋转。

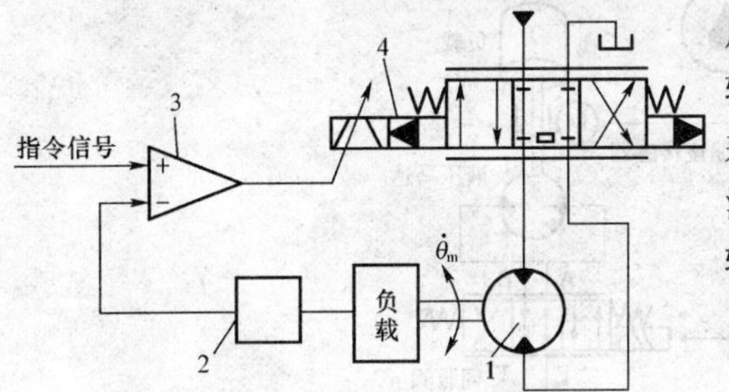

图 8-3　阀控液压马达电液伺服速度系统

1-液压马达；2-测速电动机；3-伺服放大器；4-电液伺服阀

系统的主要参数和系统性能指标：

负载转动惯量为 0.3kg/m²；

外干扰力矩 $T = 12\text{N} \cdot \text{m}$；

系统工作压力 $p_s = 7\text{MPa}$；

系统期望的液压马达转速为 400r/min；

动态跟踪误差小于 60r/min；

稳态误差小于 4r/min；

调节时间小于 $f_s = 3\text{s}$。

二、系统建模仿真及分析

在 AMESim 的草图模式下（Sketch Mode），根据阀控液压马达电液伺服速度系统原理图建立控制系统的仿真原理图，如图 8-4 所示，采用阶跃信号 1 模拟外干扰力矩 T_f，期望的马达转速用分段线性信号源 2 来模拟，3 为信号放大器，4 为伺服放大器。

系统模型构建好后，进入子模型模式（Submodels Mode），为每个元件选取数学模型。在本系统中，可以使用 Premier Submodel 功能选择最简单的数学模型，接下来在参数模式（Parameter Mode）中为每个子模型设置参数。设定的参数如下：电动机的转速为 1500r/min；泵的排量为 35mL/r，转速为 1500r/min；溢流阀的调整压力为 7MPa；电液伺服阀各通路的流量为 28.4L/min，阻尼比取 0.7，阀芯固有频率为 135Hz，阀压降为 1MPa；速度传感器的增益为 0.01r/min；信号放大器 3 的增益设置为 0.01kg · m²；马达的转速为 27r/min；负载的转动惯量为 0.3kg · m；阶跃信号 1 设置为 12，则经过信号到力矩的转换，就可以得到外干扰力矩 $T_f = 12\text{N} \cdot \text{m}$；将分段线性信号源 2 设置为在 0 ~0.5s 内从 0 变化到 400，在 0.5s 之后保持 400 不变。其他参数设置为默认值。最后进入在运行模式（Run Mode）中的运行参数（Run Parameters）设置运行时间为 6s，采样周期为 0.01s。点击开始运行（Start Run），得到仿真结果。在电液伺服速度系统中，根据自动控制原理，伺服放大器4的增益对系统的性能影响比较大，调节伺服放大器4的增益，观察液压马达实际的转速与期望值的差值。图8-5所示为$k_4=3$时的差值曲线图，从图8-5中可以读出液压马达转速达到稳态时的误差为17.4r/min，不满足系统性能要求。根据传递函数，阀控液压马达有

$$\theta_m^g = s\theta_m = \frac{\frac{K_x}{D_m}x - \frac{K_m}{D_m^2}\left\{\frac{V}{4\beta K_{tm}}s+1\right\}}{\frac{s^2}{\omega_h^2}+\frac{2\xi_h}{\omega_h}s+1}$$

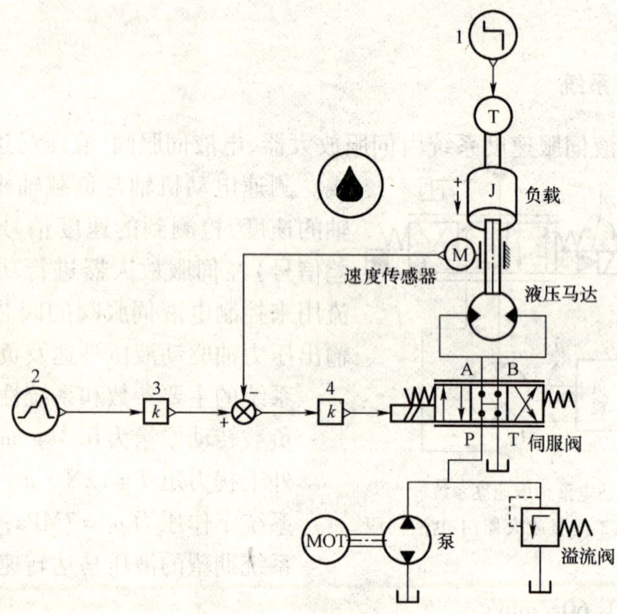

图8-4　电液伺服速度系统AMESim仿真原理图

1-阶跃信号；2-分段线性信号源；3-信号放大器；4-伺服放大器

电液速度伺服系统为零型系统，该系统在阶跃信号作用下是个有差系统，不论怎样调整k_4，系统始终有误差。图8-6为$k_4=11.55$时的差值曲线图，从图8-6中可以读出液压马达转速达到稳态时的误差为4.74r/min，仍然满足不了系统性能要求。k_4值增大，虽然可以减小误差，但是由于受到系统稳定性的限制，k_4值不可能无限制地增大。如图8-7所示，$k_4=12$时液压马达转速出现了小幅度的波动。因此通过增大伺服放大器4的增益来达到系统性能指标是不可取的，必须在主通道中串联一个积分环节（积分放大器），使之成为1型系统，使系统在阶跃信号作用下无静差，图8-8为校正后的系统仿真原理图。

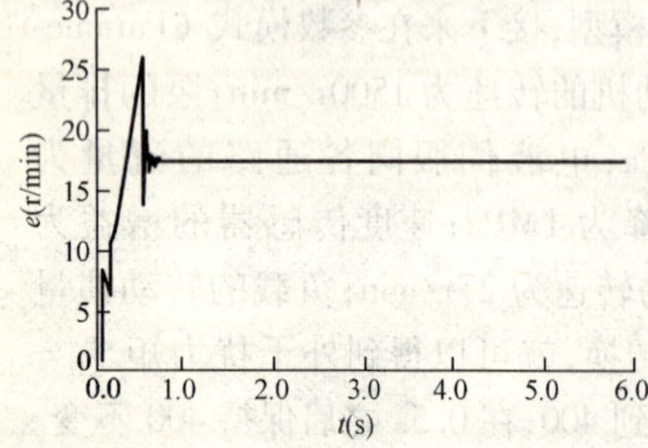

图8-5　$k_4=3$时的液压马达实际转速与期望值的差值

（1）当$k_4=0.5$时，液压马达实际转速与期望转速随时间的曲线如图8-9所示，从该图中可以得出稳态误差为0，满足要求；调节时间t_s小于3s，满足要求；但是动态跟踪误差的最大值为210r/min，超出了系统指标所要求的60r/min，不满足要求。

（2）当$k_4=5.7$时，液压马达实际转速与期望转速以及两者之差随时间的曲线如图8-10所示，从该图中可以得出稳态误差小于4，满足要求；动态跟踪误差小于

60r/min，满足要求；但是调节时间 t_s 大于3s，不满足要求。

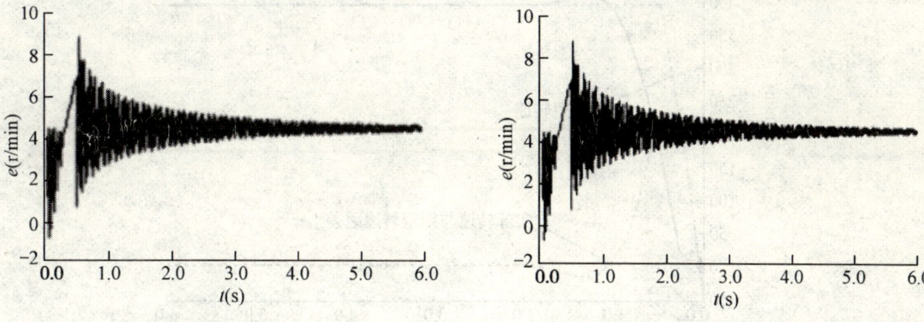

图 8-6　$k_4 = 11.55$ 时的液压马达实际转速与期望值的差值

图 8-7　$k_4 = 12$ 时的液压马达实际转速与期望值的差值

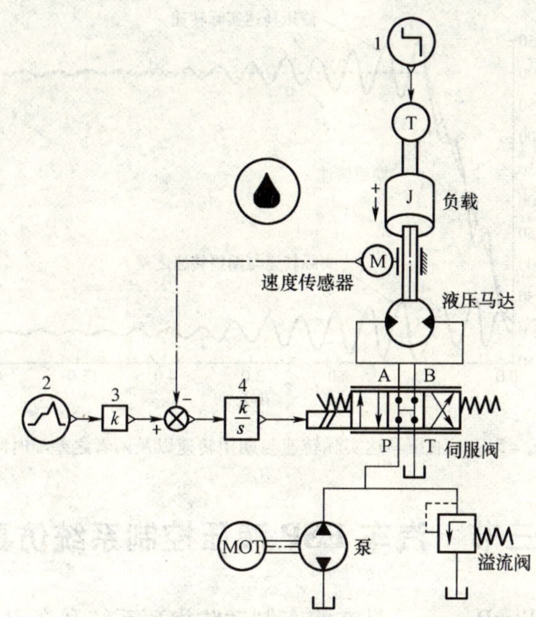

图 8-8　校正后的电液速度伺服系统 AMESim 仿真原理图

1-阶跃信号；2-分段线性信号源；3-信号放大器；4-伺服放大器

反复调整增益 k_4 的值，得到满足系统性能指标的增益值的范围为2.74～5.26。在反复调整增益 k_4 的过程中，可以得出：k_4 的值越大，响应速度越快，动态跟踪误差越小，但调节时间 t_s 越长，超调量越大，振荡次数增多，所以 k_4 的值不可以太大，太大会造成系统不稳定。因此在调节的过程中，可以根据调节时间 t_s 和具体要求来确定系统的最佳增益值。

三、结论分析

利用建模仿真软件 AMESim 对电液伺服速度系统进行仿真，可以得到以下结论：

（1）AMESim 基于物理模型的图形化建模方式非常直观，便于掌握。

（2）系统对输入信号的响应速度和系统的瞬态性能以及超调量是互相矛盾的，即响应速度越快，系统瞬态性能越差，超调量越大，从而系统也就越不稳定。对于电液伺服速度来说，应该在保证稳定的前提下，尽量提高响应的快速性。

（3）通过反复调整仿真系统中各个元件的参数值，可以得到最优化的系统，这对设计实际的电液伺服系统具有指导意义。

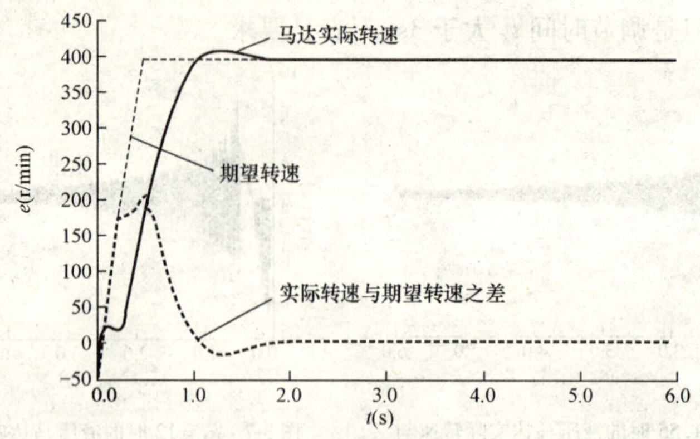

图 8-9 $k_4=0.5$ 时液压马达实际转速与期望转速以及两者之差随时间的曲线

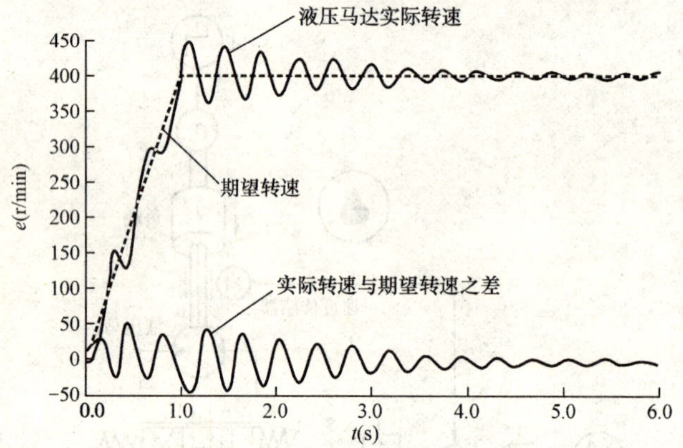

图 8-10 $k_4=5.7$ 时液压马达实际转速与期望转速以及两者之差随时间的曲线

第三节　汽车 ESP 液压控制系统仿真

ESP(Electronic Stability Program)是在汽车制动防抱死系统和牵引力控制系统的基础上加入了主动横摆控制系统构成的,对保证汽车行驶过程中的稳定性与安全性具有重要的意义。ESP 的液压控制系统由多个液压元件组成,在电子控制单元的驱动下协同工作,根据汽车的不同行驶工况对不同的车轮施加相应的液压制动力。目前,国内生产的车辆所配置的 ESP 还依赖于进口,其国产化试制工作正在展开,为缩短液压控制系统的研发周期,避免过多的试制品试验,需要建立完整的系统模型,为设计人员提供相应的理论依据。

一、模型组成与工作原理

ESP 液压控制系统的组成如图 8-11 所示,在液压控制单元 4 中共有十二个电磁阀接收电子控制单元的控制信号。在 ESP 工作过程中,汽车根据各传感器(轮速传感器、压力传感器、横摆角速度传感器、转向角传感器和侧向加速度传感器)传送的信号分析整车的运动状态,并通过内部计算对相应的车轮进行控制。

液压控制系统的工作原理如下:在系统进入 ESP 工作模式后,集成阀 8 立刻从常通状态转变为限压状态,吸入阀 7 打开,制动液在预压泵 3 的作用下通过吸入阀 7、回油泵 11 进入高压阻尼器 10,在此减弱了油压脉动后通过增压阀 12 进入轮缸,推动轮缸中的活塞,压紧摩擦片进行制动；当制动达到一定强度时，增压阀 12 和吸入阀 7 关闭，减压阀 14 打开，轮缸中的高压制动液通过减压阀 14 进入蓄能器 13，此时的蓄能器 13 成为下一次增压的油源；在新的增压过程中，制动液在回油泵 11 的作用下，从蓄能器 13 出发通过阻尼器 10、增压阀 12 再次进入轮缸。如此的增减压循环直至系统退出 ESP 模式。

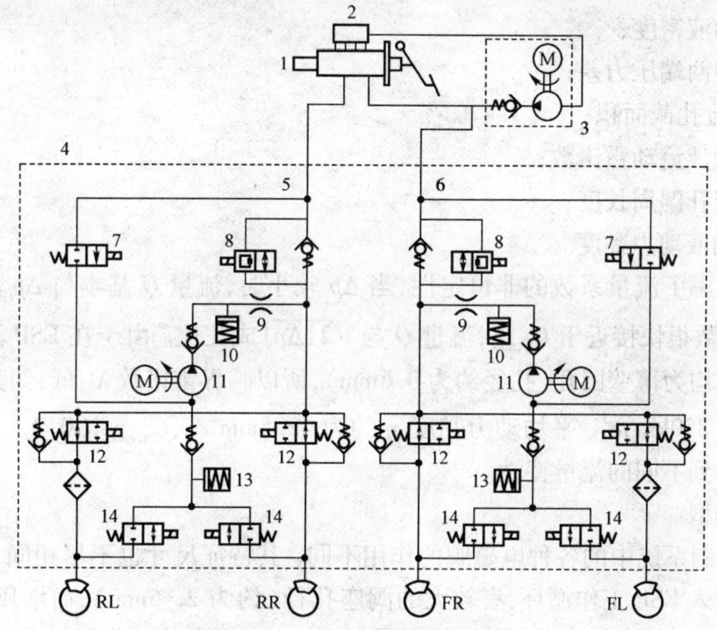

图 8-11　ESP 液压控制系统模型组成

1-主缸；2-储液箱；3-预压泵；4-液压控制单元；5、6-液压油路；7-吸入阀；8-集成阀；9-节流器；10-高压阻尼器；11-回油泵；12-增压阀；13-低压蓄能器；14-减压阀；RL、RR、FR、FL-轮缸

出于汽车安全性的需要，ESP 液压控制系统为一个高速响应系统，各电磁阀的动态响应均在 3ms 以内完成，所以了解系统的动态特性尤为重要。AMESim 是法国 IMAGINE SA 公司所开发的软件平台，包含了很多适合于仿真动态特性的液压模块，而且在 AMESim/Demo 中提供了典型的轮缸模型，其他液压单元均由单一模块即可实现其功能。搭建模型时需按照如下步骤进行：

(1)将各对应模块按照原理图连接好；

(2)每个模块可以有多种类型，有的较为理想化，有的则要考虑很多影响因素，按需要选择合适的模块；

(3)定义全局性液压参数，如制动液的体积质量(密度)、动力黏度和工作温度等；

(4)定义各个液压元件的关键尺寸与内部参数；

(5)运算模型并进行结果分析。

步骤(4)与(5)循环进行，直至得到满意的仿真结果，此时的各液压元件的尺寸与参数便可作为设计和匹配液压控制系统时参考。

二、主要模块数学模型的建立

1. 节流器模型

节流器模型是 ESP 液压控制系统中很常用的模型，在增压阀 12、减压阀 14 和阻尼器 10 中都会用到。此模型的输入量为制动液压力，输出量为流量。其数学模型为

$$Q = C_{q,\max} A \sqrt{\frac{2|\Delta p|}{\rho}} \tan\left(\frac{8A}{\chi\eta\lambda_c}\sqrt{\frac{2|\Delta p|}{\rho}}\right) \tag{8-1}$$

式中：Q——制动液流量；

$C_{q,\max}$——最大流量系数；

ρ——制动液密度；

Δp——模型两端压力差；

A ——节流孔截面积；

λ_c——制动液流动雷诺数；

χ——节流孔湿周长度；

η——制动液动力黏度。

此模型中考虑了流量系数的非恒定性，当 Δp 较小时，流量 Q 基本与 Δp 成正比，随着 Δp 的增大，流量系数很快接近于 $C_{q,\max}$，流量 Q 与 $\sqrt{2|\Delta p|}$ 成正比。由于在 ESP 液压控制单元中所用到的节流器均为薄壁圆孔（孔径约为 0.6mm），所以临界雷诺数 λ_c 低，约为 100；制动液的平均密度 ρ 约为 850kg/m^3，平均动力黏度 η 约为 $42.5\text{mm}^2/\text{s}$，$C_{q,\max}$ 取 0.7。这样，改变节流器的孔径即可得到不同的流量特性。

2. 电磁阀模型

ESP 液压控制系统中的各种电磁阀的作用不同，其特征尺寸也不尽相同。吸入阀 7 为保证制动液迅速进入 ESP 工作循环，有较大的阀座孔径（约为 2. 5mm）；而增压阀 12 和减压阀 14 的阀座孔径较小（约为 0.7mm），与节流器一起起到双重节流的作用，以便提高制动压力的控制精度。流量特性依然按照式(8-1)进行计算。

对于阀芯的位移和速度等运动参量，采用二阶延迟环节进行计算。

3. 蓄能器模型

ESP 液压控制系统中的蓄能器为弹簧活塞式，输入量为制动液流量，输出量为压力，需定义的参量为活塞直径与行程、弹簧刚度等。由于活塞为轻质材料制成，忽略其重力。数学模型为

$$p^{g} = \frac{Eq_{out}}{V_{ol} + \dfrac{Ap^2 E}{k}} \tag{8-2}$$

式中：p——蓄能器端口压力；

E——制动液体积模量；

q_{out}——蓄能器端口流量；

Ap^2 ——活塞直径；

k——弹簧刚度；

V_{ol}——蓄能器中的制动液体积。

对于一般制动液，其体积模量 E 约为 1700MPa，通过调整蓄能器的活塞直径和弹簧刚度即可得到不同特性的蓄能器模型。

4. 油泵模型

油泵模型主要用于预压泵 3 和回油泵 11，输入量为制动液压力，输出量为流量。定义油泵电动机转速和油泵排量，忽略机械损失与制动液泄漏。数学模型为

$$q_b = v_b s_m \frac{E}{E - [a p_{bin} + (1-a) p_{out}]} \tag{8-3}$$

式中：q_b——油泵输出流量；

v_b——油泵排量；

s_m——电动机转速；

p_{bin}——油泵入口端压力；

p_{out}——油泵出口端压力；

a——油泵压力因子。

ESP 液压控制系统中的油泵均为柱塞泵，排量约为 0.1mL/r。油泵电动机转速 s_m 约为 300r/min，油泵压力因子 a 用来计算油泵平均压力，为 0 ~1 之间某一数值。

三、计算结果分析

调整 ESP 液压控制模型中各模块的特征参数，可得到不同的制动压力响应曲线，从而了解各参数对于液压系统的影响。例如，修改三组增压阀和减压阀节流孔径，进行循环增减压计算，所得结果如图 8-12 所示，可以得到不同孔径对于压力变化速率及蓄能器活塞位移的影响，设计者根据控制需要选择合适的节流孔径。而且，还需要合理设计蓄能器容量，避免其被制动液充满而影响减压。

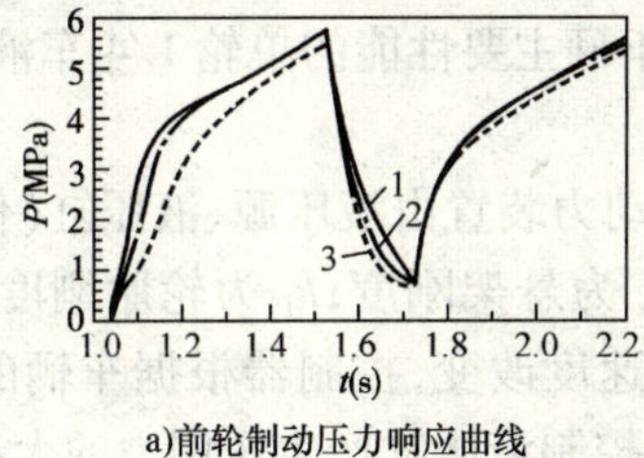

a)前轮制动压力响应曲线

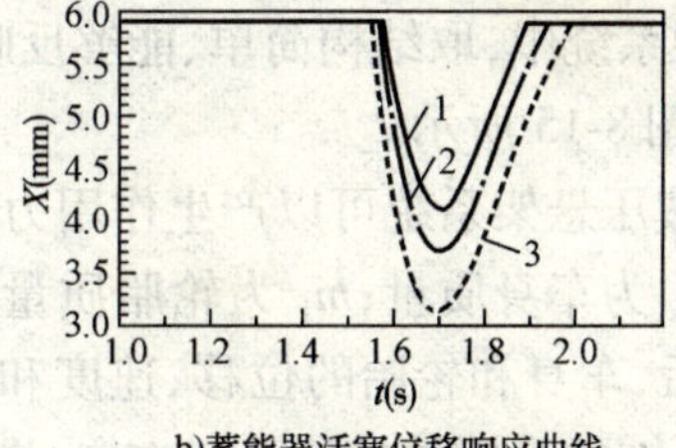

b)蓄能器活塞位移响应曲线

图 8-12　前轮制动压力及蓄能器活塞位移响应曲线

1-增压阀孔径 0.4mm，减压阀孔径 0.5mm；2-增压阀孔径 0.5mm，减压阀孔径 0.6mm；3-增压阀孔径 0.6mm，减压阀孔径 0.7mm

将回油泵排量提高 50%，得到的结果如图 8-13 所示。设计者根据整车对制动速率及强度的要求选择合适的回油泵排量。

将 ESP 液压控制系统模型与 15 自由度整车模型及 ESP 控制器模型相连接，进行联合仿真。图 8-14 为汽车向左急转弯时，左后轮的制动压力响应曲线。由计算结果可以看出，由于孔径为 0.4mm 时增压速率较缓和，达到相同的控制效果会少用一个工作循环。通过联合仿真，可以对液压控制系统的各个参数进行优化，最终选取出适合目标车型的整套参数值。

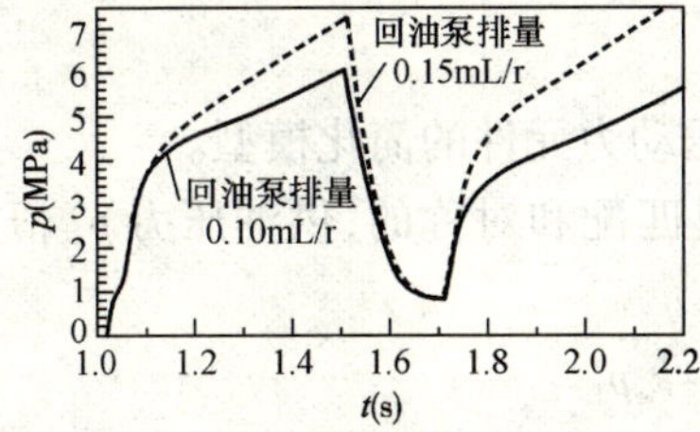

图 8-13　不同排量回油泵的前轮压力响应曲线

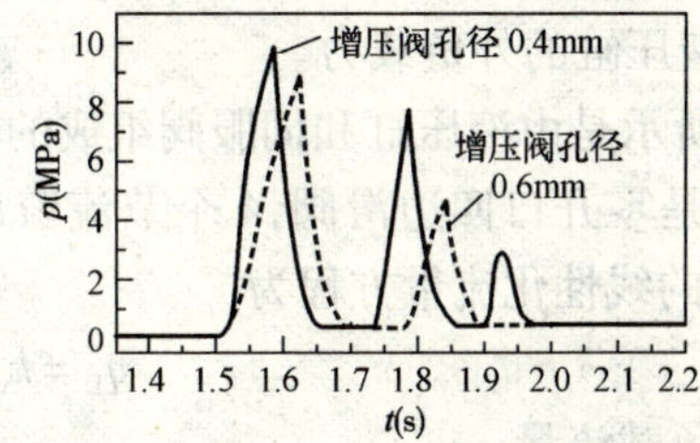

图 8-14　左后轮制动压力响应曲线

第四节　工程车辆液压悬架系统仿真

液压悬架系统是发展现代特种车辆及大型工程车辆的关键技术之一。它影响着车辆的行驶平顺性、操纵稳定性等多项性能。按控制的角度分类，悬架可分为被动悬架、半主动悬架和主动悬架。主动悬架与被动悬架、半主动悬架相比，主动悬架的一个突出特点是，它能够根据车辆行驶的路面、工况和载荷等情况来控制自身的工作状态，使车辆的整体行驶性能达到最佳。目前工程车辆主动悬架系统普遍采用的是电液控制液压悬架，其控制过程为：由传感器和控制器等组成闭环控制系统，根据车辆的运行状态，按照设定的控制规律向执行机构适时发出控制命令，通过调节油液流动，在调整阻尼系数的同时锁死悬架或调节车身高度。由于在大吨位野外运输中，工程运输车或越野车承载重，运输途中路面不平造成的颠簸有可能对物件和车辆本身造成损伤，采取变阻尼和自动调节车身高度等方法使车辆得到更精确和平稳的运行。

为了研究系统主要参数对车体垂直位移的影响，建立了单轮 1 /4 车液压悬架系统的数学模型。在仿真环境中对系统车轮受到阶跃冲击后，车身恢复平衡状态的过程进行了仿真，并对仿真结果进行了比较分析，为整车液压悬架仿真研究提供参考。

一、车辆液压悬架模型的建立

在车辆悬架系统中，取结构简单、能够反映车辆主要性能的单轮 1/4 车液压悬架为研究对象，系统模型如图 8-15 所示。

图 8-15 中液压悬架系统可以产生作用力的动力装置由液压源、液压缸（作动器）U 和电液伺服阀组成。m_s 为车身质量；m_t 为轮胎质量；k_s 为悬架刚度；k_t 为轮胎刚度。当系统受到路面激励 x_i 冲击后，车身和轮胎的位移、速度和加速度改变，控制器根据车辆的运动状态，调整伺服阀进入液压缸的液压油的流量和方向，进而控制液压缸产生作用力的大小、方向和变化速度、流入液压缸的液压油在活塞上产生作用力 F_L，使车身快速回到平衡状态，完成调平过程。图 8-15 中液压悬架用液压动力元件代替被动悬架系统中的减振器，通过对液压动力元件的控制来实现悬架系统的性能优化。

根据牛顿定律，其相应的运动微分方程为

$$m_s\ddot{x}_s = k_s(x_t - x_s) + F_L \tag{8-4}$$

$$m_t\ddot{x}_t = k_t(x_r - x_t) - k_s(x_t - x_s) - F_L \tag{8-5}$$

式中：x_s——车身垂直位移；

x_t——车轮垂直位移；

x_r——路面垂直位移；

F_L——液压缸的外负载力。

图 8-16 所示是由液压缸和伺服阀组成的液压动力元件的简化模型。

假定：阀是零开口四边滑阀，4 个节流窗口是匹配和对称的，供油压力 p_s 恒定，回油压力 p_0 为零，则阀的线性化流量方程为

$$q_L = k_q x_v - k_c p_L \tag{8-6}$$

式中：q_L——负载流量；

k_q——流量增益；

k_c——流量-压力系数；

x_v——阀芯位移；

p_L——负载压降。

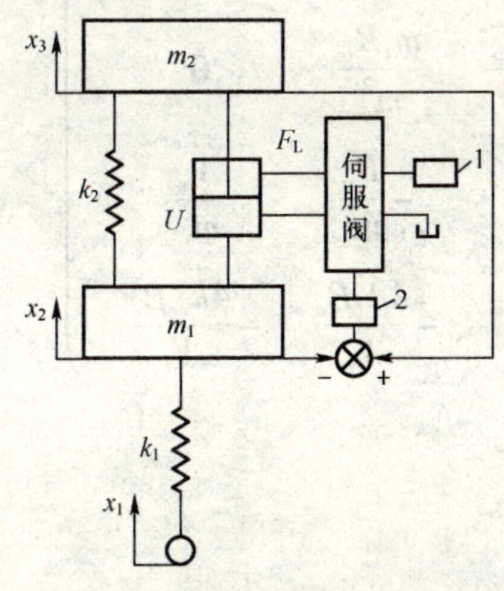

图 8-15　1/4 车液压悬架系统模型

1-液压源；2-放大器

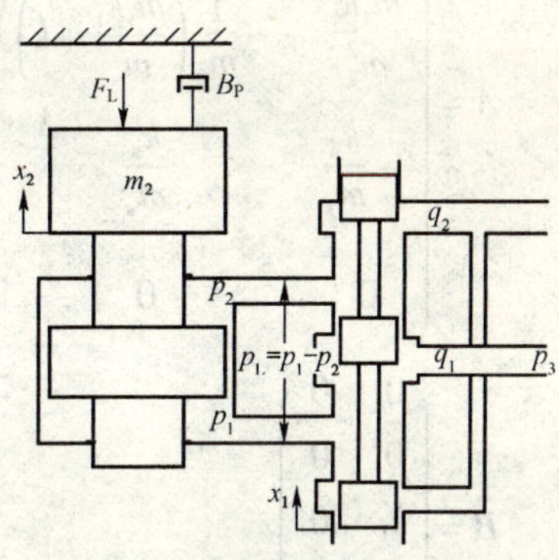

图 8-16　液压缸和伺服阀简化模型

假定：液压缸每个工作腔内各处压力相等，油温和体积弹性模量为常数，忽略阀与液压缸连接管路中压力损失、管路动态和外泄漏流量，则液压缸流量连续性方程简化为

$$q_L = A_p \dot{x}_p + C_{tp} p_L + \frac{V_t}{4\beta_e}\dot{p}_L \tag{8-7}$$

式中：A_p——液压缸活塞有效面积；

C_{tp}——液压缸总泄漏系数；

V_t——总压缩体积；

β_e——有效体积弹性模量；

$x_p = x_t - x_s$。

忽略了活塞质量和车轮摩擦等非线性负载后，液压缸和负载的力平衡方程为

$$A_p q_L = m_s \ddot{x}_p + B_p \dot{x}_p + F_L \tag{8-8}$$

式中：B_p——活塞及负载的黏性阻尼系数。

将 $F_L = A_p q_L - m_s \ddot{x}_p - B_p \dot{x}_p$ 代入式(8-1)和式(8-2)中得

$$m_s \ddot{x}_t = -k_s x_s + B_p \dot{x}_s + k_s x_t - B_p \dot{x}_t + A_p p_L \tag{8-9}$$

$$m_s \ddot{x}_s = k_s x_s + B_p \dot{x}_s - (k_t + k_s) x_t - B_p \dot{x}_t + (m_s + m_t)\ddot{x}_t + k_t x_r \tag{8-10}$$

由式(8-9)和式(8-10)得

$$m_s \ddot{x}_t = -k_s x_s + B_p \dot{x}_s + k_s x_t - B_p \dot{x}_t + A_p p_L \tag{8-11}$$

合并式(8-6)和式(8-7)得

$$\frac{V_t}{4\beta_e}\dot{p}_L + k_{ce} p_L + A_p(\dot{x}_t - k\dot{x}_s) - k_q x_v = 0 \tag{8-12}$$

式中：k_{ce}——总压力系数，$k_{ce} = k_c + C_{tp}$。

选取 $x = [x_s, x_t, \dot{x}_s, \dot{x}_t, p_L]^T$ 作为状态变量，$u = [x_r, x_v]^T$ 作为控制变量，由式(8-8)、式(8-11)、式(8-12)写出状态方程 $X = AX + BU$，则

$$A=\begin{pmatrix} 0 & 0 & 1 & 0 & 0 \\ 0 & 0 & 0 & 1 & 0 \\ \dfrac{m_t k_t}{m_s^2} & -\dfrac{1}{m_s}\left(\dfrac{m_t k_t}{m_s}+k\right) & -\dfrac{m_t B_p}{m_s^2} & \dfrac{m_t B_p}{m_s^2} & 0 \\ -\dfrac{k_s}{m_s} & \dfrac{k_s}{m_s} & \dfrac{B_p}{m_s} & -\dfrac{B_p}{m_s} & \dfrac{A_p}{m_s} \\ 0 & 0 & \dfrac{4A_p\beta_e}{V_t} & -\dfrac{4A_p\beta_e}{V_t} & -\dfrac{4k_{ce}\beta_e}{V_t} \end{pmatrix}$$

$$B=\begin{pmatrix} 0 & 0 \\ 0 & 0 \\ k_t & 0 \\ 0 & 0 \\ 0 & k_q \end{pmatrix}$$

式中:A——系数矩阵;

B——控制矩阵。

选择 $Y=[\ddot{x}_s, x_s-x_t, x_r-x_s]^T$ 作为系统的输出变量,其中 $\ddot{x}_s$ 为车身垂直加速度;(x_s-x_t) 为轮胎动变形;(x_r-x_t) 为悬架动挠度。输出方程为 $Y=CK+DU$,由式(8-12)得

$$C=\begin{pmatrix} \dfrac{m_t k_s}{m_s^2} & -\dfrac{1}{m_s}\left(\dfrac{m_t k_s}{m_s}+k_s\right) & -\dfrac{m_t B_p}{m_s^2} & \dfrac{m_t B_p}{m_s^2} & 0 \\ -1 & 1 & 0 & 0 & 0 \\ 0 & -1 & 0 & 0 & 0 \end{pmatrix}$$

$$D=\begin{pmatrix} k_t & 0 \\ 0 & 0 \\ 1 & 0 \end{pmatrix}$$

式中:C——输出矩阵;

D——直接传递矩阵。

如果对系统的调平功能进行分析,则主要关心的是车身 m_s 的运动状态,这时可以选择 $Y'=(\ddot{x}_s, x_s)^T$ 作为系统的输出变量,其中 x_s 为车身位移,输出矩阵 C'和直接传递矩阵 D'为

$$C'=\begin{pmatrix} \dfrac{m_t k_s}{m_s^2} & -\dfrac{1}{m_s}\left(\dfrac{m_t k_s}{m_s}+k_s\right) & -\dfrac{m_t B_p}{m_s^2} & \dfrac{m_t B_p}{m_s^2} & 0 \\ 1 & 0 & 0 & 0 & 0 \end{pmatrix}$$

$$D'=\begin{pmatrix} k_t & 0 \\ 0 & 0 \end{pmatrix}$$

二、建模仿真及结果分析

利用 AMESim 软件建模,需要依次完成它的草图模式(SketchMode)、子模型模式(SubmodelMode)、参数模式(ParameterMode)、运行模式(RunMode)。

首先,在草图模式,根据车辆液压悬架系统的简化结构,选择 AMESim 模型库中元件子

模型构建系统模型,如图 8-17 所示。

其次,在子模型模式下 ,为搭建好的系统元件选择理想模型。

再次,在参数模式中为元件设定系统参数:恒定供油压力 $P = 23$MPa;液压缸活塞直径为 12mm;液压缸活塞杆直径为 4mm;控制增益 k 为 300。具体见表 8-1 ~ 表 8-3。

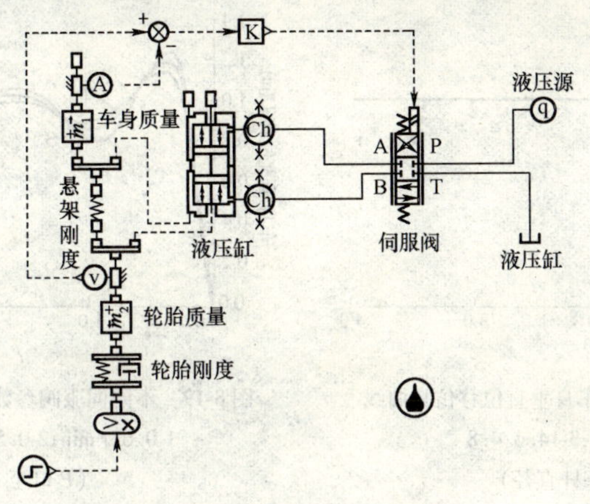

图 8-17 系统 AMESim 模型

三位四通伺服阀主要设置参数 表 8-1

项目	单位
P 口到 A 口流速	0.6L/min
P 口到 A 口压降	0.0075MPa
B 口到 T 口流速	0.6L/min
B 口到 T 口压降	0.025MPa
P 口到 B 口流速	0.1L/min
P 到 B 口压降	0.045MPa
A 口到 T 口流速	0.1L/min
A 口到 T 口压降	0.045MPa
P 口到 T 口流速	0.8L/min
P 口到 T 口压降	0.450MPa
阀门额定电流	40mA
阀门固有频率	100Hz
阀门阻尼	0.8null

车身及悬架刚度设置参数 表 8-2

项目	单位
质量	300kg
倾角	-90°
刚度	8 000N/m
零位移时的轮胎弹力	3 000N

轮胎及其刚度设置参数 表 8-3

项目	单位
质量	30kg
倾角	-90°
零位移时的轮胎弹力	2 000N
刚度	100 000N /m
阻尼等级	100N

最后,在运行模式下,设置运行时间为 4s,通信间隔为 0.001s,运行模式为动态后,开始仿真。

AMESim 模型中,以单位阶跃输入简化随机路面激励,通过仿真得到液压悬架在这种最不利输入情况下的系统响应。进一步调整液压缸和伺服阀参数，仿真得到不同参数下车身的响应。仿真结果如图8-18和图8-19所示。图8-18表明随着活塞直径与活塞杆直径的同时增大，系统阻尼减少，车身垂直振动加大。图8-19表明伺服阀P口到A口流速与系统阻尼成正比，流速减小则系统阻尼减小，车身垂直振动加大。

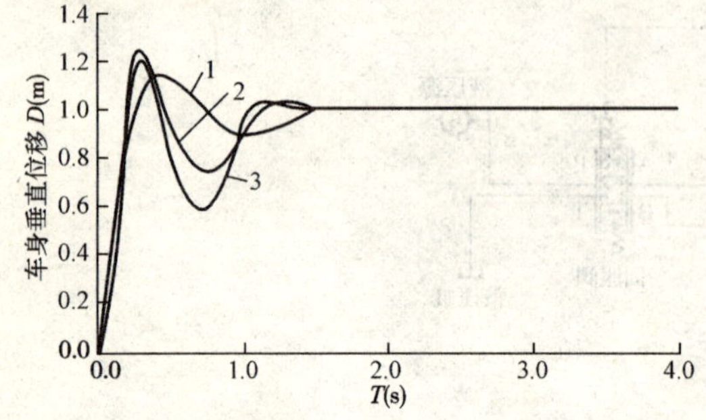

图8-18 不同液压缸参数下车身垂直位移仿真曲线

1-12/4;2-13.5/4.5;3-14.4/4.8

(活塞直径/活塞杆直径)

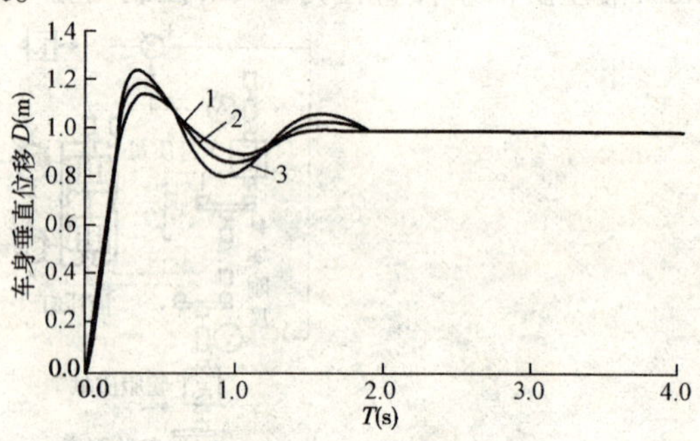

图8-19 不同伺服阀参数下车身垂直位移仿真曲线

1-0.6L/min;2-0.5L/min;3-0.4L/min

(P口至A口流速)

参考文献

[1] 王春行.液压控制系统[M].北京:机械工业出版社,1999.

[2] 李洪人.液压控制系统[M].北京:国防工业出版社,1990.

[3] 卢长耿.液压控制系统的分析与设计[M].北京:煤炭工业出版社,1991.

[4] 吴根茂等.新编实用电液比例控制技术[M].杭州:浙江大学出版社,2006.

[5] 李慧,乔印虎.基于高速开关电磁阀 PWM 控制的汽车 ABS 研究[J].机电工程,2007.

[6] 李光彬,张雪梅,赵光.基于 PWM 控制技术的电液比例阀特性的研究[J].中国设储工程,2007.

[7] 张弓,于兰英.电液比例阀的研究综述[J].流体传动与控制,2008.

[8] 王久和.电压型整流器 PWM 整流器的非线性控制[M].北京:机械工业出版社,2008.

[9] 陆一心,陆维清.汽车液压系统及故障维修[M].北京:化学工业出版社,2011.

[10] 魏春源,张卫正,葛蕴珊.高等内燃机学[M].北京:北京理工大学出版社,2001.

[11] 任亮,李进.高压共轨柴油机喷射控制策略研究[J].车用发动机,2004.

[12] 金江善,平涛.柴油机高压共轨燃油喷射系统共轨压力控制技术研究[J].柴油机,2006.

[13] 雷兴善.双离合器变速器 DSG 结构特点与工作原理[J].电器与线路,2010.

[14] 齐钢.DSG 的结构与原理[J].学术论坛,2006.

[15] 多学科领域复杂系统仿真平台-AMESIM 软件功能简介[J].软件世界,2005.

[16] 王强,吴张永,李红星.基于 AMESIM 的电液伺服控制系统仿真分析[J].液压气动与密封,2008.

[17] 刘仕平,杨非,雷金柱.基于 AMESIM 的工程车辆液压悬架系统仿真[J].华北水利水电学院学报,2008.

[18] 祁雪乐,宋健,王会义,等.基于 AMESIM 的汽车 ESP 液压控制系统建模与分析[J].机床与液压,2005.

[19] 郑诚.大众 6 挡双离合器变速器(DSG)结构原理分析[J].高校理科研究:科技信息,2011.

[20] 陈启松.液压传动与控制手册[M].上海:上海科学技术出版社,2006.